MANA

In der Abenteuer REISEN-Reihe bisher erschienen:

Geliebtes **Australien**
Barbara Barkhausen
978-3-95503-012-4

Spanien
Hanna Hommes
978-3-95503-250-0

Schottland
René Niklaus
978-3-95503-256-2

Geliebtes **Griechenland**
Kurt Schreiner
978-3-95503-054-4

Geliebtes **Brasilien**
Klaus D. Günther
987-3-95503-064-3

Fremdes **Japan**
Thomas Bauer
978-3-95503-095-7

Fremdes **Neuseeland**
Ann Kathrin Saul
978-3-95503-098-8

Fremder **Iran**
Iris Lemaczyk
978-3-95503-107-7

Fremde **Mongolei**
Bernhard Wulff
978-3-95503-110-7

Wild **Roadtripp**
Mathias Vatterodt
978-3-95503-119-8

Fernsucht
Rolf Wilhelm Stärk
978-3-95503-171-8

Libanon
A. u. U. Kirchhefer
978-3-95503-246-3

Fremdes **Georgien**
Iris Lemanczyk
978-3-95503-197-8

Lateinamerika
Bernhard Wulff
978-3-95503-206-7

Alle Bücher sind auch als E-Book erhältlich.

Französische Str. 12, 10117 Berlin

Bibliografische Information der Deutschen Nationalbibliothek sind im Internet unter https://portal.dnb.de abrufbar.

Karten und Bilder: Mathias Vatterodt; Zeichnungen: Reva Pandit, Mumbai/Indien
Umschlagentwurf, Satz und Layout: MANA-Verlag
Druck: Dardedze, Riga, EU

ISBN: 978-3-95503-267-8

Mathias Vatterodt

Indien

Eine ganze Welt in einem Land

Für Sophia

Inhalt

Vorwort

Indien. Schon der Name klang lange Zeit für mich nach einem magischen Ort. Ich begann mich als Student gerade für andere Länder zu interessieren, da erzählte mir eine Freundin von ihrem Praktikum in Bharat Mata – in »Mutter Indien«. So nennen die Inder liebevoll ihr Land. Mit Spannung verfolgte ich ihre Geschichten, staunte über ihre Begegnungen und war überrascht von der Fremdartigkeit, die dieses Land ausstrahlte. Für mich stand fest: Eines Tages möchte ich nach Indien reisen. Und wenn es soweit ist, dann nehme ich mir Zeit dafür. Dass ich sogar mit dem eigenen Auto nach Indien fahren würde, das hätte ich mir damals in meinen wildesten Träumen nicht ausmalen können.

Wie heißt es doch so oft? Der Weg ist das Ziel. Dieses Motto galt auch für meine Autoreise nach Indien. Länder wie Iran, Tadschikistan oder Kirgistan hätte ich sonst wohl niemals besucht. Regionen wie Tibet hätten nicht auf meiner Reiseliste gestanden und ebenso wüsste ich nicht, wann ich mal den Himalaya hautnah hätte erleben können. Aber die Fernreise mit dem Auto machte es möglich, nein, sogar notwendig. Mit dem Flugzeug wäre ich nur über diese Länder hinweggeflogen. Es wäre allerdings der deutlich einfachere Weg gewesen. Monatelang war das Ziel der Reise, mit dem eigenen Auto nach Indien zu kommen. Als es dann soweit war und ich nach viereinhalb Monaten Bharat Mata erreichte, wusste ich allerdings nicht, ob ich mir das richtige Reiseziel ausgesucht hatte. Vor allem für meine Art zu reisen.

Als ich die Reise nach Indien plante, gab es keine Frau an meiner Seite. All meine Freunde waren mit Familienplanung oder Karriere beschäftigt. Ein Jahr allein unterwegs sein? Das war für mich keine Option. Ich wollte meine Erlebnisse teilen und das nicht nur übers

Smartphone und einen Blog. Daher fragte ich Freunde und Familienmitglieder, ob sie mich ein Stück auf meiner Reise begleiten wollten. Der Plan ging auf. Abwechselnd blickten während des Jahres 10 Freunde, mein Cousin, mein Bruder und sogar meine Mutter voller Begeisterung aus dem Beifahrerfenster. Allerdings nur auf dem Weg nach Indien und von Indien aus wieder zurück. In Indien selbst war ich allein. Niemand aus meinem Bekanntenkreis wollte da mitfahren. Sagte das nicht schon etwas über dieses Land aus? Oder konnte ich keinen von einer gemeinsamen Indienetappe überzeugen, weil ich selber nicht wusste, ob ich mit diesem Land klarkommen würde? Ich hatte mich aber auf Indien eingeschossen – es sollte das Ziel meiner Reise sein. Allerdings hatte ich vorher viel Zeit damit verbracht, die Reise zu organisieren und zu überlegen, wie man durch all die anderen Länder kommt. Das hatte zur Folge, dass ich mich nur wenig mit dem Land auseinandersetzen konnte, das ich eigentlich bereisen wollte – Indien. Was ich aber während der Reisevorbereitungen nebenbei aufnahm, verdarb mir die Vorfreude. Denn es sind leider oft die negativen Informationen aus Zeitungen, Internet, Fernsehberichten und Büchern, die hängen bleiben, oder bei anderen hängen geblieben sind, die es dann als ihre moralische Pflicht ansahen, mich darüber aufzuklären oder mich zu warnen. Schließlich wollte ja nachher beim Anblick meines schrottreifen Reisemobils keiner mit rollenden Augen grummeln: »Ich hatte es dir ja gesagt!«. Glaubt man Informationsquellen, die Indien negativ darstellen, dann ist das Land vor allem Folgendes: sehr viele Menschen, keine Privatsphäre, alles voller Müll, chaotischer Verkehr, Magen-Darm-Probleme, Vergewaltigungen, radikale Hindu-Mobs, Straßenkriminalität. All diese Einschätzungen prasselten auf mich ein und ich fragte mich: War Indien wirklich das richtige Ziel? Vor allem die Berichte über die indische Fahrweise machten mich nervös. An einen Unfall wollte ich gar nicht erst denken. In meinem Bauch begann es zu kribbeln. Eine Mischung aus Angst, Aufregung und einströmendem Adrenalin. Moment mal! Genau dieses Gefühl hatte ich doch gesucht! Schließlich wollte ich mich auf etwas vollkommen Neues einlassen, wollte doch aus meiner Komfortzone heraus. Und abseits dieser Zone lauerte eine geheimnisvolle

Fremde, die tief in meinem Unterbewusstsein nach mir rief. Ich hatte ein gutes Gefühl und glaubte, dass ich bereit war. – Noch nie hatte ich mich so geirrt.

In den ersten 24 Stunden in Indien erlebte ich fast alle diese Übel selbst. Direkt hinter der Grenze von Myanmar lag rechts der Straße eine stinkende und rauchende Müllkippe. Ein Mädchen, vielleicht 14 Jahre alt, lief, Oberkörper frei, mit halb heruntergezogenen Hosen und leerem Blick über den Unrat. – Es grenzte an ein Wunder, dass ich unfallfrei durch die ersten Stunden gekommen bin, denn ich war so töricht, eine Stunde in der Dunkelheit zu fahren. Ich konnte wegen des wahrscheinlich absichtlich auf Augenhöhe eingestellten Fernlichts entgegenkommender Autos überhaupt nichts erkennen und musste einige Male in letzter Sekunde einem Fußgänger ausweichen, der plötzlich am Straßenrand auftauchte. Dazu ein Streik der LKW-Fahrer, der einen indischen Militäreinsatz auslöste. Und schließlich ein Chaos bei den Banken, das dazu führte, dass ich in den ersten Tagen kein Bargeld hatte. Ich begann zu zweifeln. Sollte ich nicht lieber umdrehen und nach Südostasien fahren? Was war an Indien bitteschön so besonders, dass ich unbedingt in dieses Land reisen und für Monate bleiben wollte? Was machte ich überhaupt hier? Es dauerte eine Weile, bis ich mit Indien warm wurde.

Meine Mutter hatte mich auf der letzten Etappe bis nach Indien hinein begleitet. In Bangkok war sie ins Auto gestiegen, um für drei Wochen mitzureisen und später von einem Ort nahe dem indischen Darjeeling zurückzufliegen. Um dem Chaos der ersten Tage in Indien zu entgehen, flüchteten wir förmlich in die Natur. Wir gingen auf Nashornpirsch und Tigersafari. Wir wanderten durch Teefelder und hatten freie Sicht auf den dritthöchsten Berg der Erde. Wenn ich dann an meine vor mir liegende Reiseroute durch Indien dachte, wusste ich, dass diese Ausflüchte nur von kurzer Dauer sein würden, denn ich wollte entlang der Ostküste bis zum südlichsten Punkt Indiens fahren, um dann an der Westküste den Weg Richtung Norden einzuschlagen. 12.000 Kilometer Indien hatte ich vor mir. Wie sollte ich das schaffen, wenn ich bereits nach einer Woche zu zweifeln begann? Wehmütig verabschiedete ich mich von meiner Mutter, als ich sie in den Flieger nach Deutschland setzte. Nun war ich auf mich allein gestellt. Ein Segen und ein Fluch. Ich musste mich nicht mehr um meine Mitreisenden sorgen; ich musste mir keine Gedanken machen, ob jemand extreme Situationen aushalten würde. Ich war immer etwas vorsichtiger, wenn mich jemand begleitete. Ich hätte es mir nicht verzeihen können, wenn jemandem etwas passiert wäre. Die Last war so groß gewesen, dass es eine richtige Befreiung für mich war, plötzlich nur noch auf mich zu achten. Zudem musste ich keine Kompromisse mehr eingehen und konnte nun selber entscheiden, welche Fehler ich beging. Und keiner außer mir würde darüber schimpfen. Trotzdem brauchte ich einen Neuanfang.

Nachdem ich den Ostzipfel Indiens kennengelernt hatte, fuhr ich zwei Wochen durch Nepal und erlebte ein »Indien light«. Dann machte ich den zweiten Versuch. Es vergingen einige Tage, bis ich mich traute, mich voll und ganz dieser total fremden Kultur zu überlassen, meine Angst auszublenden und auf meine Urinstinkte zu vertrauen. Was ich zu diesem Zeitpunkt noch nicht wusste: Vier Monate Indien sollten mit mir mehr machen, als die vier Jahre zuvor. Jeden Tag sollte ich dieses Land hassen, um es gleich wieder zu lieben. Jeden Tag sollte ich staunen, fluchen, lachen und manchmal weinen. Ich sollte mich ekeln und ärgern, Begeisterung, Beseeltheit und Zufriedenheit spüren, nur selten Stille finden und doch zur Ruhe kommen. Dieses Land, so sollte ich feststellen, ist eigentlich kein Land. Es ist eine eigene Welt. Und während ich versuchte, diese Welt zu verstehen, lernte ich meine Heimat besser kennen. Und noch viel mehr: Ich lernte, *mich* zu verstehen.

Teil 1 – Vom Norden an die Ostküste

Mein Versuch, Indien zu verstehen:

- Wie lebt es sich auf dem Land?
- Was mache ich, wenn ich mit meinem Auto in einer Menschenmenge feststecke?
- Warum kommen so viele Menschen nach Varanasi, um zu sterben?
- Kommt Buddha wirklich aus Indien?
- Wie verhalte ich mich bei Polizeikontrollen?
- Warum sind indische Beamte so langsam?

Kathmandu
Bhutan
Bodhgaya
Bangladesch
Dhaka
Kalkutta
Golf von
Bengalen
Puri

Kapitel 1

Bilder | Videos | Karten

Angekommen in Indien
Hallo Kulturschock

Wer hatte nochmal gesagt »Ach wie schön, du machst ein Jahr Urlaub«? Es waren einige. Doch warum denken so viele, dass so eine Reise ein Urlaub ist? Das ist es nämlich überhaupt nicht. Manchmal kann das Reisen ganz schön ätzend sein. Es gibt Momente, da hat man einfach keine Lust mehr. Da sehnt man sich nach Vertrautheit, nach Alltag. All das Neue ist manchmal einfach zu viel, vor allem in Indien. In so einer Verfassung war ich am Abend des 10. Januars 2017. Noch vor wenigen Stunden war ich in Nepal gewesen. Schon der Grenzübertritt nach Indien war eine Herausforderung. Die Ausreise ging reibungslos über die Bühne, aber auf der indischen Seite wusste keiner etwas mit mir anzufangen. Ein einfacher Einreisestempel reichte mir nicht. Ich brauchte darüber hinaus einen Stempel im Carnet de Passages, dem Zolldokument für mein Auto. Fehlte er, bekäme ich bei der Ausreise mit Sicherheit Schwierigkeiten. Also wurde ich von einem Büro zum nächsten geschickt, bis endlich ein Beamter verstand, was ich brauchte. Doch der ließ sich Zeit. Immer wieder kam er mit anderen Beamten, die gelangweilt auf ihren heruntergekommenen Bürostühlen saßen, ins Gespräch. Irgendwann schlug er eine dicke Mappe auf, die schon die ganze Zeit auf seinem Schreibtisch gelegen hatte. In ihr wurden Daten von Ausländern erfasst, die ihr Fahrzeug nach Indien einführen wollten. Der letzte Eintrag war drei Wochen alt. An der Tagesordnung war so etwas hier also nicht.

Nachdem der Beamte einen anderen Beamten herangeholt hatte, der wiederum mit drei anderen Beamten mein Zolldokument inspizierte, trug ich artig meine Daten ein. Dann rief ein anderer Beamter aus dem Nachbarbüro seine Kollegen zu sich herüber. Es lief ein Cricket-Spiel im Fernsehen, und es war anscheinend gerade sehr spannend. Ausgerechnet der Sport der lange verhassten britischen Aristokratie ist heute der Nationalsport Indiens. Selbst in den kleinsten indischen Dörfern werfen sich die Kinder Bälle zu, um sie mit einem Holzschläger zurückzuschlagen. Die indische Cricket Premier League ist nach der Fußball-Champions-League und der amerikanischen Baseballmeisterschaft die lukrativste Sportveranstaltung der Welt; sie hat in Indien mehrere hundert Millionen Anhänger. Ich wurde allein zwischen all den Akten zurückgelassen. Wussten die überhaupt noch, dass ich da war? Gelangweilt klebte ich zur Verschönerung meinen Reiseaufkleber auf die Vorderseite des Ordners, der nun meine Daten hüten sollte. Zwei Wochen später reiste ein befreundeter Motorradfahrer aus der Schweiz über dieselbe Grenze ein und amüsierte sich sehr über diesen Aufkleber. Schließlich bekam ich mein vollständig ausgefülltes Carnet ausgehändigt. »Welcome to India, Mister. I am sure you will like it!«, sagte ein neuer Beamter freundlich zu mir, während er den Kopf schüttelte. War das jetzt Ironie?

An der Grenze hatte ich viel Zeit verloren. Endlich auf indischen Straßen unterwegs, kam ich auch nur schleppend voran. Die Dämmerung setzte ein, aber besonders schöne Stellplätze für die Nacht waren entlang der staubigen Piste nicht auszumachen. Zudem fühlte ich mich noch recht unsicher mit der Aussicht, hier eine Nacht alleine im Auto zu verbringen. Alles war mir noch so fremd. Und ich hatte vor einer Nacht am Straßenrand schlichtweg Angst. Daher entschied ich mich, bis zur nächsten Stadt zu fahren, um dort ein Hotelzimmer zu suchen, was nicht so einfach war. Denn die vielen langgezogenen Kleinstädte auf meiner Strecke hatten zwar allerhand Läden und Imbissbuden, jedoch keine Hotels. Ziemlich schnell wurde aus der Dämmerung finstere Nacht. Verdammt. Genau das wollte ich vermeiden. Nachts mit dem Auto durch Indien zu fahren, ist der absolute Horror. Bei uns daheim lernt man, das Fernlicht schnell auszuschalten, sobald ein anderes Auto am Horizont auftaucht. Ab und zu wird das auch mal vergessen, was wir Deutsche dann sofort wütend mit der Lichthupe beantworten. In Indien ist das anders. Denn das Fernlicht wird die gesamte Zeit angelassen. Ich lernte die erste Regel des indischen Straßenverkehrs:

1. Zeige keine Schwäche. Ich habe Fernlicht, also lasse ich es an. Damit bin ich stark.

Hinter Regel 1 steckte noch mehr. Mit Fernlicht konnte man die zahlreichen Menschen, Kühe, Hunde und Hühner besser erkennen, die sich am Straßenrand tummelten. Äußerst praktisch. Denn man sah sie ja nicht, wenn der Gegenverkehr ständig mit Fernlicht blendete. Indisches Paradoxon. Ein kleiner Vorgeschmack auf das, was in den nächsten Wochen noch auf mich zukommen sollte.

Total entnervt fand ich ein Hotel. Fast zwei Stunden Fahrt durch die Dunkelheit lagen hinter mir. Ich war fix und alle und ich schwor mir: Nie wieder werde ich einen Kilometer bei Nacht durch Indien fahren. Nie wieder! Zweimal hätte ich fast einen Passanten gestreift. Mein Kopf brummte und ich sah immer noch helle Flecken, wenn ich meine Augen schloss. Das Fernlicht des Gegenverkehrs hatte sich eingebrannt. Ich stieg die vier marmornen Stufen zum »Susham's Haveli Restaurant & Hotel« *(27°06'39.6"N 83°16'55."E)* hinauf. Der Name hatte etwas von *Heaven*. Ein himmlisches Bett war alles, was ich mir wünschte. Obwohl ich den ganzen Tag fast nichts gegessen hatte, war von Hunger keine Spur. Ich wollte einfach nur schlafen. Der Innenraum des Restaurants erinnerte mich an eine Kantine. Nackte Tische und abgenutzte Stühle standen verstreut im Raum. Die Ventilatoren brummten. Am anderen Ende des riesigen Raums, der einzig von zwei vertrockneten Palmen geschmückt war, lief ein Fernseher. Zwei Hotelbesucher verfolgten das Cricketspiel. Links neben dem Eingang war die »Rezeption«. Eigentlich sah es eher aus wie ein kleiner Süßwarenladen. Der gesamte Tresen war vollgestopft mit Gläsern, gefüllt mit Lutschbonbons und Kaugummis. Einzig ein Brett mit Schlüsseln deutete darauf hin, dass dies die Rezeption war. Über dem Schlüsselbrett wachte das strenge Gesicht einer indischen Frau, die aus einem pinkfarbenen Sari herausschaute. Das Foto zeigte wahrscheinlich die Mutter des Hauses. Schnell war ich Mittelpunkt des Geschehens. Ausländer verirren sich wohl kaum in diese Stadt. Ich fragte nach einem Zimmer. Die Antwort war Dunkelheit. Denn genau in diesem Moment fiel der Strom aus. Routiniert griff der Hotelmitarbeiter nach seinem Handy, schaltete das Licht ein und hielt es sich unter sein Gesicht, während er sprach. So sah er aus, als würde er mir eine Gruselgeschichte erzählen. Draußen sprang der Generator an und es wurde wieder hell. Das Cricketspiel lief weiter. Die Gäste waren beruhigt. Der Rezeptionist nahm meine Anfrage nach einer Übernachtungsmöglichkeit überrascht entgegen, überlegte kurz und gab mir zu verstehen, dass das schönste Zimmer gerade frei geworden sei. Prima. Der Tag sollte doch noch gut enden. Stolz führte er mich zwei Etagen nach oben und öffnete die *Suite*. Sie war groß, geräumig und tatsächlich gerade erst frei geworden. Die Bettdecke war zerwühlt, Essensreste lagen auf Tisch und Bettdecke. Und auch das Cricketspiel im Fernseher lief noch. 1.500 Rupien sollte das Zimmer kosten. Umgerechnet 20 Euro. Mein Verlangen nach einem Bett war schlagartig weg. Nach Himmel sah mir das nicht aus. »Ist es möglich, dass ich im Hof des Hotels in meinem Auto schlafen kann?«, fragte ich freundlich. Die merkwürdige Frage musste erst mit dem Manager geklärt werden. Für 300 Rupien Parkgebühr könne ich auf dem Hotelhof übernachten und die Toiletten benutzen. Ich willigte ein. Ich suchte mir einen Fleck im Hinterhof, der nicht von einem der am Gebäude befestigten Baustrahler ausgeleuchtet wurde und kochte mir eine Tütensuppe. Mein letzter Gastgeber in Nepal hatte davon einen ganzen Karton gekauft und mir als Wegration mitgegeben. Und mein knurrender Magen machte mich darauf aufmerksam, dass ich noch eine Kleinigkeit essen sollte. Während ich mein Süppchen kochte, kam ein Mitarbeiter vorbei, stellte sich neben meine Kochstelle und beobachtete mich wortlos. Ich lächelte ihn an, zeigte auf meine Suppe und erhob den Daumen. Er starrte mich in einer Mischung aus Staunen und Grinsen weiterhin an. Nach fünf Minuten ging er ein Stück weiter, pinkelte keine drei Meter neben mir gegen eine Holzhütte und kehrte dann in die Dunkelheit zurück, aus der er gekommen war. Ich war einfach zu fertig, um das zu bewerten. Eigentlich wollte ich nur noch schlafen. Hastig schlürfte ich die Suppe, putzte meine Zähne und trollte mich ins Auto. Geschafft. Gedämpft drang der Lärm der Straße in den Hinterhof. Am Gebäude brummten die Klimaanlagen. Dann wurde es dunkel und das Brummen der Klimaanlagen verstummte. Für einige Sekunden genoss ich die Dunkelheit und die Stille. Stromausfall ist also doch für etwas gut! Plötzlich wurde ich durch einen unglaublichen Krach hochgerissen. Was ist denn jetzt los?! Das Licht im Hof brannte wieder, die Klimaanlagen liefen auf Hochtouren. Und direkt neben meinem Schlafplatz dröhnte ein Dieselgenerator wie ein startendes Flugzeug und spuckte übelriechende Rauschschwaden aus. Wieder diese Gedanken. Was mache ich eigentlich hier? Und warum musste ich mir von allen Zielen auf dieser Welt ausgerechnet Indien aussuchen?

Die Antwort ist einfach: Indien ist eines der faszinierendsten Länder der Welt. Ich war das erste Mal in Indien, und ich hatte reichlich Zeit mitgebracht. Ich wollte eintauchen in dieses Land – auch wenn es hart werden würde.

Indien ist flächenmäßig das siebtgrößte Land der Erde. Es grenzt an Pakistan, China, Nepal, Bhutan, Myanmar und Bangladesch; damit ist die Landesgrenze etwas mehr als 14.000 Kilometer lang – doppelt so lang war mein Landweg nach Indien. Und trotzdem: Obwohl Indien sich 3.380 Kilometer Landesgrenze mit China teilt, gibt es in diesem Abschnitt keinen einzigen Grenzübergang, der von Ausländern mit dem eigenen Fahrzeug passiert werden darf. Somit musste ich den Umweg über Laos, Thailand und Myanmar in Kauf nehmen, um Indien auf dem Landweg zu erreichen ohne Pakistan zu durchqueren. Der Grund für den Konflikt mit China ist ein eskalierter Streit um die Kaschmir-Region in den sechziger und siebziger Jahren. Er begann mit dem Bau einer indischen Verbindungsstraße durch ein von Indien beanspruchtes Himalaya-Gebiet namens Aksao-Chin. Es kam zu militärischen Auseinandersetzungen mit Toten auf beiden Seiten. China hält seit 1962 das Gebiet Aksai-Chin besetzt. Und das tut Indien noch immer weh. Die Wunden sind bis heute nicht verheilt. Zuletzt flammten 2020 wieder Kampfhandlungen auf. Fernreisende müssen sich daher noch eine Weile gedulden, bis es möglich ist, die chinesisch-indische Landesgrenze zu überqueren.

Auf 28 indischen Bundesstaaten verteilt leben gegenwärtig geschätzt 1,4 Milliarden Menschen. Es wird prognostiziert, dass Indien die Volksrepublik China im Jahr 2024 als das bevölkerungsreichste Land der Welt ablösen wird. Indien hat bereits jetzt doppelt so viele Einwohner wie Europa – fast jeder fünfte Mensch auf der Welt lebt in Indien. Aber Inder ist nicht gleich Inder. Indien ist ein Vielvölkerstaat. Dazu kommen unzählige Stämme, die schon seit Jahrhunderten existieren, jedoch zunehmend vom Aussterben bedroht sind. Mehr als 600 Stämme sind von der indischen Verfassung anerkannt. Weit über 100 Sprachen werden in Indien gesprochen. Zudem gilt Indien als Geburtsort von vier zum Teil sehr großen Religionen: Hinduismus, Buddhismus, Jainismus und Sikhismus. Der Hinduismus hat die meisten Anhänger und ist quasi die Staatsreligion, die nächstkleineren Religionen sind Islam und Christentum. Wenn man die Vielfalt an unterschiedlichen Kulturen, Völkern und Religionen betrachtet, die gemeinsam in diesem Land existieren, dann ist die Frage durchaus berechtigt, wie man es schafft, ein so gewaltiges Land zu kontrollieren? Das Konfliktpotenzial ist riesig. Dazu kommen Spannungen zwischen der Land- und Stadtbevölkerung. Im Verlauf meiner Indienreise erfuhr ich von diesen Spannungen und entdeckte die kulturelle Vielfalt. Und ich versuchte zu verstehen, was all diese Menschen zusammenhält.

Indien zählt zu den Megadiversitätsländern der Erde, also zu den Ländern mit einer extrem hohen Artenvielfalt. Von den höchsten Gipfeln des Himalayas bis zum Indischen Ozean teilen sich zigtausende Tierarten den Lebensraum mit den Menschen. Viele davon kennen wir daheim nur aus dem Zoo und nicht wenige sind vom Aussterben bedroht. Etwa 5% der indischen Landesfläche schützen den Lebensraum der Tiere in Form von Nationalparks und Naturreservaten. Die meisten Arten leben in Wäldern, die knapp 20 Prozent der Landesfläche bedecken. Sie müssen jedoch immer mehr den von Menschen besiedelten Kulturlandschaften weichen. Dazu kommt die zum Teil massive Umweltverschmutzung. Fabriken leiten ihre Abwässer ungefiltert in die Flüsse. Die Land- und Viehwirtschaft entnimmt der Natur mehr Wasser, als ihr zugeführt wird. Ein Großteil der landwirtschaftlichen Nutzfläche ist bereits von Bodenerosion, Versalzung oder Vernässung betroffen. In den

Städten gleichen Flüsse Kloaken. Meist kann man sie schon von Weitem riechen. Zum Gestank der Gewässer gesellt sich die schadstoffbelastete Luft, die aus Millionen von Fahrzeugen, unzähligen Fabriken und Kraftwerken in die Atmosphäre geblasen wird. Wie ist es möglich, dass ein Land sich dermaßen selbst zerstört? Diese Frage sollte mich in den nächsten Monaten fast jeden Tag beschäftigen. Und je länger ich durch Indien reiste, desto mehr verstand ich, was zu diesen Problemen führte und warum sie wohl nie gelöst werden können.

Völlig erschöpft vom Tag, versuchte ich eine Mütze Schlaf zu bekommen. Das fiel mir aber nicht leicht. Zum einem dröhnte der Dieselgenerator immer noch neben meinem Nachtlager. Zum anderem ließen mich die ersten Eindrücke aus Indien nicht los. Ich dachte an die Begegnung nach der ersten Grenzüberquerung, als ich von Myanmar gekommen war. Was wohl mit dem Mädchen auf der Müllkippe passiert war? Warum hatte ich keine Hilfe geholt? War das etwa indischer Alltag? Mir gingen die 2.000 Kilometer bis hin zur nepalesischen Grenze durch den Kopf. Diese Strecke hatte sich stellenweise überhaupt nicht wie Indien angefühlt. So unterschiedlich war die Kultur der Nagas, eines Ureinwohnerstammes, der im Osten Indiens entlang der Grenze zu Myanmar lebt. Doch das Bild änderte sich schnell. In den ersten Tagen machte mir vor allem der Verkehr zu schaffen. In Darjeeling hatte ich meinen ersten kleinen Verkehrsunfall, als ein entgegenkommender Geländewagen in einer Kurve meinen Bullenfänger streifte. Da wusste ich noch nicht, dass zahlreiche kleine und ein schwererer Unfall in den nächsten Wochen auf mich zukommen sollten. Zu dieser Zeit beschäftigten mich eher zwei Dinge: Woher würde ich einen neuen Stoßdämpfer bekommen? Und woher bekomme ich Bargeld? Der hintere rechte Stoßdämpfer war mir kurz vor Darjeeling auf einer Autobahn zerborsten, als diese ganz plötzlich und ohne Vorwarnung mit einem 40 Zentimeter hohen Absatz in eine Schotterstraße überging. Diesen Übergang hatte ich mit einem filmreifen Stunt überwunden. Das Bargeld hingegen war mir ausgegangen, weil Indien drei Wochen vor meiner Einreise über Nacht alle 500- und 1000-Rupienscheine für ungültig erklärt hatte (500 Rupien entsprachen damals rund 7 Euro). Mit der Demonetisierung sollte der Korruption und Schwarzarbeit der Kampf angesagt werden. 86% des Umlaufvermögens in Indien lag in Form dieser beiden Banknoten vor. Das ungültige Bargeld musste bei der Bank gegen neue Banknoten eingetauscht werden. Die Umstellung kam so überraschend (der Großteil der Minister erfuhr erst kurz vor der Geldentwertung von der Maßnahme), dass dem Land schlichtweg das Bargeld ausging, denn die neuen Banknoten waren einfach noch nicht gedruckt. Zudem war der Umtausch für eine Person auf maximal umgerechnet 55 Euro begrenzt. Vor den Banken bildeten sich extrem lange Warteschlagen, in denen die Menschen mitunter tagelang ausharren mussten, und es kam sogar zu Todesfällen. Bankautomaten spuckten maximal 2.000 Rupien aus (umgerechnet knapp 30 Euro). Und genau hier lag mein Hauptproblem: Meine Bank hatte kurz zuvor die AGB geändert und erklärt, dass mindestens 50 Euro abgehoben werden müssten. Also tauschte ich auf dem Schwarzmarkt meine restlichen Dollar zu einem denkbar ungünstigen Kurs und kochte seitdem auf Sparflamme. Mein Start in Indien, das wusste ich bereits, war nicht gerade der beste. Und was war mit meinem geplanten Neuanfang?

Immerhin, ich war zuversichtlich und wollte mich voll und ganz in das Land stürzen. Mein Reisegefährte sollte von nun an nur noch mein Mitsubishi Pajero sein. Das Problem mit dem defekten Stoßdämpfer hatte sich glücklicherweise schon gelöst. In Nepal hatte ich »passenden« Ersatz gefunden, der zwar von eifrigen Nepalesen mit der Eisensäge erst passend gemacht worden war, aber dennoch fast bis zum Ende der Reise standhalten sollte.

Je mehr ich über die kommenden Wochen nachdachte, desto aufgeregter wurde ich. Ich war bereit! Es konnte losgehen. In diesem Moment wusste ich noch nicht, dass ich in den nächsten Monaten weit mehr erleben sollte, als im Laufe der ganzen Reise von Dresden nach Indien. Ich hatte so ein Gefühl, dass es definitiv nicht langweilig werden würde. Ich wollte das Land mit all seinen Geheimnissen erforschen und zumindest versuchen die Zusammenhänge in dieser komplexen Gesellschaft zu verstehen. Plötzlich lag ich hellwach im Autobett und plante die Reiseroute im Kopf. Dann ging der Generator aus. Es wurde still. Irgendwo bellte ein Hund. Dumpfes Hupen drang aus der Stadt in den Innenhof. Kurz darauf ging das grelle Licht wieder an. Indien, ich komme!

Kapitel 2

Couchsurfing in Indien
Einblick in das Leben auf dem Land

Gut gelaunt machte ich mich wieder auf den Weg. Nächste Station: Varanasi. Über Couchsurfing hatte ich den Kontakt zu Arvin bekommen. Er lebte mit seinen Eltern in einem Vorort von Varanasi und bot mir an, bei ihm und seiner Familie zu übernachten. Für mich als Alleinreisenden war Couchsurfing die erste Wahl, wenn es darum ging, mit den Menschen des Landes in Kontakt zu kommen. Mitglieder der Online-Community Couchsurfing bieten anderen Mitgliedern Übernachtungsmöglichkeiten an oder nehmen sie mit auf Erkundungstouren. Bisher hatte ich beim Couchsurfing in vielen Ländern der Welt durchweg gute Erfahrungen gesammelt, zuletzt im Iran. Die letzten Minuten im »Hotel« verbrachte ich damit, Arvins Adresse herauszusuchen. Ich hatte mir am Abend zuvor eine indische SIM-Karte besorgen wollen, um telefonieren und mobiles Internet nutzen zu können, doch das war am Verkäufer gescheitert. Er verstand partout nicht, was ich von ihm wollte: Erst bot er mir sein Handy an, dann dachte er, ich möchte mein Telefon verkaufen. Nach 10 Minuten gab ich entgeistert auf und kaufte stattdessen eine Packung Chips. Jetzt war auch der Verkäufer irritiert. Aber es war auch jahrelang ohne mobiles Internet gegangen, warum sollte es jetzt scheitern? Die Adresse von Arvin fand ich mit meiner Offline-Karten-App und machte mich sogleich auf den Weg. Ich war überrascht, wie schnell ich mich an den Verkehr hier gewöhnt hatte. Die Hupe war im Dauereinsatz und drängte so Rikschas und Kühe aus dem Weg. Doch dann die erste Schrecksekunde. Auf einer geraden Strecke überholte plötzlich ein entgegenkommender LKW einen langsameren Laster. Auf einmal kamen mir zwei LKW auf einer Straße entgegen, die nur Platz für zwei Fahrzeuge hat. Der überholende Truck benutzte energisch die Lichthupe. Der muss mich doch gesehen haben! Warum überholt der denn dann? Ich entschied mich für das einzig Richtige: Vollbremsung und langsam in den Graben fahren. Trööööt. Beide LKW brausten hupend an mir vorbei. Mein Herz überschlug sich fast. Erst später lernte ich, wie mit solchen Situationen umzugehen war, denn ich arbeitete ständig an der Erweiterung der Regeln meines selbst erstellten Indien-Verkehrsknigge. Die neuen Regeln auf meiner Liste waren:

2. Hast du das größere Fahrzeug, dann bist du im Recht.
3. Kommen dir zwei LKW auf einer zweispurigen Straße entgegen, dann bremse und fahre langsam in den Graben (resultiert aus 2.).

4. Möchtest du ein Fahrzeug überholen und es kommt dir ein kleineres Fahrzeug als das eigene entgegen, dann darfst du überholen, denn das kleine Fahrzeug wird dir ausweichen und in den Graben fahren (resultiert aus 2.).
5. Mit Hupen signalisierst du anderen Verkehrsteilnehmern, dass es dich gibt. Hupe deswegen zu jeder Zeit. Denn sonst gäbe es dich ja nicht.
6. Das Hupen bekommt eine zusätzliche Wirkung, wenn dabei die Lichthupe eingesetzt wird.
7. Möchtest du ein Fahrzeug überholen und es kommt dir ein Fahrzeug deiner Größe entgegen, gilt es so schnell wie möglich die Lichthupe einzusetzen. Wer zuerst mit dem Licht blinkt, hat Vorfahrt. Hat der Gegenverkehr zu spät reagiert, darfst du überholen und der Gegenverkehr muss in den Graben fahren (resultiert aus 6.).

Die Offline-Navigationsapp gab mir zu verstehen, dass ich mein Ziel erreicht hatte. Arvin hatte mir, als ich noch im »Hotel« war, in weiser Voraussicht noch ein Bild des Gebäudes geschickt, in dem er und seine Familie wohnten. Nur sah das hier überhaupt nicht danach aus. Ich war offensichtlich an der falschen Adresse. Über mein deutsches Handy rief ich Arvin an, der mir beschrieb, wie ich ihn finden konnte. Ohne Karte. Ohne App. Ohne Technik. »Fahr weiter geradeaus. Nach einer großen Straßenbrücke fährst du vor einer Werkstatt nach links. Dort fragst du nach meiner Straße.« Die große Brücke fand ich, nur danach waren Werkstätten auf beiden Seiten der Straße. Also begann ich nach der Adresse zu fragen, die ich auf einem Stück Papier notiert hatte. Das Problem: Die Menschen konnten nur Hindi lesen und verstanden die für sie merkwürdig aussehenden Zeichen nicht. Doch mich einfach weiterfahren zu lassen, das wäre einer Niederlage gleichgekommen. Die ersten zwei Männer, die ich ansprach, wollten mich drei Kilometer zurückschicken. Der nächste verwies mich entschlossen nach rechts. Langsam fuhr ich weiter und suchte diese eine Werkstatt, die mir Arvin beschrieben hatte. »Hi, Mr. Mathias!« Erschrocken schaute ich aus dem Fenster. Da war Arvin. »Das war leicht zu finden, oder? Ich fahr mit dem Motorrad voraus, folge mir einfach«, sagte Arvin, sprang auf sein Motorrad und schlängelte sich gekonnt durch den Verkehr. Ich hatte Mühe, ihm zu folgen.

»*Welcome to India*« waren die einzigen Worte, die mir Arvins Mutter auf Englisch entgegenbrachte. Aufgeregt zeigte sie mir die gemeinsame Wohnung im Erdgeschoss eines Mehrfamilienhauses in einer ruhigen Seitenstraße. Schon kam eilig Arvin um die Ecke. »Du musst hungrig sein! Lass uns in die Stadt fahren und ein paar köstliche Samosas besorgen!« Da ich vom Autofahren für heute genug hatte, stiegen wir auf die Rikscha um, die uns in der Dämmerung in die Stadt fuhr. Arvin führte mich zu seinem Lieblingsimbiss. Die Samosas, mit Gemüsecurry gefüllte Teigtaschen, waren köstlich! Dazu stellte man uns einen mit Wasser gefüllten Krug auf den Tisch. Ich war unsicher, ob ich davon trinken sollte. Zu viele Horrorgeschichten hatte ich schon gehört. Arvin leerte seinen Becher in einem Zug. Auch ich musste irgendwann zum Wasser greifen, denn das Curry brannte in meinem Mund. »Hab keine Sorge, das Wasser ist gut hier!« Ich musste mich auf ihn verlassen. »Jetzt trinken wir erstmal einen Chai!«, schlug Arvin vor. Gleich neben dem Imbiss war der Teeladen mit einem äußerst beschäftigten Verkäufer, einem Chai-Wallah. Der Chai-Wallah war zu dieser Stunde ein gefragter Mann und schenkte eilig den in Indien so beliebten Chai aus. Schwarzer Tee mit einer Gewürzmischung, Milch und ganz viel Zucker. An vielen Stellen ist ein Teestand schon von Weitem durch einen Berg aus Plastikbechern zu erkennen, doch dieser hier bot seinen Tee in kleinen Tonschalen an. »Das ist das erste Mal, dass ich Tee aus so einer Schale trinke, das ist eine prima Neuerung, so werden die ganzen Plastikberge vermieden«, erklärte ich Arvin. – Platsch, Arvin schleuderte seine ausgetrunkene Teeschale an die Hauswand gegenüber. Darunter war bereits ein stattlicher Berg an Scherben. Wieder etwas gelernt, dachte ich. Abspülen ist hier wohl nicht geplant. »Ich finde die Plastikbecher besser«, sagte Arvin, »die

Tonschalen haben nur noch wenige Teeverkäufer hier, die sind einfach nicht mehr modern! Die Herstellung ist aufwendig und sie sind wesentlich schwerer zu tragen. Plastikbecher sind doch viel praktischer!« Das wollte ich erstmal so stehen lassen, um nicht in den ersten Minuten unseres Kennenlernens belehrend zu wirken. Ich fand es eher interessant, den Ansatz meines neuen indischen Freundes zu verstehen. Ich stieß auf Unverständnis, als ich meine Schale nicht an die Wand schleuderte, sondern mit nach Hause nahm. »Die ist für meine Auto-Küche«, erklärte ich Arvin. Er schwieg. Ich glaube, diesmal wollte er nicht belehrend sein. Oder er machte etwas, was tief verwurzelt in jedem Inder ist und was ich im Laufe meiner Reise auch lernen sollte: Er nahm es einfach hin.

Den Abend verbrachte ich mit Arvin und seinen Eltern. Gemeinsam saßen wir in einem Zimmer, das Wohnzimmer, Schlafzimmer und Küche zugleich war. Es war sehr übersichtlich eingerichtet. Auf einem kleinen Tisch stand ein Flachbildfernseher, der ununterbrochen lief. In einer Ecke lagen drei Matratzen übereinander, die später zum Schlafen ausgebreitet wurden. Wir machten es uns auf vier abgenutzten Plastikstühlen bequem, die wahrscheinlich aus einer Bar stammten. Arvins Eltern hatten ihr eigenes Zimmer. Vater Sheywa war Nachtwächter und wollte tagsüber beim Schlafen nicht gestört werden. Als ich zu Besuch war, hatte er allerdings zwei Tage frei. Arvin und sein Bruder schliefen abends auf den Matratzen im Wohnzimmer. Die dritte Matratze war für Gäste. Die Wohnung machte den Eindruck, als würden die drei nur vorübergehend hier wohnen. »Vor zehn Jahren haben wir noch auf dem Land gelebt. Da war es viel ruhiger. Aber es gab keine Arbeit. Als meine Frau hier eine Anstellung bei der Regierung bekommen hat, sind wir hergezogen. Ich arbeite seitdem als Nachtwächter in einem Hotel«, erklärte mir Sheywa und Arvin fügte hinzu: »Es ist für mich und meinem Bruder hier viel besser. Durch den Umzug nach Varanasi konnten wir eine bessere Schule besuchen und können jetzt sogar studieren. Das wäre früher nicht möglich gewesen.« Ich erfuhr, dass ihr Haus auf dem Land die meiste Zeit leer stand. Die Mutter von

Sheywa, sein Bruder und dessen Familie lebten noch im Dorf, das gerade einmal 25 Kilometer entfernt ist. Als ich immer mehr über das Dorf wissen wollte, fragte mich Arvin, ob ich es nicht mal besuchen wolle. Sheywa fand die Idee super. So konnten die beiden an ihrem freien Tag mal wieder aufs Land. Kurzfristig änderte ich also meinen Plan und willigte ein.

Mittlerweile war es schon später Abend geworden und die Familie machte sich langsam bettfertig. Etwas enttäuscht waren meine Gastgeber schon, als ich mitteilte, die Nacht doch lieber im Auto verbringen zu wollen. Als ich ihnen wenig später das Innenleben meines Autos zeigte, waren alle hellauf begeistert. Zwei Nachbarn kamen hinzu, flüsterten sich Worte ins Ohr, lachten und machten fleißig Fotos. So ein merkwürdiger Reisender! Den Eltern war der Trubel zu viel. Sie zogen sich zurück und ließen Arvin und mich allein. Arvin erzählte mir, dass er gerade sehr aufgeregt sei. Nächste Woche werde er zum ersten Mal seine zukünftige Frau kennenlernen, die seine Eltern für ihn ausgesucht hätten. So richtig überraschte mich das zunächst nicht. Schon vorher hatte ich gelesen, dass ein Großteil der Eheschließungen in Indien arrangiert ist. Aber mit jemandem zu sprechen, dessen Ehe von seinen Eltern organisiert wurde, das war neu für mich. Ich erkundigte mich bei Arvin, ob er sich nicht ärgere, dass seine Eltern sich so in sein Leben einmischten und ihm sogar vorschrieben, wen er zu heiraten habe. »Warum sollte ich mich beschweren? Meine Eltern wollen doch nur das Beste für mich! Sie wollen, dass ich unabhängig werde und auf eigenen Beinen stehe. Schau mal, ich bin 23 und wohne noch zuhause. Dieses Jahr werde ich mein Studium abschließen und mir eine Arbeit suchen. Deshalb haben meine Eltern beschlossen, dass es für mich das Beste ist, wenn ich heirate.« Ich überlegte, wie es wohl bei uns in Deutschland abliefe. Ich konnte als Single unmöglich sagen, ob ich in einem halben Jahr heiratete. Denn dafür hätte ich mich erst einmal verlieben müssen. Und darin war ich nicht so gut. Und überhaupt glaube ich kaum, dass ich eine Frau heiraten würde, die mir jemand vorsetzt. Zudem hat meiner festen Überzeugung nach auch die Frau bei der ganzen Sache mitzureden. Ich möchte doch, dass mich meine Frau liebt. Was für einen Typ Frau meine Eltern wohl für mich ausgesucht hätten? Arvin holte mich aus meinen Gedanken. »Weißt du, ich glaube, keiner kennt mich so gut wie meine Eltern. Mein Leben lang haben sie mit mir gelebt. Daher wissen sie auch ganz genau, was für ein Typ Frau zu mir passt. Vor einem Monat haben meine Eltern auf einer Hochzeit meine zukünftige Frau und ihre Eltern kennengelernt. Schnell waren sie sich mit meinen zukünftigen Schwiegereltern einig, dass wir füreinander bestimmt sind. Mama hat mir daraufhin ein Bild gezeigt und ich finde meine Frau sehr hübsch. Ich glaube, hätte ich die Wahl, würde ich mich auch für sie entscheiden.« Das Treffen zwischen Arvin und seiner zukünftigen Frau würde reine Formsache sein. Von einem echten Kennenlernen kann meist auch nicht die Rede sein. Die zukünftigen Eheleute haben mitunter noch nicht einmal die Gelegenheit, sich alleine zu unterhalten. Doch der erste Eindruck zählt, denn die Kinder können ein Veto gegen den potenziellen Partner einlegen. Dann beginnt die Suche von vorn. Wenn allerdings der familiäre Druck hoch ist, haben die verkuppelten Paare oft keine andere Wahl, als ja zu sagen.

Das Gespräch musste ich erst einmal verdauen. Der zukünftige Bräutigam wünschte mir höflich gute Nacht, ich kroch in meine Höhle und genoss es, allein zu sein. Schon klopfte es am Fenster. Die Mutter brachte mir noch einen Teller Weintrauben, falls ich noch hungrig sein sollte.

Der Ausflug aufs Land begann mit einer Überraschung. Arvin fuhr doch nicht mit. Er musste am Abend einen wichtigen Kurs in der Uni besuchen und wollte sich darauf noch vorbereiten. Also machte ich mich allein mit den Eltern auf den Weg. Sheywa saß vorne auf dem Beifahrersitz und zeigte mir den Weg. Schnell wurden wir vom indischen Morgenverkehr verschluckt und steckten in einem zähen Stau. Es dauerte nicht lange, dann gab es die erste Kollision. Eine Fahrradrikscha hatte sich in meinem Bullenfänger verfangen. Routiniert bewegte der Rikscha-Wallah sein Gefährt zurück, schüttelte seinen Kopf und fuhr weiter seiner Wege. Ganz unbemerkt blieb dieser Zwischenfall nicht, denn ein Verkehrspolizist ging gezielt auf uns zu. Er war überrascht, dass nicht Sheywa den Wagen lenkte. Dieses Erstaunen sollte ich in den nächsten Wochen nahezu täglich erleben. In Indien herrscht Linksverkehr, folglich haben die Fahrzeuge das Lenkrad auf der rechten Seite. Wie oft wurde ich auf Landstraßen von hupenden Indern überholt, die mein Linkslenker-Auto aufregend und fremdartig fanden. Als sie dann auf den vermeintlichen Fahrersitz blickten, sahen sie niemanden. Die Reaktion war fast immer die gleiche: eine halbe Vollbremsung, bevor man mich auf der anderen Seite entdeckte, dann freundliches Grinsen und Kopfschütteln. War ich jedoch in Begleitung, konnte ich sicher sein, dass die Polizei auf mich aufmerksam wurde. »Fahr weiter, fahr schnell weiter!«, rief mir Sheywa zu. Der Polizist hingegen gab deutlich zu verstehen, dass ich anhalten sollte. Ich war in der Zwickmühle. Zuhause würde ich niemals weiterfahren, wenn ich in eine Polizeikontrolle geriet. Aber in diesem Moment beschloss ich Sheywa zu vertrauen, machte einen leichten Bogen und brauste davon. Hinter mir hörte ich nur noch die schrille Trillerpfeife des Ordnungshüters, die jedoch schnell vom Lärm des nie endenden Hupkonzerts verschluckt wurde. So richtig wohl war mir bei dieser Aktion nicht, aber Sheywa beruhigte mich. »Wie gut, dass du weitergefahren bist. Die Straßenpolizei macht nur Ärger. Sie finden irgendein Problem und du musst bezahlen. Der Polizist hatte kein Auto, er wird uns nicht hinterherfahren.« In den nächsten Wochen sollten sich noch einige Gelegenheiten ergeben, mein neu erlerntes Wissen anzuwenden. Am Ende übertrieb ich es jedoch etwas. Aber dazu später mehr. Zunächst nahm ich einen neuen Punkt in meine Liste zum Verhalten im indischen Straßenverkehr auf:

8. Sollte dich ein Verkehrspolizist anhalten wollen, der nur zu Fuß unterwegs ist, dann fahre so schnell wie möglich weiter.

Wir ließen das Verkehrschaos hinter uns und tauchten in die Landidylle ein. Leichter Nebel lag noch über den saftig grünen Feldern, als Sheywa mich von der Hauptstraße nach rechts leitete und mir auf schmalen Feldwegen letzte Richtungsanweisungen gab. Zwischen Raps- und Weizenfeldern lag das Bauernhaus vor uns (*25°14'26.0"N 82°48'43.0"E*). Ein gewaltiger Mangobaum spendete ihm ausreichend Schatten. Das einstöckige Haus hatte zwei nebeneinanderliegende Eingänge, die mit Tüchern verhängt waren. Aus dem Obergeschoss ragten die Armierungseisen wie Pfeilspitzen heraus. Das war mir ein vertrautes Bild. Auch in anderen Ländern der Welt werden diese Eisen auf Flachdächern nicht abgetrennt. Denn die nächste Generation könnte so bei Bedarf eine weitere Etage aufbauen. Die rostigen Spitzen waren somit der Grundstein für das Zuhause der Kinder. Kaum auszudenken, eine solche Stelle mit Unfallpotential bei uns in Deutschland nicht abzusichern.

Auf dem sauber gefegten Schotterhof standen drei Plastikstühle und zwei Charpai-Betten. Derartige Schlafplätze sind in Indien weit verbreitet. Die Liegefläche besteht aus einem mit Seilen oder Gurten bespannten Holzrahmen (nichts für den Heimgebrauch), die Seile schneiden sich nach einer Weile ins Fleisch. Die Liegefläche erinnerte zudem an eine grobmaschige Hängematte, in der man es auch nicht lange aushalten kann. Eine Frau erschien in der Tür und winkte Sheywas Frau zu sich herein. Sheywa ließ sich auf das Bett plumpsen und streckte alle viere von sich. Ich machte es mir auf dem Plastikstuhl gemütlich und ließ die morgendliche Atmosphäre auf mich wirken. Nach Tagen des andauernden Lärms wirkte die Ruhe entspannend auf mein Gemüt, ich hatte sie selten so sehr genossen wie in diesem Augenblick. Die Vögel zwitscherten. Von fern hörte man Kinderlachen. Ein großes Insekt drehte brummend seine Kreise und weit entfernt tuckerte eine Wasserpumpe. Hier wollte ich bleiben. Sheywas Frau brachte uns köstlichen Masala-Chai mit Keksen und verschwand alsbald wieder im Haus. Schweigend schlürften Sheywa und ich unseren Tee und genossen beide unsere Ruhe. Sheywa schloss die Augen. Sein Gesicht wirkte in diesem Moment noch freundlicher als vorher. Sein Dreitagebart musste bald wieder gestutzt werden. Im Schneidersitz verharrend lugte sein Bauch unter dem T-Shirt hervor. »Komm, lass uns etwas durch das Dorf spazieren«, sagte er plötzlich. Sheywa hatte seinen Tee getrunken und bewegte sich angestrengt aus dem Charpai. Für seine 54 Jahre sah er recht alt aus. Das Leben hatte ihn gezeichnet.

Sheywa nahm sich viel Zeit, mir sein Dorf zu zeigen. Zwischen den Rapsfeldern und Mangobäumen standen einzelne, sehr einfache Häuser. Den eigentlichen Dorfkern bildeten etwa zwanzig aus Ziegelsteinen errichtete Gebäude. Sheywa erklärte mir, dass viele Dorfbewohner in der benachbarten Ziegelei arbeiteten und das Baumaterial etwas günstiger bekämen. »Die Ziegel sind zwar günstig, aber Putz können sich nur die wenigsten leisten. Oft zieht es durch das Mauerwerk, und wenn das Geld knapp ist, tragen einige Dorfbewohner Ziegelsteine vom Obergeschoss ab, um sie zu verkaufen.« Auf dem Weg zum zentralen Dorfplatz spazierten wir einen Weg entlang, der so schmal war, dass ein LKW sich hier nur mit viel Mühe durchquetschen konnte. Eine Gruppe Ziegen sonnte sich neben einer Haustür, zwei Wasserbüffel waren an einem Mangobaum angebunden und warteten darauf, wieder Feldarbeit zu verrichten. Eine Frau presste sich mit ihrem Karren an uns vorbei, der mit Kuhdung beladen war. »Der Kuhdung wird in der Sonne getrocknet und dann als Brennmaterial verwendet. Wälder haben wir hier kaum, daher ist Feuerholz teuer und schwer zu bekommen.« Am Dorfplatz angekommen, suchte Sheywa zielstrebig einen alten Mann auf, der in einer Strohhütte hauste. Der Greis hockte vor einer verrosteten Feuerschale und war dabei, diverse Kräuter zu verbrennen. Sheywa überreichte dem Alten eine Plastiktüte mit Keksen, der daraufhin begann, neues Kraut in die Schale zu werfen und auf den aufsteigenden Rauch einzureden. Später erzählte mir Sheywa, dass der alte Mann eine Puja zum Wohle seiner Familie abgehalten habe. Diese Opfergabe gehört zu den täglichen Ritualen im Hinduismus. Für die Menschen hier etwas Normales, mich hingegen versetzte der Alte in großes Staunen. »Mit dem Segen wird bestimmt mein heutiges Vorhaben mit Erfolg gekrönt. Die Wasserpumpe hinter unserem Haus funktioniert nicht richtig, die muss ich dann reparieren«, erklärte mir Sheywa und wir machten uns wieder auf den Weg zurück zu seinem Haus. Es dauerte nicht lange, da wurden wir von fast zwanzig aufgeregten Kindern und Jugendlichen begleitet. Es waren Ferien und die Schule war geschlossen. Doch selbst wenn die Schule geöffnet gewesen wäre, hätten die Kinder nur wenig gelernt. »Die Lehrer sind schlecht ausgebildet. Zudem haben wir kein Klassenzimmer. Die Kinder werden hier auf dem Hauptplatz des Dorfes unterrichtet. Wenn es regnet, fällt der Unterricht aus. Es gibt zwar auch ein Gebäude, das als Klassenzimmer genutzt wird, aber das Licht ist schlecht und man kann da nur mit Beleuchtung unterrichten. Aber ständig fällt hier der Strom aus«, erklärte mir Sheywa. Ich konnte das kaum glauben. Keine hundert Meter entfernt hingen lange Hochspannungsleitungen zwischen den markanten Masten. Das Summen war allgegenwärtig, bei den ständigen Stromausfällen eine echte Frechheit. Später entdeckte ich auf einer Erkundungstour noch eine weitere Schule. Das Ziegelgebäude wirkte eher wie eine Bushaltestelle, denn es war auf einer Seite komplett offen. Fünf Jugendliche hörten auf Holzbänken sitzend dem Lehrer zu, der gerade Geometrie unterrichtete. In Indien gilt eine allgemeine Schulpflicht für Kinder zwischen 6 und 14 Jahren. Trotzdem sind über 20% der Inder Analphabeten. Vor allem in den ländlichen Gebieten können nur wenige Menschen richtig lesen und schreiben. Die Arbeit auf dem Land verlangt viel Unterstützung. Schule wird hier oft nicht als Investition in die Zukunft, sondern als Luxus verstanden, den man sich schlichtweg nicht leisten kann. Die Kinder werden oft schon nach kürzester Zeit aus der Schule genommen, damit sie auf dem Feld oder im Laden mithelfen können. Zudem wird der Lehrerberuf schlecht bezahlt. Viele Lehrer auf dem Land haben noch einen oder mehrere Nebenberufe. Für jemanden, der aus ärmlichen Verhältnissen stammt, ist es schwer bis unmöglich, gute Bildung zu erhalten. Hier begann ich zu verstehen, dass Bildung nichts Selbstverständliches ist. Wie oft hatte ich mich als Kind über die Schule und die Lehrer geärgert, war zum Lernen zu faul gewesen und hatte mich gefragt, warum ich dies und das hatte lernen müssen. Aber ohne diese Bildung hätte ich es nie bis hierhin geschafft. Die Kinder, die hier dem Geometrieunterricht folgten, gehörten auf dem Land schon zu den wenigen, die höhere Bildung genossen. Aber ob sie es je auf eine Universität schafften, war zu bezweifeln. Was bei uns Normalität ist, ist hier nur ein ferner Traum. Die schlechte Bildung ist die Ursache für Armut und viele weitere Probleme, denen ich auf meiner Reise durch Indien noch begegnen sollte.

Zurück am Haus meines Gastgebers, kam ich mit Sheywa ins Gespräch, der von seiner Reparatur zurückgekehrt war. »Mein Bruder wohnt direkt nebenan«, erklärte mir Sheywa und pflückte eine Guave vom Baum neben dem Haus. »Doch seitdem wir in der Stadt leben, wohnt mein Bruder mit seiner Frau und den beiden Söhnen in unserem Haus und passt darauf auf. Ihr eigentliches Haus dient gerade mehr als Lager.«

Ein Mann zog auf einem Karren zerkleinertes Holz an uns vorbei. Er grüßte freundlich den Hausherrn und unterhielt sich kurz mit ihm. »Das Leben auf dem Land ist hart. Es gibt immer was zu tun. Gerade bewässern mein Bruder und sein Sohn das Weizenfeld. Auf meine Wasserpumpe bin ich sehr stolz. Komm', ich zeig' sie dir«. Zusammen standen wir wenig später vor einem 25 Meter tiefen Brunnen. Die sanft summende elektrische Wasserpumpe beförderte das Wasser ans Tageslicht. Über einen undichten Schlauch, der notdürftig mit Tüchern verbunden war, ging es direkt aufs Feld. »Das Wasser ist sehr gut. Wir trinken es täglich.« Auch ich probierte an diesem Tag das Wasser. Ich hatte keine Probleme.

Auf dem Dach des Familienhauses wurde uns wenig später von der Frau des Bruders Reis mit Dahl und Chapati gereicht. Dahl ist eine Art Eintopf mit verschiedenem Gemüse. Besteck suchte ich vergebens, denn hier wird mit den Händen gegessen: Das Chapati, ein Teigfladen, wird im Dahl aufgeweicht. Der Rest des Dahls wird über den Reis geschüttet. Die rechte Hand formt dann aus der Masse einen kleinen mundgerechten Kloß. Man denkt immer, dass mit den Händen essen primitiv sei. Aber es ist wirklich nicht einfach. Ich verbrannte mir die Finger und verteilte das halbe Essen neben dem Teller. Sheywa hatte Mitleid mit mir und schickte seine Schwägerin nach unten, damit sie mir einen Löffel holte. Mir war das peinlich, verlegen kratzte ich mit dem Löffel den Reis von meinem Teller, während alle anderen schon längst fertig waren.

Hier hat alles eine definierte Ordnung. Die Frauen verrichten die Arbeit in der Küche, servieren das Essen, räumen ab und waschen das Geschirr. Der Mann verrichtet die Feldarbeit, lässt sich, ohne danke zu sagen, das Essen servieren, rülpst und dreht sich nach der Mahlzeit zur Seite und schläft, bis es kühl genug ist, um wieder auf dem Feld arbeiten zu können. Ich dagegen fühlte mich schlecht und hätte gern geholfen. Aber auch nur der Versuch, meinen Teller in die Küche zu tragen, führte zu bösen Blicken der Gastgeber. Ich war der Gast. Ich durfte hier nur eins: faul sein.

Zum Nichtstun gezwungen, überfiel auch mich die Mittagsmüdigkeit. Ich machte es mir auf dem Charpai in der prallen Sonne gemütlich und döste vor mich hin. Sheywa teilte sich die Liege mit seiner Mutter, die schon 87 Jahre alt war, aber immer noch den täglichen Arbeiten auf dem Land nachkam. Nach einem kurzen Schläfchen konnte ich es in der Sonne nicht mehr aushalten. Ich verzog mich auf die Rückbank meines Autos und begann zu lesen. Doch schon nach wenigen Minuten stand der Nachbarsjunge in der Tür und forderte mich auf, mit zu seinem Haus zu kommen. Ich hatte keine Lust und wollte lieber lesen, was der etwa 16-Jährige nicht verstehen wollte. Er setzte sich halb in die Tür, berührte ständig mit seiner Hand meine Beine, stellte mir hunderte Fragen und kramte im Fach der Rückenlehne des Vordersitzes. Er konnte es einfach nicht hinnehmen, dass ich gerade für mich allein sein wollte. Es war eine Eigenart, die mir später bei einigen jungen Indern auffiel. Es fällt ihnen schwer, den Willen anderer zu akzeptieren. Nur ein Beispiel: Etwas später auf meiner Reise stellte sich mir auf einem

Stadtspaziergang ein Jugendlicher in den Weg und wollte, dass ich mit ihm plauderte. Mein Desinteresse verstand er nicht und wollte es auch nicht akzeptieren. Ich musste ihn regelrecht wegschicken. Ich mag so etwas nicht. Es nimmt mir die Freiheit zu tun und zu lassen, was ich mag. Und es machte mich leicht aggressiv. So war ich auch in der Situation mit dem Nachbarsjungen schnell genervt. Zudem reagierte ich auf die ständigen Berührungen etwas verstört. Ich jagte den Nachbarsjungen aus dem Auto und versprach, später mit ihm durch das Dorf zu laufen.

Ich hielt natürlich mein Wort. Der Junge hatte gewonnen und ich fühlte mich, als sei ich seine Trophäe. Stolz präsentierte er mich seinen Freunden, während wir durch das Dorf spazierten. Meine Kamera hatte es ihm besonders angetan. Aufgeregt schob er mich von einer Straßenseite zur nächsten und zeigte mir Sachen, die ich fotografieren sollte. Jedes Fotomotiv kommentierte er mit »Selfie?«. Irgendwie war es komisch, aufregend und anstrengend zu gleich. Nach den ganzen Eindrücken des Tages war ich müde und völlig geschafft. Ich sehnte mich nach einem gemütlichen Spätnachmittagsspaziergang. Nachdem ich ungefähr hundert *Selfies* geschossen hatte, machte ich mich unter dem Vorwand, etwas Warmes zum Anziehen holen zu wollen, aus dem Staub. Etwas abseits des Dorfes genoss ich die seltenen Momente der Ruhe und bestaunte, wie die sattgrünen Felder langsam die blutrote Sonne verschluckten. Die Luft war klar und kalt an diesem Abend. Und um meine Seele herum lag ein warmer, wohliger Nebel.

Sheywa musste am Abend schon wieder zurück, um seiner Arbeit nachzukommen. Also fuhr ich seine Frau und ihn zur Hauptstraße, wo schon ein Freund auf sie wartete, um sie nach Varanasi mitzunehmen. »Wir sehen uns zur Hochzeit von Arvin!«, rief mir Sheywa noch zu, dann wurde er von seiner Frau ins Auto gezogen. Ich kehrte zum Bauernhaus zurück und war fortan auf die Kommunikation mit Händen und Füßen angewiesen. Denn Sheywas Familie sprach nur Hindi und wenige Brocken Englisch. Im Bauernhaus wurde im Licht einer schwachen Lampe das Essen gereicht. Ich saß mit Shyewas Bruder und seinen beiden Söhnen auf der Holzpritsche im Haus. Auch hier drin war es kalt. Die Frau des Bruders bereitete wie gewohnt das Essen zu. Ich fragte mich, wann sie denn mal etwas essen würde, denn nur die Männer bekamen das Essen gereicht. Etwas entfernt von uns saß die Oma im unfertigen Treppenhaus und wärmte sich ihr Chapati über einem kleinen Feuerchen auf. Ich dachte an meine Oma. Niemals könnte ich sie so außen vor lassen.

Über dem kleinen Elektroofen sitzend, zeigte ich dann Fotos meiner Familie. Alle staunten und stellten diverse Ähnlichkeiten zwischen mir und meinem Bruder sowie zwischen meinem Vater und seinem Bruder fest. Das Bild meines Neffen Joschka gefiel ihnen am besten. Auch wenn die Söhne nur wenig und deren Eltern gar kein Englisch konnten, so fiel uns doch beim Anschauen der Fotos das Unterhalten leicht. Bilder sagen nun mal mehr als Worte.

In dieser Nacht bevorzugte ich erneut mein Autobett. Vom Hund des Hauses hatte sich ein Floh ins Auto geschlichen und ich hoffte, dass es nicht noch mehr waren. So langsam nahm mein Indienabenteuer Fahrt auf. Ich war froh, den Kontakt zu den Einheimischen gefunden zu haben und freute mich riesig, dass ich in das Dorf eingeladen worden war. Obwohl ich nur am Rande am Alltag der Menschen hier auf dem Land teilgenommen hatte, hatte ich sehr intensiv gespürt, wie hart und entbehrungsreich ihr Leben ist. Wieder einmal war ich froh, am anderen Ende der Welt aufgewachsen zu sein, eine ordentliche Bildung genossen zu haben und das Privileg zu haben, eine solche Reise unternehmen zu können. Ich merkte, wie wichtig es ist, die Heimat einmal zu verlassen, in fremde Welten einzutauchen, neue Kulturen, aber auch andere Alltagswelten kennenzulernen. Man lernt erst sein eigenes Land zu verstehen und wertzuschätzen, wenn man miterlebt, wie Menschen an einem anderen Ort durch das Leben gehen. Indien, so merkte ich ganz deutlich in diesen ersten Tagen, ist ein äußerst komplexes Land. In anderen Ländern hatte ich oft, trotz sehr vieler Unterschiede, auch einige Gemeinsamkeiten mit dem Zuhause festgestellt. Hier hörte ich sehr schnell auf, Gegebenheiten zu vergleichen. Es war einfach alles anders. Und genau deshalb konnte ich auch nicht mehr so oft mein bisher geformtes Weltbild anwenden, um mir die Dinge zu erklären. Ich musste mich darauf einlassen, die Inder zu beobachten, von ihnen zu lernen. Trotzdem gab es sehr viele Eigenheiten und Verhaltensweisen, die ich bei allen Versuchen, die Kultur zu verstehen, einfach nicht akzeptieren konnte und wollte. Vorrangig waren das die offensichtliche Umweltverschmutzung, die Rolle der Frau und die extremen Unterschiede zwischen Dorf- und Stadtbevölkerung. Aber ich wollte in den nächsten Monaten versuchen, die komplexen Zusammenhänge zu verstehen, die dieses Land zu dem gemacht haben, was es heute ist. Von nun an sollte ich dieses Land jeden Tag etwas mehr hassen, aber auch etwas mehr lieben. Ich verabschiedete mich vom Landleben und stürzte mich Hals über Kopf in die surreale Welt von Varanasi, einer Stadt, in der der Tod zusammen mit dickem Dunst und Rauchschwaden alltäglich über den Dächern liegt. Die Erfahrungen der nächsten Tage sollten einiges verändern und mein Weltbild durcheinanderschütteln.

Kapitel 3

Varanasi
In der Zeit zurückversetzt

Nichts ging mehr. Überall waren Menschen, Mopeds, Rikschas. Die Straße konnte man überhaupt nicht mehr erkennen. Nur der nie enden wollende Fluss an menschlichen Leibern, die sich in ihren bunten Saris und blauweißen Hemden durch die Gasse drängelten. Obwohl mein Gefährt offensichtlich nicht in diese Welt passte, wurde ich nur wenig beachtet. Ich war Teil dieses gewaltigen Schwarms, nur dass ich deutlich langsamer mitschwamm und nun schon seit einigen Minuten vollends stillstand. Mein beständiges Hupen brachte gar nichts. Mein Auto wackelte von all den Menschen, die sich an der Außenhaut des Fahrzeugs vorbeidrückten. Die Situation war eigentlich zum Verzweifeln. Doch in den wenigen Tagen in Indien hatte ich erstaunlich schnell die hiesige Gelassenheit und Gleichgültigkeit adaptiert, die ich bei meinen persönlichen Begegnungen erfahren hatte. Was war passiert? Ich hatte mir auf der Offline-Straßenkarte auf meinem Handy einen Ort am Ganges herausgesucht, der nah an der Innenstadt lag. Hier war ein Hotel eingezeichnet. Mein Plan war, den Hotelmanager zu fragen, ob ich im Hof des Hotels mein Lager aufschlagen konnte. Mir war das Risiko bewusst, wieder neben einem Generator zu nächtigen, aber so konnte ich wenigstens sanitäre Anlagen nutzen und war schnell im Zentrum. Das Auto sollte erst einmal einige Tage stehen bleiben. Aber noch nicht jetzt! Ich war nur wenige hundert Meter vom Ziel entfernt. Die Straße wurde immer enger und ich hatte den richtigen Abzweig verpasst. Ich musste zurück. Wenden war unmöglich, zu schmal war der Weg und rückwärtsfahren war ebenso schwierig, denn der Strom der Menschenmassen hatte mich komplett umschlossen. Es war so voll, dass ich noch nicht einmal meine Tür öffnen konnte. Außerdem hatte ich Angst in diesem Gedränge, jemandem über die Füße zu fahren. Also blieb ich erst einmal stehen und analysierte die Lage. Offensichtlich war es unmöglich, weiter geradeaus zu fahren. Wenige Meter hinter mir war eine Straßenkreuzung, die so verstopft war, dass die Autos und Rikschas sich beständig anhupten, in der Hoffnung, dass sich die anderen Verkehrsteilnehmer doch in Luft auflösen mögen. Ich war ebenfalls ein nicht unwesentlicher Teil des Problems, blockierte ich doch die Zufahrt zu einer Straße, die von Rikschas und Mopeds angesteuert wurde. Ich hörte ein metallisches Kratzen. Eine Fahrradrikscha presste sich an mir vorbei und blieb an meinem Kotflügel hängen. Wer hier in deutscher Manier an seinem Fahrzeug hängt, wird in ein Meer von Fassungslosigkeit geworfen. Ich hatte indes auf einigen Offroad-Strecken schon etliche Kratzer gesammelt, da kam es auf diesen einen auch nicht mehr an. Trotzdem, ich musste etwas tun. So schnell würde der Menschenstrom hier nicht abreißen. Ich legte den Rückwärtsgang ein, mit dem Ziel, rückwärts in die vollgestopfte Kreuzung einzubiegen, um dann die Abzweigung nach rechts zu nehmen. Ich nahm einen weiteren Punkt aus der indischen Verkehrsphilosophie in meinen Regelkatalog auf:

9. Fahr, wie du willst, die anderen werden sich schon nach dir richten.

So drückte ich mit meinem hinten montierten Reserverad die Menschen vorsichtig beiseite. Eine Motorradrikscha stupste ich an, damit sie mir den Weg frei machen sollte. Dazu hupte ich unentwegt. Es funktionierte! Der gewaltige Schwarm nahm mich auf und lenkte mich in die richtige Richtung. Und keiner störte sich an meinem Fahrmanöver. Ich war einfach da. Was ich hier gerade machte, interessierte einfach niemanden. Was für eine Welt!

Klatschnass erreichte ich mein Ziel. Trotz Klimaanlage stand mir der Schweiß in Perlen auf der Stirn. Obwohl ich von der Kreuzung aus nur noch fünf Minuten gefahren war, befand ich mich jetzt in einer menschenverlassenen Gegend. Ein Schotterweg führte mich direkt zum Ganges. Eine Gruppe Kühe lag auf dem Weg, ließ mir jedoch eine kleine Lücke, sodass ich diesmal ungehindert an mein Ziel kam. Ich hatte es geschafft. Autofahren in Indien würde mir aber später noch einiges mehr abverlangen.

Das »Sri Yoga Mandir« Guesthouse lag in der ersten Reihe, das hellblau gestrichene Gebäude schaute andächtig auf den Ganges (*25°17'06.9"N 83°00'28.9"E*). Es kostete mich etwas Überredungskunst, doch nachdem ich dem Manager die Geschichte meiner ungewöhnlichen Reise beschrieben hatte, einigten wir uns auf einen Deal. Ich buchte das günstigste Zimmer und durfte dafür im Auto im Hof übernachten. Einen besseren Stellplatz kann man sich kaum vorstellen. Im Schatten eines Baumes parkte ich mein rollendes

Zuhause, kramte meinen Campingstuhl heraus und beobachtet den Ganges, den heiligen Fluss der Inder. Schon einmal war ich diesem Gewässer auf meiner Reise begegnet. In den Tiefen des Himalayas, in Tibet, entspringt der Fluss in der Nähe des heiligen Berges Kailash. Auf seiner Reise in den Süden biegt er nur auf einem wenige Kilometer langen Abschnitt erneut nach Norden ab, in Richtung seines Ursprunges. An dieser Stelle wurde vor mehr als 3.200 Jahren die Stadt Kashi errichtet, die wir heute unter dem Namen Benares, oder Varanasi kennen. Sie ist damit eine der ältesten ständig bewohnten Städte der Welt. Ich brühte mir einen Kaffee auf und beobachtete den heiligen Fluss durch ein gusseisernes Tor, das den Hof von der Straße trennte. Ab und zu trabte eine Kuh vorbei, beobachtete den merkwürdigen Weltreisenden und ging ihrer Wege. Es war Zeit, in diese Stadt einzutauchen. Drei Tage wollte ich in Varanasi bleiben. Es sollten fast zwei Wochen werden.

In Varanasi treffen zwei Welten aufeinander. Es ist eine ständige Begegnung von Leben und Tod. Ich besuchte die Stadt, um in die Mythen und Rituale einzutauchen, die mir so fremd sind, als entstammten sie einer anderen Welt. Viele ältere gläubige Menschen kommen nach Varanasi, um in dieser Stadt zu sterben. Nach dem hinduistischen Glauben verlässt die Seele zum Zeitpunkt des Todes den leblosen Körper und geht in einen neuen Körper über – die Wiedergeburt. Im Laufe seines Lebens entwickelt jeder Mensch das sogenannte Karma. Gute und schlechte Taten wirken sich darauf aus. Sie entscheiden, ob ein Mensch nach dem Tod als Tier, Mensch niederer oder Mensch höherer Kaste wiedergeboren wird.

Das Kastenwesen ist eine vor allem in Indien verbreitete hierarchische Gesellschaftsordnung. Man unterscheidet vier Hauptkasten (Varna), die sich wiederum in Untergruppen aufteilen. Die höchste Kaste ist die der Brahmanen, der Priester und Ausleger heiliger Schriften und der intellektuellen Elite. Darunter stehen Krieger, Fürsten und höhere Beamte. Händler, Kaufleute, Grundbesitzer und Landwirte gehören der dritten, Handwerker, Pachtbauern und Tagelöhner der vierten Kaste an. Darunter gibt es nur noch eine Gruppe: die Unberührbaren. Als wäre das nicht schon genug, gibt es unzählige Untergruppen: die Jatis. Wird man in eine Jati hineingeboren, ist man bis zum Tod an sie gebunden. Mit dem Leben in einer Kaste hat man bestimmte religiöse und moralische Pflichten, die man als Dharma – oft übersetzt als »Rechtschaffenheit« – bezeichnet. Einhaltung und Verletzung dieser Pflichten haben Auswirkungen – Karma genannt – sowohl auf das gegenwärtige als auch auf das zukünftige wiedergeborene Leben. Dharma bedeutet zudem, das eigene Schicksal anzuerkennen. Angehörige einer niedrigen Kaste strengen sich oft nicht an, ein besseres Leben zu führen. Und selbst wenn jemand aus dem Kastensystem ausbrechen möchte, ist es fast unmöglich, die hohen gesellschaftlichen Hürden zu überwinden. Trotz dieser in unseren Augen ungerechten Lage sieht man kaum Menschen, die dagegen protestieren. Es gilt, das eigene Schicksal zu akzeptieren. Und wenn man es gut macht, kann man ja im nächsten Leben auf eine Geburt in eine höhere Kaste hoffen. Obwohl das Kastenwesen in größeren Städten stark an Bedeutung verliert, ist es im ländlichen Raum kaum wegzudenken. Es ist fester Bestandteil des Alltags. Hochzeiten werden innerhalb einer Kaste geschlossen. Bestimmten Menschen ist der Umgang mit einer höheren Kaste verboten. Der Kreislauf der Wiedergeburt wird von den gläubigen Hindus als äußerst mühselig betrachtet, was mir in Anbetracht der vielen Pflichten und Regeln durchaus verständlich erscheint. Das oberste Ziel ist es also, diesen Kreislauf zu durchbrechen. Diese Befreiung wird als Moksha bezeichnet. Stirbt man in Varanasi und wird im heiligen Fluss Ganges bestattet, erlangt man sofort Moksha. Deshalb kommen die Menschen in diese Stadt, um zu sterben.

Für mich ist das ein gutes Bespiel dafür, wie stark sich die indische Kultur von unserer unterscheidet. Ich bin in einem Land und in einem Umfeld aufgewachsen, das mir erlaubt, fast jeden Beruf auszuüben, der mir gefällt. Bin ich mit meiner Situation unzufrieden, so habe ich fast alle Möglichkeiten, daran etwas zu ändern. Ich liebe mein Leben und möchte noch so viel erleben und sehen. Ich fürchte mich vor dem Tod, vielleicht auch, weil das Thema in unserem Kulturkreis fast tabu ist. Ein Inder, der zum Zeitpunkt meiner Geburt in einem indischen Dorf das Licht der Welt erblickt hat, wird – sofern er noch lebt – aller Wahrscheinlichkeit nach immer in jenem Dorf leben und den Beruf ausüben, den auch sein Vater und seine Großväter ausgeübt haben. Auch wenn der Lohn kaum zum Leben ausreicht, wird dieser Inder nichts daran ändern. Er akzeptiert sein Schicksal. Und er fürchtet sich nicht vor dem Tod, denn der bietet die Chance auf ein besseres Leben. Die Unterschiede zwischen unseren Gesellschaften sind gewaltig. Für mich ist so ein Leben kaum vorstellbar. Trotzdem kann ich auch hier vieles lernen. Kann ich nichts an einer Situation ändern, dann habe ich trotz alledem die Möglichkeit, sie zu akzeptieren. Und damit kann ich sehr viel Energie sparen, muss mich nicht aufregen oder unendlich traurig sein. Viele arme Menschen in Indien sind glücklicher als viele Menschen in Deutschland, weil sie ihre Situation akzeptieren und das Beste daraus machen. Wir hingegen hinterfragen unsere Situation in einer Tiefe und in einer Intensität, dass wir kaum mehr Energie haben, etwas Gutes daraus zu ziehen. Oder wir haben so viele Möglichkeiten, ein erfülltes glückliches Leben zu führen, dass wir von der Auswahl überfordert sind. Wir fragen uns ständig, ob die letzte Entscheidung richtig gewesen ist oder man mit einer anderen Entscheidung nicht glücklicher gewesen wäre. Wir suchen mitunter nach dem Schuldigen, der für unsere unglückliche Situation verantwortlich ist, ohne zu erkennen, dass man es oft selbst ist. In Indien hat man keine Wahl, für solche Gedanken ist kein Platz. Und hier zeigt sich mir erneut, warum reisen so unendlich wertvoll ist. Ich kann einerseits von diesen für mich neuen Sicht- und Verhaltensweisen diejenigen adaptieren, die mir weiterhelfen, und andererseits alte Gewohnheiten in Frage stellen. So habe ich in Indien das Akzeptieren gelernt. Anstatt alles verstehen zu wollen, lasse ich das eine oder andere einfach so stehen, akzeptiere es und wende mich anderen Dingen zu. Und gleichzeitig bin ich jeden Tag glücklich, dass ich ein selbstbestimmtes Leben führe und mir die Welt offensteht. Nur die immense Auswahl an Möglichkeiten erschlägt mich immer noch.

Die Wahrzeichen von Varanasi sind – neben dem Ganges und den Millionen von Pilgern – die vielen Freitreppen, die zum Wasser hinunterführen. Die sogenannten Ghats nehmen fast das gesamte westliche Flussufer ein. Denn östlich des Ganges erstreckt sich nur eine gewaltige Sandbank, die bei Hochwasser geflutet wird. Unter den knapp 100 Ghats der Stadt gibt es eine Handvoll Freitreppen, die aufgrund ihrer Lage oder alter Legenden eine besondere Bedeutung haben und entsprechend stark besucht sind. Um sie zu finden, braucht es keinen Stadtplan, man folgt einfach den Menschenmassen. Oder man hält Ausschau nach dem Namen, der mit schwarzer Farbe auf gelbem Untergrund auf ein Gebäude bei der Treppe gepinselt wurde. Und diese Gebäude scheinen oft genauso alt zu sein wie die Stadt selbst. Einige prächtige Mogul-Paläste erheben sich hinter den Freitreppen und erinnern an vergangene Zeiten. Doch viele dieser Paläste sind unbewohnt und heruntergekommen. Aus einigen Mauern wachsen Bäume, und Wurzeln schlängeln sich daran herunter. In einer europäischen Großstadt wären solche Paläste restauriert und herausgeputzt. In Varanasi hingegen ist der Zerfall fester Bestandteil des Lebens und schreitet fort.

Die folgenden Tage verbrachte ich mit ausführlichen Erkundungsausflügen durch die Heilige Stadt am Ganges. Der Ashram, das Hotel, in dem ich mein Lager aufschlagen konnte, lag im Süden der Stadt unweit des bekannten Asi Ghats. Von hier aus konnte man entlang der zahlreichen Ghats der Stadt immer weiter nach Norden flanieren und in das Leben eintauchen. Oder auch die Gegenwart des Todes erleben. Ich war keine halbe Stunde unterwegs, da passierte ich die erste Verbrennungsstelle. Ich hatte in meinem Leben erst einmal einen toten Menschen gesehen. Und plötzlich stand ich keine zehn Meter entfernt von einer Feuerstelle, auf der ein Leichnam verbrannt wurde. Sie lag direkt am Ufer des Ganges. Auf einem Sockel aus Sandstein waren dünne Baumstämme übereinandergestapelt, die lichterloh in Flammen standen. Der Haufen war wahrscheinlich erst kurz vor meiner Ankunft angezündet worden, denn das Tuch, in das der Leichnam gewickelt war, hatte noch nicht Feuer gefangen. Um die Feuerstelle herum standen Gruppen von Männern. Einige starrten in die Flammen, andere nahmen kaum Notiz vom Feuer. Die meisten lauschten den Trommeln von Musikern. Jemand tanzte sich mit drehenden Bewegungen in einen Rausch. Alles war so fremd und damit gleichzeitig so anziehend wie ein starker Magnet. Mein Blick verlor sich in den Flammen. Das Feuer vertilgte zunächst das Leichentuch und nagte dann am Körper. Das, was einmal ein Mensch gewesen war, ging nach und nach in Staub über.

Fast drei Stunden dauert es, bis ein Körper fast vollständig verbrannt ist. Korpulentere Menschen verbrennen aufgrund des Fettgehalts im Körper schneller. Bei Frauen überstehen die Hüftknochen am längsten die Hitze des Feuers, bei Männern sind es die Brustkörbe. Die Knochen, die nach dem Erlöschen des Feuers noch übrig sind, werden zusammen mit der Asche in den Ganges befördert. Fast eine Stunde verbrachte ich an dieser Feuerstelle. Ein Inder lief in dieser Zeit immer wieder um das Feuer und rückte Glut und Körperteile zurecht. Kurz bevor ich die Kultstelle verließ, kippte der Kopf des Toten zur Seite. Ich starrte direkt in sein brennendes Gesicht. Mir wurde übel. Das Ritual, bei dem der älteste Sohn den brennenden Schädel mit einer Eisenstange zerschlägt, damit die bösen Geister aus dem Körper entlassen werden, wollte ich ungern bezeugen können. Ich verweilte in Gedanken bei den Toten, hoffte für sie auf ein erfülltes Leben und eine angenehme Reise ins Jenseits. Andächtig verließ ich die Feuerstelle. Um mich herum war keine Trauer zu sehen. Gleichgültigkeit oder der müde Ausdruck des Alltags spiegelten sich in den Gesichtern, die ausschließlich zu Männern gehörten. Später wurde mir erklärt, dass angehörige Frauen ungern am Feuer gesehen werden. Denn Weinen und Wimmern ist bei diesem besonderen Anlass unangebracht. Ab und zu kommt es vor, dass sich die Witwe zu ihrem Mann ins Feuer wirft.

Das war sogar lange Tradition. Erst 1829 verboten die britischen Besatzer, was von einer anständigen Frau, die ihren Mann verloren hatte, bis dahin erwartet worden war: Sie sollte sich den Kopf ihres Mannes auf den Schoß legen und auf dem Scheiterhaufen mit ihm lebendig und langsam verbrennen…

Das Erlebte hinterließ bei mir deutliche Spuren, ich konnte meine Gedanken nicht von dem brennenden Köper lösen. Ich verließ den Fluss und tauchte in das Labyrinth von Gassen ein, die sich hinter der Promenade verzweigen. Hier war einiges los. Dichtes Gedränge, Menschen, die sich eilig durch die Gassen schoben, andere, die langsam flanierten. Kühe, die sich in der Gasse breit machten, Müll aßen und mit lautem Klatschen Kuhfladen auf den Pflastersteinen hinterließen. Immer wieder drängelten sich Mopedfahrer, begleitet von hektischem Hupen, durch die Gassen, fuhren einem fast über die Füße oder streiften gelegentlich den einen oder anderen Flaneur. Rechts und links Läden, die so klein waren, dass neben dem Verkäufer nur wenige Waren in den Ausstellungsraum passten. In einer Küche wurde Paneer hergestellt – ein Frischkäse aus Kuhmilch, ganz typisch für Indien. Obwohl der Tag so grau und vernebelt war wie die Gasse, durch die ich lief, so verzauberten doch die bunten Saris und die Klänge unterschiedlichster Musik die Atmosphäre. Eigentlich hätte ich auffallen müssen, denn ich war offensichtlich ganz anders als all die Menschen, die mich umgaben. Aber keiner nahm Notiz von mir. Alle gingen ihrer Wege, lebten ihr alltägliches Leben.

Eine Trauerprozession suchte sich den Weg zum Verbrennungs-Ghat. Vier kräftige Männer trugen ein Stoffbündel auf ihren Schultern, gefolgt von einer Gruppe singender Angehöriger. Immer wieder sangen sie »Rama Nam Satya Hai« – Ramas Name ist die Wahrheit. Es ist der Gesang der Toten, in dem Rama verehrt wird, eine der vielen Gottheiten des Hinduismus, die siebte Inkarnation Vishnus. Über einer Tür neben mir stand »Gateway to Heaven – Tor zum Himmel« geschrieben. Sollte die Prozession nicht hier abbiegen? Ich folgte der Trauergemeinschaft und verließ mit ihr die Gasse, die nun direkt in einen kleinen Markt mündete. Ein Mann verkaufte Ketten aus Ringelblumen, die den Toten vor der Verbrennung umgelegt werden. Daneben kauerten Bauern auf dem staubigen Boden, die nur eine Handvoll Bohnen zum Verkauf feilboten. Eine Bäuerin vertrieb gerade lautstark eine Kuh, die sich an ihrem Schnittlauch bedient hatte. Direkt daneben versteckte sich ein Händler hinter Bergen von Blumenkohl, Auberginen, Kartoffeln und Tomaten. Der Menschenstrom war dichter geworden. Die Trauerprozession hatte ich längst aus den Augen verloren. Kühe, Straßenhunde, Marktbesucher und vor allem viele Bettler bremsten mich aus. Am nächsten Tag sollte das hinduistische Fest der Makar Sankranti stattfinden. Mitte Januar wandert die Sonne in das Sternbild des Steinbocks, Makara (»Seeungeheuer« auf Sanskrit). Laut hinduistischem Lunisolarkalender läutet sie damit einen Segen bringenden Zeitabschnitt ein. Millionen von Pilgern brechen zu diesem Anlass auf, um sich von ihren Sünden reinzuwaschen. Dazu nehmen sie, zu einer astrologisch genau bestimmten Zeit, betend ein Bad im Ganges. Zudem ist in diesen Tagen alles besonders wichtig, was zu einem guten Karma beiträgt. Und dazu zählt vor allem das Geben von Almosen (Dāna). Dāna gehört zu einem Hindu, wie die Luft zu atmen. Das Konzept des Gebens, ohne eine Gegenleistung zu erhalten, ist tief in der Gesellschaft verankert. Hat ein Hindu ein noch so kleines Einkommen, so hält er trotzdem einen Teil davon zurück, um es noch ärmeren Menschen zu spenden. Und da die Spendenbereitschaft rund um religiöse Festtage besonders hoch ist, waren die Gassen, Ghats und Märkte in Varanasi voll von Bedürftigen. Ganze Familien kauerten auf dem Boden und hielten mit traurigen Gesichtern leere Blechschalen hoch, die Passanten mit zu diesem Zweck gekauftem Reis füllten. Sobald eine Reisspende empfangen wurde, wanderte sie in einen großen Sack, der von der Mutter verwaltet wurde. Ich beobachtete staunend das Treiben. Etwas verwunderte mich. Dankbarkeit zeigten nicht etwa die Bettelnden, sondern die Spender. Die Bedürftigen nahmen die Almosen teilnahmslos an, die Geber schienen beglückt zu sein. Doch ohne Gegenleistung funktioniert auch hier nichts, denn die Gläubigen erwarten eine Aufstockung ihres Karmakontos.

Berauscht von den vielen Eindrücken erreichte ich den Ganges. Doch meine Gedanken kamen nicht zur Ruhe. Viel zu lebendig war das, was mich umgab. Tausende Menschen versammelten sich an der Flusstreppe. Überall gab es kleine Zeremonien. Es wurde gespendet, gerufen, geschlendert und gebadet. Mich fror und ekelte es zugleich, wenn ich die Hindus beobachtete, wie sie sich in die kalte, braune Brühe am Fuße der Treppen gleiten ließen. Sie planschten vergnügt umher, ließen sich das Wasser über den Kopf fließen und tranken sogar davon. Wenn man bedenkt, dass nur wenige Kilometer flussaufwärts Industrieanlagen ihre Abwässer ungefiltert in den Ganges leiten, überall Exkremente von Tier und Mensch ungeklärt dem Fluss zugeführt werden und unweit der Treppen die Asche von Verstorbenen in das Gewässer geschüttet wird, dann ist es nur schwer vorstellbar, wie die Gläubigen ein solches Ritual überstehen und nicht sofort tot umfallen. Was war das für eine Welt, durch die ich an diesem Januarnachmittag lief? Am meisten faszinierten mich die Sadhus. Sadhus haben ihr ganzes Leben dem Glauben verschrieben und leben bis zum Tod als Bettelmönche. Eingehüllt in orangefarbene Gewänder und das Gesicht voll Asche, scheinen sie von einem anderen Planeten zu kommen. Ein Sadhu hielt eine Schlange vor sich, die er plötzlich in seinem Schlund verschwinden ließ. Ein anderer ließ unter dem Beifall zahlreicher Zuschauer einen Affen für sich tanzen. Wieder ein anderer – ganz weltlich – saß im Schneidersitz abseits der Menge und las die Zeitung.

Erfahrene Indienreisende werden jetzt wahrscheinlich müde gähnen: Solche Szenen sind doch typisch für dieses Land und diese Kultur. Doch ich war eben erst dort hineingeschlittert. Noch keine Woche war seit meinem Eintritt in diese Welt vergangen, da prasselten Eindrücke ohne Schutz und Vorwarnung auf mich ein. Vieles hatte ich vorher auf der Welt gesehen. Eigentlich, so dachte ich, würde ich solche Erfahrungen suchen, stehen bleiben, staunen und nie wieder weiterziehen wollen. Aber in diesem Moment war alles zu viel für mich. Ich musste hier weg. Ich brauchte etwas Ruhe. Gleich gegenüber dem »Gateway to Heaven« fand ich ein Schild, das ein *Rooftop-Café* anpries. Das schien genau das Richtige zu sein. Oben über den Dächern der Stadt fand ich wieder etwas Luft zum Atmen. Inmitten von Rucksackreisenden, die wahrscheinlich auch das eben Erlebte verdauten, versuchte ich zu verstehen, was ich gesehen hatte. Ich konnte es nicht.

Auf dem Dach des Cafés hatte ich mich so langsam wieder gefasst. Die Sonne näherte sich dem Horizont und tauchte die Umgebung in ein friedliches Orange. Begleitet wurde dieser fantastische Sonnenuntergang von abertausenden Drachen, die Kinder in die Höhe steigen ließen. Unter dröhnender Hindupopmusik verabschiedeten die Drachen tanzend den Tag und ließen mich die Zeit vergessen. Schnell wurde es nicht nur am Firmament dunkel. In einigen Gassen war der Strom ausgefallen und es war stockfinster.

Ich verließ das Café und wollte an der Uferpromenade zurückspazieren, doch dort versperrte mir ein aggressives Hunderudel den Weg. Der Anführer, ein goldbrauner Rüde, war zu allem bereit und stachelte seine Truppe gegen mich an. Hier an den dunklen Ufern des Ganges hatten sie nun die Macht übernommen. Tagsüber in der Unterzahl, missachtet und getreten, waren sie nun die Herrscher der Flusstreppen. Es dauerte eine Ewigkeit, bis ich den richtigen Weg fand. Müde von den vielen Eindrücken erreichte ich schließlich den Ashram, der für die nächsten Tage mein Zuhause sein sollte. Mein Alibizimmer hatte ich bei meiner Ankunft am Vormittag schon für drei Tage im Voraus bezahlt. Aber wie sollte ich es so lange hier aushalten? Während ich noch darüber nachdachte, fiel ich in einen traumlosen Schlaf.

Schon am Morgen waren die ersten Drachen wieder am Himmel. Ich saß im Hof des Ashrams, trank meinen Kaffee und beobachtete das Schauspiel. »Es ist Makar Sankranti heute« erklärte mir Sapan, der sich gerade zu mir gesellt hatte. Sapan leitete den Ashram Sri Yoga

Mandir und wollte mich gerne kennenlernen. Doch zuvor erzählte er mir etwas über seine Kultur. »Wir haben sehr viele unterschiedliche Feste in Indien. Zur Makar Sankranti verschenken wir Süßigkeiten an Menschen, mit denen wir in der Vergangenheit Probleme hatten. Damit wollen wir alte Feindseligkeiten beenden.« Ich erkundigte mich, was es mit den tausenden Drachen am Himmel auf sich hatte. »An diesem Tag lassen wir unsere Drachen steigen. Vor allem in den Abendstunden ist der ganze Himmel voll. Viele nutzen die Gelegenheit zu kleinen Wettkämpfen. Wenn man es schafft, mit seinem Drachen die Schnur eines anderen zu durchtrennen, dann hat man gewonnen.« Wie widersprüchlich doch dieses Fest ist, dachte ich mir. Es ist ein friedliches Fest, an dem man sich gegenseitig mit kleinen Drachen bekämpft. Wahrscheinlich sollte man da gleich etwas Süßes in der Tasche haben, damit keine Streitigkeiten nach einem verlorenen Drachenkampf entstehen.

Ein wenig freundete ich mich dann doch mit dieser Stadt an. Als ich zu einem Spaziergang aufbrach, folgte ich einem lauten Lachen, das vom nächsten Ghat zu mir drang. Hier hatten sich knapp 50 Inder versammelt, um öffentlich Yoga zu praktizieren. Nachdem sie ihre Übungen abgeschlossen hatten, beendeten sie das Zusammentreffen, indem sie einige Minuten aus voller Kehle lachten. Und irgendwie steckte das an. Ich war gut gelaunt. Zudem nahm ich spontan das Angebot zu einer Bootsfahrt an. In sicherer Entfernung vom Ufer beobachte ich das Treiben auf den Treppen der Heiligen Stadt. Unzählige Leiber drängten sich schon am Morgen an der Uferpromenade entlang und tauchten glückselig ihre Leiber in den Fluss. Ihre Gesichter waren rötlich gefärbt, denn die Sonne steckte noch im Dunst des beginnenden Tages und tünchte die Stadt mit warmen Farben. Die Stimmung war fantastisch. Während sich hinter mir ein gigantischer Feuerball langsam aus dem Nebel befreite, lag diese magische Stadt mit all ihren Menschen, Traditionen, Klängen und Gerüchen vor mir und berührte mich auf angenehme Weise. Das stete Eintauchen der Ruder und das sanfte Quietschen der Lager war wie ein Mantra, das diese Szenerie begleitete. Hier ging wahrscheinlich schon seit hunderten von Jahren alles unverändert seinen gewohnten Gang. An einer Verbrennungsstelle wurde gerade die Asche eines Verstorbenen in den Ganges geschüttet, daneben suchten Unberührbare im Wasser nach Gold oder Schmuckstücken, die vielleicht in der Asche verborgen waren. Wenige Meter flussabwärts verrichteten Wäscher ihre Arbeit und breiteten große weiße Laken auf den Treppen zum Trocknen aus, die von einer Gruppe wilder Ziegen als Unterlage für die morgendliche Siesta verwendet wurden. An den Hauswänden huschte eine Gruppe von Affen entlang. Der Anführer hatte ein T-Shirt fest in seiner Hand, das er kurz zuvor von einer Wäscheleine gestohlen hatte. Vom Boot aus beobachtete ich all das, als wäre es ein Film.

In den kommenden zwei Tagen schlenderte ich durch viele Gassen und verlief mich mindestens ein Dutzend Mal. Ich ließ mich von einem Schlepper in ein Hospiz locken, das direkt neben dem größten Verbrennungsghat lag. Unter dem Vorwand, mir die Bestattungsrituale erklärt zu haben, knöpfte er mir 500 Rupien als Spende für das Hospiz ab. Erst später erfuhr ich, dass dies eine gängige Praxis von Jugendbanden ist, Touristen um ein paar Rupien ärmer zu machen. Ich fand es allerdings erst Monate später heraus und war in diesem Moment glücklich, weil ich annahm, dem Hospiz ein wenig geholfen zu haben, denn das ist tatsächlich von Spenden abhängig. Die Menschen, die hier liegen, sind Tage, Wochen oder Monate gewandert, um am Ganges zu sterben. Und da dies nicht unbedingt gleich am Tag ihrer Ankunft in Varanasi geschieht, müssen die geschwächten Leiber noch ein wenig mit Wasser und Chapati versorgt werden. Und das stammt ausschließlich aus Spenden.

Abends fanden an einer der größten Freitreppen am Ganges kleinere und größere Pujas statt. Pujas sind hinduistische Zeremonien. Mit aufflammenden Fackeln und dem Klang schamanischer Trommeln und orientalischer Instrumente ließen sich die Beobachter der Puja verzaubern und in ihren Bann ziehen. Auf dem ersten Blick hätte es auch eine inszenierte Show in einem *All-Inclusive-Resort* sein können. Hier war aber nichts gespielt. Es war alles echt!

Mir lag eine Samosa, eine gefüllte und frittierte Teigtasche, etwas schwer im Magen. Also beschloss ich, den letzten Abend in Varanasi auf eben jener Dachterrasse ausklingen zu lassen, auf die ich mich am ersten Tag gerettet hatte. Denn hier gab es gut bekömmliche westliche Kost. Als ich gerade begann zu essen, setze sich eine größere Gruppe von Indern und Westlern an den Nachbartisch. Schnell hörte ich heraus, dass sie sich auf Deutsch unterhielten. Nachdem ich mein Sandwich verdrückt hatte, kamen wir ins Gespräch. »Wir sind von *Makers4Humanity*«, erklärte mir Joy aus Hannover. Freundliche Augen versteckten sich hinter seiner runden Brille. Sein Haar war zerzaust, seine Figur schlaksig. Aber er sprühte nur so vor Energie. »Unser Projekt heißt Impact Kiosk. Wir wollen in den nächsten Tagen eine Fahrradrikscha zu einem multifunktionalen Gefährt umbauen, das angetrieben von Solarstrom entweder ein aufblasbares Klassenzimmer betreiben oder ein Boot antreiben kann.« Tim, der neben Joy saß und gerade an seinem frisch gedrehten Joint zog, kramte aus seiner Tasche einen Notizblock heraus. Darin hatte er auf weißem, etwas zerknittertem Papier mit künstlerischem Geschick einen ungefähren Bauplan der modifizierten Fahrradrikscha gezeichnet. In vorherigen Projekten hatte die Gruppe schon kleine schwimmende Inseln gebaut, die fast ausschließlich aus Dingen bestanden, die andere Menschen weggeworfen hatten. Hier in Varanasi wollten die Künstler ihre neueste Vision in die Tat umsetzen und einfach mal machen, ausprobieren, lernen, Pläne umstürzen, um aus dem Erlernten noch tollere Projekte entstehen zu lassen. Damit ihnen das hier in Indien gelang, hatten sie auch fünf Inder ins Team aufgenommen, das nun aus 15 Leuten bestand. Realisiert werden sollte das Projekt in einer Grundschule am Rande der Innenstadt. So sollten die Kinder den Umgang mit Müll lernen und sehen, dass man daraus noch etwas Verwertbares und Sinnvolles schaffen kann. Den ganzen Abend lang unterhielt ich mich mit diesen kreativen Köpfen, die nur so vor Energie sprudelten. Und das steckte an. »Was haltet ihr denn davon, wenn ich euer Projekt unterstütze? Ich habe sowieso etwas Zeit. Außerdem bin ich handwerklich recht begabt und kann euch zur Hand gehen«, schlug ich Joy vor. Der überlegte nicht lang. »Morgen um 10 treffen wir uns an der Schule. Hier ist die Adresse. Willkommen bei den Makers!« Auch die anderen fanden meinen Vorschlag toll, und schon an diesem Abend fühlte es sich so an, als gehörte ich schon seit Wochen zur Gruppe.

Da ich nicht wusste, was mich bei dem Projekt erwartete, bezahlte ich am nächsten Tag mein Zimmer nur für eine weitere Nacht. Es sollte zu einem Running-Gag zwischen Sapan und mir werden, denn insgesamt blieb ich ganze 11 Nächte länger, als geplant. »Bleib, solang du willst, wir haben genügend Platz«, freute sich täglich mein indischer Gastgeber, als ich mal wieder eine Nacht zusätzlich bezahlte. Obwohl es bis zum Bauplatz fast sieben Kilometer durch die Stadt waren, sah ich keinen Grund, meine Unterkunft aufzugeben. Zudem tat es gut, mal einige Tage das Auto stehen zu lassen. Und so wurde ich über Nacht zu einem der Makers 4 Humanity. Ich musste aber schnell lernen, dass viele der kreativen Köpfe nicht nur verrückte Ideen hatten, auch die Umsetzung war nicht vollends durchdacht. Damit wurde ich schnell zu einem wichtigen Mitglied der Gruppe, denn hier konnte ich mit meinem Organisationstalent punkten. Wir hatten zwar eine Fahrradrikscha und einige große blaue Fässer für das Boot, aber damit allein ließ sich das Projekt nicht realisieren. Einen Baumarkt, wie wir ihn kennen, gibt es in Indien nicht. Alles, was man braucht, findet man in kleinen Läden oder verteilt in den Gassen der Stadt. Denn eigentlich ist ganz Varanasi ein einziger Markt. Damit wir für den Transport der Materialien nicht erst ein Taxi organisieren mussten, bot ich an, dafür mit dem Auto zum Bauplatz zu fahren. Mein Plan, mal ein paar Tage das Auto stehen zu lassen, scheiterte also schon am zweiten Projekttag. Praanay aus Mumbai, einer der Inder, die am Projekt mitwirkten, half mir, den Weg zur Schule zu finden. Aber er war auch nicht aus Varanasi und so steckten wir natürlich mal wieder im nie nachlassenden Verkehr fest. Mopeds, Rikschas, Kühe, Kleinlaster, Taxis, Fahrräder, Fahrradrikschas, Menschen und Hunde versuchten, neben mir den Weg durchs Getümmel zu finden. Es war eng, es wurde gehupt, es wurde gedrängelt. Nur im Schritttempo kamen wir voran. Als es gerade etwas flüssiger lief, vernahm ich ein lautes Kreischen und jemand hämmerte gegen das hintere rechte Fenster. Praanay ließ das Fenster herunter und stellte gelassen fest: »Da hat sich eine Fahrradrikscha bei dir verfangen!« Im Außenspiegel blickte ich in das angstverzerrte Gesicht des Rikscha-Wallahs. Ich legte den Rückwärtsgang ein und befreite so den Fahrer aus seiner misslichen Situation. Keine fünf Minuten später überquerten wir im Strom der vor uns fahrenden Verkehrsteilnehmer gerade bei Grün eine Kreuzung. Da die Ampeln anscheinend nur als Empfehlung angesehen werden und eine eilige Mopedrikscha gerade vor mir ein Schlupfloch nutzte, war ich auf einmal zu einer Vollbremsung gezwungen. Der Fahrer war von seiner Fehleinschätzung auch überrascht und bremste ebenfalls. Er hatte erkannt, dass er bei einer Konfrontation mit dem großen Geländewagen wohl das Nachsehen haben würde. Er schaute mir lächelnd ins Gesicht und wackelte mit dem Kopf. Ich war schon etwas genervt und wies mit einer Handbewegung den Rikschafahrer an, den Weg nun vor mir zu überqueren. Ich schaute nach links, ob nicht mittlerweile ein anderes Fahrzeug kommen würde und fuhr los. Doch die Rikscha stand immer noch vor uns, jetzt allerdings nur auf zwei von drei Rädern vor dem Pajero kippelnd. Ich hatte angenommen, dass der Rikschafahrer die Bahn freigemacht hatte, aber wahrscheinlich war er so davon fasziniert gewesen, dass mein Lenkrad auf der anderen Seite war, dass er überrascht stehen geblieben war und nun drohte, mit seinem Gefährt umzufallen. Ich schaute tief in die verängstigten Augen des Fahrers. Diesmal war ich es, der lächelte und den Kopf hin und her wackelte. Mal wieder legte ich den befreienden Rückwärtsgang ein. Obwohl ich innerhalb von fünf Minuten zwei kleinere Unfälle hatte, fühlte es sich schon ganz normal an. Verrückt, wie schnell man sich doch an Neues gewöhnt. Ich erweiterte also wieder meinen indischen Verkehrsknigge:

10. Wenn sich eine Fahrradrikscha in deinem Radkasten verfangen hat, halte langsam an, fahr gegebenenfalls etwas zurück und befreie den Unglücklichen aus seiner misslichen Lage.
11. Sei stets aufmerksam und erwarte stets das Unerwartbare.
12. Nichts ist so unberechenbar wie Motorradrikschas.
13. Bei kleineren Kollisionen hilft es, die Ruhe zu bewahren und freundlich zu sein. Auf keinen Fall die Polizei rufen. Die macht alles noch schlimmer.

Die nächsten Tage waren etwas ganz Besonderes. Denn ich tauchte in den Alltag der Inder ein. Prannay lehrte mich, wie man in Indien am besten feilscht. Beim Kauf von Profilrohren beim Eisenhändler lernte ich zum Beispiel, dass man für einen guten Handel Durst auf Tee und ausreichend Zeit mitbringen muss. Bis Prannay und der Eisenhändler sich auf einen annehmbaren Preis einigten, hatten sie sich gegenseitig ihre Lebensgeschichten erzählt und den Gesten nach zu urteilen auch die ganze Bandbreite der Weltpolitik diskutiert. Da muss man als Beobachter schon etwas Geduld mitbringen. Und die brauchte ich auch auf dem Bauplatz. Denn ich musste die Skizze von Tim in die Tat umsetzen. Ein Teil der Gruppe sorgte dafür, dass das Floss fertiggestellt wurde. Ich arbeitete mit Tim und Haschisch an der Fahrradrikscha. Haschisch stammte aus Varanasi, war circa 25 Jahre alt und machte seinem Namen alle Ehre. Denn ständig war er bekifft. Tim war eher damit beschäftigt, ihm nachzueifern, als den Bau des rollenden Impact Kiosks voranzubringen. Wann immer wir vor einem baulichen Problem standen, überlegte Tim kurz, starrte dann für einige Sekunden ins Leere, um dann festzustellen: »Ich muss erstmal einen Joint rauchen!« Haschisch dagegen bewies handwerkliches Geschick an der Flex, war aufgrund der Drogen in seinem Blut jedoch so unerschrocken, dass er sich zweimal fast die Trennscheibe ins Knie rammte. So kamen wir nur langsam mit dem Bau voran. Zudem zog ich mir das zu, was in Indien unausweichlich ist: einen Magen-Darm-Infekt.

Nach einem langen Projekttag machte ich mich auf den Weg nach Hause. Wir hatten den Abend noch schön in unserem Stammlokal ausklingen lassen und ich spazierte durch die dunklen Gassen in Richtung Bett. Nach nur wenigen Tagen kannte ich die kleinen Sträßchen schon in- und auswendig. Ein Anwohner verbrannte gerade einen kleinen Haufen Müll, den er auf der Straße zusammengekehrt hatte. Eine Kuh stand daneben und schien sich am Feuerchen zu wärmen. Dunkle Gestalten huschten durch die Gassen und hatten es offensichtlich eilig, zu ihrem Ziel zu gelangen. Es war schon etwas gruselig, trotzdem fühlte ich mich sicher. Kurz vor meinem Ziel passierte ich den Platz, auf dem die morgendlichen öffentlichen Yoga-Übungen stattgefunden hatten. Im Licht einer Laterne stand ein Teeverkäufer vor seinem Wagen. Als er mich erblickte, bot er mir sogleich einen »köstlichen Tee« an. Der Verkäufer hatte seinen Schal über den halben Kopf gezogen, um seine Ohren wärmen zu können. Seine graue Jacke war fleckig und sein Dhoti, ein traditionelles indisches Beinkleid, dreckig und zerschlissen. Seine freundlichen Augen waren jedoch sehr einnehmend. Er schöpfte mit einer Kelle einen großen Schluck Tee in einen Pappbecher und hielt ihn mir hin. »Nur 5 Rupien! Es ist Zitronentee und sehr köstlich!« 5 Rupien sind noch nicht einmal 4 Cent. Da kann man doch nichts verkehrt machen. Also machte der Verkäufer am späten Abend noch ein letztes Geschäft. Und er hatte auch recht! Der Tee war äußerst köstlich.

Geschafft vom Tag, kroch ich in mein Autobett und schlief sofort ein. Doch es dauerte nicht lange, da wachte ich auf. Es grummelte in meinem Magen und irgendwie fühlte sich das überhaupt nicht gut an. Um auf Nummer sicher zu gehen, kramte ich aus dem Küchenfach meine faltbare Waschschüssel heraus und legte sie neben mein Kopfkissen. Und das war eine gute Entscheidung. Keine fünf Minuten später hing ich über der Schüssel. Die Nacht wurde eine der schlimmsten meiner ganzen Reise. Die meiste Zeit verbachte ich im Bad des Ashram. Jeder Schluck Wasser, den ich zu mir nahm, kam kurze Zeit später wieder heraus. Dieser verdammte köstliche

Tee! Warum habe ich mich dazu hinreißen lassen? So ein Magen-Darm-Infekt, auch Dehli-Belly genannt, kann sich schon mal über mehrere Tage hinziehen. Aber ich hatte Glück. Nach einem Tag, den ich am liebsten aus meinem Gedächtnis streichen möchte, war ich wieder einigermaßen stabil. Die Kombination von Reis, Jogurt, Cola und Bananen hatte dafür gesorgt, dass Nahrung und Flüssigkeiten wieder etwas länger im Körper verweilten und ich mich zumindest nicht alle paar Minuten übergeben musste. Doch der Bauch grummelte noch einige Tage lang.

Natürlich war das nicht sonderlich förderlich für das Projekt. Der Bau des rollenden Kiosks hatte keine Fortschritte gemacht und alle waren froh, als ich wieder dabei war. Wir brachten die Eisenstangen, die wir vom Eisenhändler besorgt hatten, zu einer Werkstatt, um die Einzelteile zu einem Grundrahmen schweißen zu lassen. Vor der Werkstatt standen fertige Kundenaufträge. Prachtvoll verzierte Tore in unterschiedlichen Größen. Unser Auftrag sollte also ein Leichtes sein. Mit Winkel und Schweißgerät ausgestattet, machten sich zwei Männer, etwa Mitte Fünfzig, an die Arbeit. Ich blieb die ganze Zeit dabei, um wirklich sicherzugehen, dass ich am Ende auch ein Gestell zurückbekommen würde, das meinen Anforderungen entsprach. Da Arbeitsschutz in Indien natürlich großgeschrieben wird, waren die Männer entsprechend ausgerüstet: Sandalen, dünne Stoffhosen, keinerlei Handschuhe und wenn überhaupt wurde eine Sonnenbrille als Schweißerbrille aufgesetzt. Meistens setzten sie die Schweißnaht mit zugekniffenen Augen. Die Männer arbeiteten auf dem Boden in der für Indien typischen Hockstellung. Die Hälfte aller Europäer könnte es so keine Minute aushalten. Die andere Hälfte könnte sie nicht einmal einnehmen. Mit dem Ergebnis der Schweißarbeiten war ich jedoch zufrieden. Ich zahlte den doppelten Preis, was die beiden Männer äußerst glücklich stimmte. 2 Euro für eine Stunde Arbeit waren mir einfach zu wenig. Mit einem Lächeln über dem ganzen Gesicht nahm der Ältere das Geld entgegen und machte die so typische Kopfschüttel-Bewegung, die in Indien wirklich alles bedeuten kann. Es konnte also weitergehen.

Das Projekt von Joy und seinen Mitstreitern wurde von einem deutschen Filmteam begleitet. Fast fünf Jahre später sollte das Projektportrait als Teil der Dokumentation »*Träum Weiter*« in die deutschen Kinos kommen. Das Filmteam hatte ein straffes Programm, in dem ein Tag für Aufnahmen vom Bau des Impact-Kiosks samt Floß und aufblasbarem Klassenzimmer vorgesehen war. Es wurden einige Projektprotagonisten interviewt und Bauszenen gefilmt. »Wäre es möglich, dass wir bei dir ein Mikrofon befestigen und eine Tonspur für den Bau aufnehmen? Du scheinst ja hier den Bau zu koordinieren.« Gerne ging ich auf den Wunsch des Regisseurs ein. Sein Kollege befestigte das Mikro und die zugehörige Funkeinheit mittels Klettverschlussband unter meinem T-Shirt. Doch meine Magen-Darm-Probleme waren noch nicht vollends ausgestanden. Nach einer halben Stunde begann ich zu schwitzen. Durchfall kündigte sich an. In letzter Sekunde half mir der Tonkollege, mich vom Mikro zu befreien, sonst hätte es eine äußerst authentische indische Tonspur gegeben.

Der Bau der Kiosk-Rikscha ging nach sechs Tagen langsam dem Ende entgegen. Immer wieder setzten sich die Kinder der Schule zu uns an den Bauplatz und beobachteten uns beim Flexen, Bohren und Schrauben. Die letzten Schrauben setzte ich ohne Hilfe, denn Tim und Haschisch hatten Probleme mit der örtlichen Polizei bekommen. Als die beiden mal wieder vor einem kleinen baulichen Problem standen, zogen sie sich, um einen Problem-Lösungs-Joint zu rauchen, in eine Nebenstraße zurück, denn es gab eine ganz klare Regel: Auf dem Schulgelände und in unmittelbarer Umgebung waren Rauchen und Alkohol absolut tabu. Deshalb machten sie es sich zwei Straßen weiter auf einer Treppe vor einem Gebäude gemütlich, um in eine andere Welt zu entfliehen. Blöd nur, dass dieses Gebäude zur Polizei gehörte, die in diesem Viertel für Ordnung sorgte. Und das kam natürlich nicht so gut an. Einige Rupien mussten den Besitzer wechseln, damit die beiden nicht für eine Nacht weggesperrt wurden. So war ich also allein mit den letzten Bauarbeiten beschäftigt. Eines der Kinder, die mich beim Bau beobachten, bot mir immer wieder Hilfe an. Aber so richtig wusste ich nicht, welche Aufgabe ich abgeben konnte. Zudem war der Junge etwas tollpatschig. Mal blieb er am Kabel der Bohrmaschine hängen, warf damit das Gerät zu Boden und brach den einzigen Bohrer in der passenden Größe ab. Ein anderes Mal rannte er gegen einen Eimer mit Schrauben und verteilte den Inhalt auf dem Hof. Der etwa zwölfjährige Junge schien gar nicht zur Schule zu gehören, denn er war deutlich älter als die anderen Kinder und trug auch nicht deren Schuluniform, einen weinroten Pullover. Als er sich nach einer Weile aus dem Staub machte, war ich froh, die letzten Handgriffe in Ruhe vornehmen zu können. Nach einer Weile kam Leo, einer der deutschen Projektmitarbeiter zu mir. »Hast du zufällig mein Handy gesehen? Es lag vorhin noch auf dem Tisch. Es ist schwarz und hat ein zerbrochenes Display!« Gemeinsam mit den anderen suchten wir nach seinem Handy. Doch es war weg. Mich beschlich das Gefühl, dass der Junge das Telefon eingesteckt haben könnte. Ich nahm Leo zur Seite und schilderte ihm meine Beobachtung. »Das ist natürlich blöd. Das Handy ist mir eigentlich egal, aber die ganzen Bilder der letzten Tage sind dann weg. Das ärgert mich schon etwas«, grummelte Leo. Vor der Schule sprach er dann andere Kinder an, und fragte, ob sie den Jungen denn kennen würden. Er versprach ihnen 500 Rupien, wenn sie ihm helfen würden, das Handy wiederzufinden. So sprach sich der Verlust schnell herum. Zwei Stunden später wurde es plötzlich laut vor dem Schulhof. Eine wütende Gruppe Inder schrie laut auf und es kam zu Handgreiflichkeiten. Mitten drin: der etwas tollpatschige Junge. Sein T-Shirt war zerrissen und seine Nase blutete. Ein junger Mann zog den Jungen hinter sich her. »Wir haben den Dieb gefunden!«, rief er uns aufgeregt entgegen. Der Junge weinte bitterlich. Eilig sprang uns der Leiter der Schule entgegen. Michael war vierzig Jahre alt und leitete schon seit einigen Jahren die kleine Schule, die durch Spendengelder finanziert wurde. Er nahm sich des Jungen an und vertrieb den wütenden Mob. »Lasst den Jungen in Ruhe! Sollte ihm nur ein Haar gekrümmt werden, dann gibt es richtig Ärger mit mir!« Michael wurde in der Gegend für seine Arbeit sehr respektiert. Seine Worte verfehlten ihre Wirkung nicht und so kehrte nach kurzer Zeit wieder Ruhe ein. Der Junge war total aufgelöst und beteuerte, nichts mit dem Verlust des Handys zu tun zu haben. Auch ich war total traurig. Warum hatte ich ihn als möglichen Verdächtigen ins Spiel gebracht? Hatte er das verdient? Hatte er nicht nur helfen wollen? Und jetzt wurde er von seiner Nachbarschaft geschlagen und gedemütigt. Michael beruhigte den Jungen und nahm ihn zur Vorsicht für die Nacht bei sich auf. Das Handy tauchte dann zwei Tage später wieder auf. Man hatte es im Zimmer des Jungen gefunden.

Selbstjustiz ist ein großes Problem in Indien. 2018 führte ein über Handynachrichten verbreitetes Gerücht dazu, dass im ganzen Land wütende Mobs umherzogen und vermeintliche Täter für nicht begangene Straftaten belangten. 23 Menschen kamen dabei zu Tode. Sie starben, weil Falschnachrichten in Umlauf gekommen waren. Leo hätte ja tatsächlich sein Handy verloren haben können. Aber nur der Verdacht, dass der Junge das Handy gestohlen haben könnte, führte dazu, dass sich ein wütender Mob aufmachte, den Kleinen zu suchen. Aber auch wenn Täter zu Recht überführt werden, reicht es den Menschen oft nicht aus, wenn Polizei und Justiz den Fall übernehmen. Bevor man korrupten Beamten den Täter überlässt, nimmt man lieber selbst das Heft in die Hand und spielt Richter. Und hatte nicht Leo auch eine Teilschuld? Musste er denn sein Handy so offen rumliegen lassen? Ich war mir sicher, dass der Junge in diesem Moment einfach nicht nachgedacht hatte. Er hatte das Telefon gesehen, wahrscheinlich einfach so eingesteckt und seine Tat bestimmt auch gleich bereut. Doch seine Angst vor den Konsequenzen hinderte ihn daran, die Tat zu gestehen. Was aus dem Jungen später wurde? Wir wissen es nicht.

Wir hielten trotz all der Schwierigkeiten den Projektplan ein und konnten schließlich den Einwohnern von Varanasi unser Projekt präsentieren. Der Impact-Kiosk war mittlerweile knallgelb gestrichen und mit zahlreichen Illustrationen übersäht. Auf dem Dach war eine Solarzelle verschraubt, die bei Sonnenschein eine Solarbatterie auflud. An der Batterie hatten wir einen Lüfter angeschlossen, der ein aus Reissäcken zusammengenähtes Zelt aufblies. Diese Erfindung stellten wir den neugierigen Einwohnern an einer der Freitreppen vor. Wir waren alle sehr zufrieden mit diesem Prototyp. Ob daraus wirklich ein Fahrradkiosk entwickelt werden würde, der ein Klassenzimmer aufblasen kann oder ein Floß mit Solarenergie antreiben könnte? Wohl kaum. Aber es zeigt, was möglich ist. Und dass man mit Willen, Energie und Schaffenskraft auch in Indien seinen Traum erfüllen kann.

Kapitel 4

Bilder | Videos | Karten

Gefährlicher Abzweig nach Osten?
Auf den Spuren Buddhas

»Du willst also wirklich heute fahren?« Sapan wirkte überrascht. Er nahm wahrscheinlich an, dass ich die nächsten Monate in seinem Ashram bleiben würde. Die Tage in Varanasi waren für mich ein guter Neustart in Indien gewesen. Allzu gerne hatte ich morgens vor meinem Gefährt gesessen und den Tag mit einem ausführlichen

Frühstück langsam angehen lassen. Zuletzt hatte ich mir jedoch etwas Ärger mit Sapans Vater eingehandelt. Er war auf dem Weg zu einem kleinen Schrein gewesen, der im Garten stand und täglich mit kleinen Opfergaben versehen wurde. Ich wollte gerade ein Rührei fürs Frühstück vorbereiten und grüßte ihn freundlich. Sapans Vater erwiderte ebenso freundlich meinen Gruß, dann bemerkte er aber, dass ich mich anschickte, Eier in die Pfanne zu schlagen. Aufgeregt kam er auf mich zu und hinderte mich daran, das erste Ei auf die Pfannenkante zu setzen. »Der Verzehr von tierischen Produkten ist in unserem Ashram nicht erlaubt! Dazu zählen auch Eier.« Sein freundlicher Gesichtsausdruck wich einem finsteren Blick, der mich fokussierte. Um die Regeln des Hauses nicht zu verletzen, legte ich die Eier schnell wieder in die Verpackung. Zum Frühstück gab es dann eine Tomaten-Zwiebel-Paste anstatt Rührei. Knapp 40 Prozent der Inder beschreiben sich laut verschiedenen Umfragen als Vegetarier bzw. Veganer. Die Gründe dafür sind vielseitig. Im Hinduismus ist das Dasein aller Lebewesen miteinander verknüpft. Die Interaktionen untereinander haben Auswirkungen auf das Schicksal des Einzelnen, egal, ob in diesem Leben oder in den nachfolgenden. Wenn wissentlich Leid hervorgerufen wird, dann wirkt sich das negativ auf das Karma aus.

Damit ist Vegetarismus in Indien gleichzeitig auch ethisch von Bedeutung. Wenn Tiere getötet werden, dann wird Leid erzeugt. Durch diese »Verunreinigung der Gläubigen« wird auch ihre Verbundenheit zum Göttlichen geschmälert. Diese Ethik ist tief in den Hindu-Religionen verwurzelt. Anhängern bestimmter Kasten ist es gar verboten, Fleisch zu essen. Im Umkreis von Tempelanlagen und religiösen Zentren ist der Verkauf und Verzehr von Alkohol, Tabak und tierischen Produkten nicht gern gesehen, auch aus Respekt den Gläubigen gegenüber. Da ich mich nicht in einem typischen Hotel befand, sondern in einem Ashram – also einem spirituellen Zentrum – galten hier auch verschärfte Regeln. Nicht nur der Verzehr von Fleisch war unerwünscht, auch Milch und Eier waren nirgends auf dem Speiseplan zu finden.

Indiens bekanntester Veganer ist Mahatma Gandhi. Er stammte aus dem indischen Bundesstaat Gujarat ganz im Westen Indiens, wo noch heute ein Großteil der Bewohner Veganer sind. Seine Ideale drangen von Indien bis nach Europa. Er beschwor die moralischen Pflichten jedes Einzelnen, seine Ernährung kritisch zu prüfen – und das in einer Zeit, als es in deutschen Treppenhäusern noch jeden Sonntag nach Braten roch. Zwar hat sich seitdem auch bei uns viel verändert, aber die »normale« Ernährung umfasst heute noch immer Fleisch. Bringt man eine vegetarische Freundin mit zur Oma, dann wird diese mit den Augen rollen. »So etwas gab es früher bei uns nicht. Da wurde gegessen, was auf den Tisch kam«. In Indien hingegen ist normal, vegetarisch und vegan zu essen. Doch auch hier liegt Veränderung in der Luft. Die immer stärker wachsende Mittelschicht orientiert sich oft an der westlichen Küche. Dabei spielen im Ausland gesammelte Erfahrungen eine große Rolle. Infolgedessen geht die Anzahl der Menschen, die sich vegetarisch bzw. vegan ernähren, stetig zurück. Ich entschloss mich, während meines Indien-Aufenthaltes Vegetarier auf Zeit zu werden. Zum einen ist die vegetarische Küche Indiens vielfältig, lecker, hochgeschätzt und überall zu finden. Zum anderen hatte ich vor allem in den letzten Tagen in Varanasi gesehen, wie Fleisch verarbeitet, gelagert, verkauft und zubereitet wird. Und da bekam ich schon beim Zuschauen den nächsten Magen-Darm-Infekt.

Ich verließ die Heilige Stadt am Ganges nach 14 Tagen bei den ersten Sonnenstrahlen des Tages, um dem Verkehrschaos in den engen Gassen zu entgehen. Knapp 250 Kilometer lagen heute vor mir. Schon kurz nach Varanasi begann plötzlich eine Autobahn. Aber auch hier waren Hühner, Kühe, Pferdefuhrwerke und Rikschas unterwegs. Aber es gab auch zahlungspflichtige Abschnitte, die so leer waren, dass man auf der Fahrbahn Fußball hätte spielen können. Um einen solchen Abschnitt zu befahren, musste man an einem kleinen Häuschen mit Schranke dem Mann oder der Frau am Schalter ein paar Rupien geben. Und genau das war mit Schwierigkeiten verbunden. Denn die Fenster zu den Schalterhäuschen waren natürlich immer auf der rechten Seite. Da ich in Indien fast ausschließlich allein mit dem Auto reiste, war es immer wieder das Gleiche: Wenn ich am Schalter ankam, blickte ich in tief verwunderte Gesichter. Warum saß keiner auf der Fahrerseite, die in Indien rechts ist? Fährt das Auto von allein? Ach so, da sitzt ja jemand auf der anderen Seite. Ich hingegen musste meinen Arm unheimlich lang machen, um das Geld zu überreichen oder gleich ganz aussteigen. Letzteres führte fast immer dazu, dass ich für ein Selfie herhalten musste. Anfangs war das noch lustig, aber nach einem langen Fahrtag konnte das sehr anstrengend werden. Mit dieser Erfahrung fanden sich zwei neue Punkte für meine Liste »How to drive in India«:

14. In Indien sind es die Menschen nicht gewohnt, dass auf der rechten Fahrzeugseite keiner sitzt. Gewöhne dich daran, dass solche Entdeckungen mit einem Foto oder einem Selfie dokumentiert und geteilt werden müssen.
15. Fahr möglichst mit einem Beifahrer durch Indien. Gerade an Mautstationen erspart es dir einen langen Arm oder einen steifen Hals.

Nach 6 Stunden Fahrt erreichte ich Bodghaya. Hier liegt die bedeutendste buddhistische Pilgerstätte weltweit. Mitte des 6. Jahrhunderts v. Chr. erblickte Siddhartha Gautama, genannt Buddha, das Licht der Welt. Er stammte aus einer Fürstenfamilie und wurde in eine sehr wohlhabende Welt hineingeboren. Mit 16 Jahren wurde Siddhartha mit einer Prinzessin verheiratet, mit der er in einem prächtigen Palast lebte. Hier fehlte es ihm an nichts. Doch mit 29 Jahren entschied sich der junge Prinz, sein sorgloses Leben hinter sich zu lassen. Zuvor war er bei Wanderungen durch die Umgebung der Realität des Lebens begegnet. Er hatte erkannt, dass Altern, Krankheit, Tod und Schmerz untrennbar mit dem Leben verbunden sind und dass Wohlstand und Reichtum demgegenüber keinen Bestand haben. Leid, so sah es Siddhartha, wird nicht durch Schicksalsschläge oder soziale Ungerechtigkeit verursacht, sondern durch die eigenen Denk- und Verhaltensmuster. Erfahrungen, egal ob angenehme oder unangenehme, sollte man als das nehmen, was sie sind, dann erzeugen sie auch kein Leid. Das bedeutet auch, dass man möglichst all das, was Begehren hervorruft, hinter sich lassen sollte. Wenn die Feuer der Macht, des Reichtums und der Lust erloschen sind, dann kann man den Zustand völliger Ruhe und Gelassenheit erreichen. Man kann dann zwar immer noch unangenehme Erfahrungen machen, diese erzeugen dann aber kein Leid mehr. Siddhartha strebte diese Erlösung an und lebte 6 Jahre lang als Asket, oft dem Hungertod nahe. Mit 35 Jahren saß er in einer Vollmondnacht in tiefster Versenkung unter einer Pappelfeige, als er die Erleuchtung erlangte. Er nannte sich »der Erwachte« – Buddha. Diese Erfahrung trug er in die Welt. Der Buddhismus war geboren. Bodhgaya soll der Ort gewesen sein, an dem der besagte Feigenbaum stand. Die Pappelfeige wird auch als Bodhi-Baum bezeichnet – der Baum des Erwachens. Rund um den Bodhi-Baum entstand nach Buddhas Tod ein offener Pavillon und später der Mahabodhi-Tempel. Viele Gläubige pilgerten zu dieser Stätte, um den Weg der Erleuchtung einzuschlagen. Doch Kriege und Zerstörung machten auch vor diesem heiligen Ort nicht halt und so wurde der Tempel Anfang des 7. Jahrhunderts nach Christus zerstört. Der Bodhi-Baum verkümmerte.

In den folgenden Jahrhunderten wurde der Tempel immer wieder neu aufgebaut und zerstört. Auch der Bodhi-Baum wurde neu gepflanzt – aus einem Ableger aus Sri Lanka, der selbst ein Ableger des Bodhi-Baums gewesen sein soll, unter dem Buddha die Erleuchtung erlangt hatte. Seit Ende des 19. Jahrhunderts ist der Mahabodhi-Tempel wieder ein Pilgerort für Buddhisten aus aller Welt. Um ihn herum entstanden in den letzten hundert Jahren zahlreiche kleine Schreine und buddhistische Klosteranlagen. Das Spannende dabei ist, dass sich in Bodhgaya die unterschiedlichsten buddhistischen Architekturen Asiens wiederfinden. Tibetische, nepalesische, thailändische, japanische, indonesische und andere Tempel und Klöster sind in der jeweils landestypischen Art und

Weise errichtet. Auch die Buddhafiguren unterscheiden sich und ähneln zumeist den in den jeweiligen Ländern lebenden Menschen.

Ich war sehr gespannt auf diesen Ort. Einige Tage wollte ich bleiben und zur Ruhe kommen. Aber wie konnte ich glauben, überhaupt irgendwo in diesem Land Ruhe zu finden? Die Stadt Bodhgaya glich einer typischen indischen Provinzstadt: Es war staubig und Berge von Plastik lagen in den Straßen. Die Häuser waren nur zum Teil fertiggestellt, es war laut und es waren natürlich viele Menschen unterwegs. Die meisten fremdländischen Klöster liegen etwas außerhalb. Ebenso meine damalige Unterkunft. Ich spazierte durch einige Wohnviertel, um zum Zentrum des Ortes zu gelangen. Plötzlich tauchte hinter einer Straßenecke ein gewaltiges dreigeschossiges tibetisches Kloster mit zahlreichen Verzierungen an den Wänden und auf dem Dach vor mir auf. Aus dem Inneren drangen Musik und Gesang. Ich näherte mich der großen Halle, die voller Mönche war. Sie hielten gerade eine dreitägige Prozession ab, wie ich vom Wachmann erfuhr. Von der Tür aus beobachtete ich die Zeremonie. Umgeben von den Gläubigen bliesen drei Mönche in das Dungchen, ein etwa vier Meter langes Blechblasinstrument, das an ein Alphorn erinnert. Die Atmosphäre war beeindruckend und mystisch. Nirgendwo in Tibet hatte ich so einer Zeremonie beiwohnen können. Nach dem Einmarsch der Chinesen in Tibet waren hunderttausende Tibeter nach Indien geflüchtet, viele auch nach Bodhgaya. Denn hier konnten sie ihren Glauben ohne Einschränkungen praktizieren. Dabei wollte ich auch nicht stören und suchte den Weg zum oben erwähnten Mahabodhi-Tempel, der in Form einer gekappten schlanken Pyramide errichtet ist.

Der Weg dahin war gesäumt von Souvenirständen. Ich fühlte mich wie in einem buddhistischen Disneyland. Den Wallfahrtsort hatte ich mir ganz anders vorgestellt. Die eigentliche Tempelanlage wurde von Spezialeinheiten der indischen Bundespolizei gesichert. 2013 hatte es mehrere Bombenanschläge auf die Tempelanlage gegeben. Wie durch ein Wunder war niemand getötet worden und der Schaden nur geringfügig gewesen. Seitdem wird der Komplex besonders gesichert. Wenn man aber zuerst durch eine Sicherheitsschleuse gehen muss und von bewaffneten Männern abgetastet wird, dann geht die spirituelle Stimmung schnell verloren. In der Anlage selbst war es schwer, ein ruhiges Plätzchen zu finden. Tausende Pilger suchten den Weg zum Bodhi-Baum. Rund um den Tempel und den danebenstehenden Baum war ein circa drei Meter hoher steinerner Zaun angelegt, der von Ringelblumenketten bedeckt war. Drumherum saßen Menschen aus der ganzen Welt im Lotussitz und meditierten. Doch bei dieser Lärmkulisse konnte ich mir nur schwer vorstellen, dass ihnen das wirklich gelang. Reisegruppen wurden an den Meditierenden vorbeigeführt, und Gebetsmantras in unterschiedlichen Sprachen plärrten aus kleinen Lautsprechern, die von den Leitern der Reisegruppen mitgebracht worden waren. Am beeindruckendsten fand ich den mächtigen Bodhi-Baum mit seiner gewaltigen Krone. Kaum vorzustellen, dass dieser Baum schon über tausend Jahre alt war. Einige dicke Äste mussten von Metallmasten gestützt werden. Auf der anderen Seite des Tempels lag das Nachtlager. Zahlreiche Pilger hatten es sich schon für die nächsten Tage gemütlich gemacht. Eine kleine Isomatte und ein Stoffbündel für warme Sachen reichten aus. Andere hatten ihr kleines Einmannzelt mitgebracht, in dem sie im Lotussitz vor einem kleinen Pult religiöse Schriften studierten. Mir war das Treiben rund um den Tempel zu viel und ich zog weiter.

Nach nur zwei Nächten in Bodhgaya verließ ich den Ort. Hier konnte ich nur Souvenirs, aber keine Erleuchtung finden.

Ich folgte der Kompassnadel nun Richtung Süden. Bis zur Südspitze Indiens wollte ich fahren. Knapp 4.000 Kilometer lagen noch vor mir. Die Straßen wurden indes immer schlechter. Ich wurde ordentlich durchgeschüttelt. Es war zwar nicht mehr so viel Betrieb auf den Straßen, trotzdem musste ich hellwach sein. Wie aus dem Nichts tauchten gewaltige Schlaglöcher auf. Falsch angefahren konnten sie für einen schweren Schaden am Auto sorgen. Die Landschaft um mich herum ähnelte einer Steppe. Das Gras war dürr und gelb. In der Ferne lagen die Bäume in einem tiefen Dunst. Schnell wurde es heiß. Der nächste Bundesstaat kündigte sich schon von Weitem an. Obwohl sie Teil eines einzigen Landes sind, gibt es zwischen den Bundesstaaten Zollabfertigungen. Ein Warentransport durch Indien kann sich daher stark in die Länge ziehen. Es sei denn, man hat genügend Kleingeld parat.

Die Briten hatten in Indien eine Bürokratie eingeführt, die mit jedem Jahr komplizierter wurde. Also beschäftigte man in der Verwaltung zwar sehr viele Menschen, doch die wurden nur schlecht bezahlt. Das magere Gehalt ließ sich jedoch durch Bestechung aufstocken, so konnte die Korruption fester Bestandteil des Beamtenwesens werden. Privatreisende werden an den Bundesstaatsgrenzen zwar selten aufgehalten, trotzdem sprangen zwei Grenzpolizisten auf die Straße, als sie mich ankommen sahen, und wollten mich anhalten. Da hinter ihnen eine Schranke den Weg versperrte, konnte ich auch nicht einfach so weiterfahren. Also wählte ich eine neue Taktik: Keine Originaldokumente herausgeben, sich dumm stellen und freundlich sein. Die Polizisten sprachen nur Hindi, kein Englisch. Sie deuteten mehrfach auf meinen Bullenfänger und ich war schnell genervt. Wahrscheinlich war der Bullenfänger nicht erlaubt und sie wollten Geld. Ich stellte mich also ahnungslos, lachte verlegen und sprach auf Deutsch mit den Beamten. Die verloren schnell die Lust und ließen mich weiterfahren, nachdem sie das Auto von allen Seiten genau inspiziert hatten. Ein paar Minuten später hielt ich trotzdem und schaute mir das Auto genauer an. Vielleicht stimmte ja wirklich etwas nicht. Und da war in der Tat etwas nicht in Ordnung. Dort, wo sich eigentlich mein vorderes Nummernschild befinden sollte, war – nichts. Ich hatte es irgendwo auf den letzten 200 Kilometern verloren. Umkehren war keine Option, denn ich war für jeden Kilometer dankbar, den ich auf indischen Straßen ohne Unfall oder Fahrzeugschaden hinter mich gebracht hatte. Zwei Tage später wollte ich die Provinzhauptstadt Puri erreichen, vielleicht konnte ich mir dort ein Nummernschild anfertigen lassen. Zu dem Zeitpunkt wusste ich jedoch noch nicht, welchen Ärger das verloren gegangene Nummernschild bei meiner Rückkehr in Deutschland zur Folge hatte. Denn in Deutschland glaubte mir keiner diese Geschichte und ich musste eine neue Nummer für das Kennzeichen beantragen. So langsam nahm mein indisches Verkehrsregelbuch Gestalt an:

16. Nimm zwei Ersatznummernschilder ohne Siegel mit und tausche sie gegen die Originale aus, sobald du Deutschland verlassen hast. Wenn die Ersatzschilder verloren gehen, ist das nicht einmal halb so schlimm.
17. Kann man einer Verkehrskontrolle nicht ausweichen, dann hilft es, sich möglichst dumm zu stellen. Man sollte stets freundlich sein, aber niemals – NIEMALS – die originalen Fahrzeugdokumente herausgeben. Im Zweifel können sie als Druckmittel gegen dich verwendet werden. Daher am besten Kopien mitführen und diese den Beamten vorzeigen.

Auf der Weiterfahrt dachte ich weniger an das verloren gegangene Nummernschild als an die Reisewarnung des Auswärtigen Amtes für den Bundesstaat Jharkhand, durch den ich nun fuhr. Grund dafür waren »Naxaliten« genannte maoistische Parteien und Aktivisten. In den späten 1960er Jahren hatten in den östlichen Bundesstaaten Indiens vermehrt Bauernaufstände stattgefunden. Die Bauern hatten es satt, dass nur wenige Großgrundbesitzer die Landwirtschaft dominierten. Es war ein System, das noch aus der britischen Kolonialzeit stammte. Zudem wurden nicht-hinduistische Volksstämme systematisch diskriminiert. Der Bauernaufstand ging vom linken Flügel der Kommunistischen Partei Indiens aus, die dem Leitgedanken des Maoismus folgte. Es bildeten sich unterschiedliche Organisationen, die die Aufstände organisierten und unterstützten. Problematisch wurde es dann, als sich tausende Mitglieder dieser »naxalitischen« Organisationen radikalisierten und bewaffneten. In den Jahren vor meiner Indienreise hatte die Zahl von Angriffen und

Attentaten zugenommen, die auf das Konto der Naxaliten gingen. Hunderte Menschen starben, die meisten von ihnen waren Polizisten, Paramilitärs und die Kämpfer selbst. Aber auch Zivilisten waren unter den Todesopfern. Auf den Straßen Jharkhands merkte ich davon nur wenig. Die Provinzstädte ließ ich schnell hinter mir. Ab und zu erregte ein kommunistisches Spruchband meine Aufmerksamkeit. Trotzdem wollte ich auf Nummer sicher gehen und in diesem Bundesstaat möglichst nicht übernachten. Das bedeutete aber auch einen besonders langen Fahrtag für mich. Elf Stunden war ich schon unterwegs und 500 Kilometer lagen seit Bodghaya hinter mir.

Als ich im Bundesstaat Odisha angekommen war, spannte ich im Licht des Sonnenuntergangs meine Hängematte zwischen einem Baum und dem Dachgepäckträger meiner kleinen vierrädrigen Wohnung auf. Mein Nachtlager war unweit der Hauptstraße, aber außer Sichtweite (*21°36'44.0"N 85°32'38.0"E*). Ich genoss diesen Tagesausklang in meiner Hängematte und beobachtete, wie sich die Sonne vom Tag verabschiedete. Ab und zu liefen Einheimische an meinem Lager vorbei, schenkten mir aber kaum Aufmerksamkeit. Unglaublich, es gibt doch Orte der Ruhe in Indien, dachte ich, und döste im warmen Licht vor mich hin. Ich konnte nur ein einziges Haus in der Umgebung erkennen, ansonsten war ich umgeben von Feldern und vereinzelten Bäumen. Auf einmal durchdrang unglaublich laute Musik aus einem kratzenden Lautsprecher meine Glieder. Es war kaum zu glauben! Nur ein einziges Gebäude gab es weit und breit und genau das musste die ganze Umgebung beschallen? Warum? Die Musik spielte nur kurz, dann folgte eine Ansprache, die an eine Predigt oder eine Wahlkampfrede erinnerte. Lange kann das ja nicht dauern, dachte ich mir. Aber ich lag falsch. Erst kurz nach Mitternacht verstummte die Stimme. Was ist nur mit den Menschen verkehrt? Ruhe in Indien ist wie Bananen in der ehemaligen DDR. Zwar möglich, aber äußerst schwer zu bekommen.

Auf dem Weg nach Puri machte ich einen kleinen Umweg zum Nationalpark Satkosia, der in den feuchten Laubwäldern des östlichen Hochlandes liegt und als Tiger-Reserve bekannt ist. Hier wollte ich eigentlich ein gemütliches Plätzchen für die Nacht suchen. Doch das gestaltete sich schwierig. Die Zufahrt zum Nationalpark war von einer Schranke versperrt. Der Parkwächter betrachtete mich mit prüfendem Blick. Viele Besucher schien es hier nicht zu geben. Auf den letzten Kilometern war mir kein einziges Auto begegnet und ich hatte schon Angst, der Nationalpark sei geschlossen. »Bitte zeigen Sie mir ihre Übernachtungsbestätigung«, grummelte der Wächter. Krümel am Mundwinkel zeugten davon, dass ich ihn gerade bei der Mittagspause unterbrochen hatte. Ich hatte mir zuvor schon zwei Naturcamps ausgesucht, die ich ansteuern wollte. Dort wollte ich fragen, ob ich nicht dort im Auto übernachten könne. Im Naturreservat leben auch Krokodile und Tiger, da schien es für mich sicherer, in der Nähe eines Camps zu übernachten. Da es nicht viele Camps im Nationalpark gab, bat ich den Parkwächter darum, in einem der Camps anzurufen und meine Ankunft anzukündigen, denn eine Buchungsbestätigung konnte ich nicht vorweisen. »Mhmm«, grummelte der Parkwächter und griff zum Telefonhörer. Im Hintergrund lief ein Cricketspiel im Fernsehen. Läuft denn hier immer dieser Sport?, fragte ich mich und übte mich in Geduld. Die hatte der Parkwächter offensichtlich nicht, denn nach nur einem erfolglosen Versuch, jemanden im Camp zu erreichen, kam er genervt zu mir zurück. »Alle Camps im Park sind belegt!«, fauchte er und blickte mich missbilligend an. Eine interessante Interpretation des Freizeichens, dachte ich mir. Zudem war weit und breit keine Menschenseele zu sehen. Und das war die einzige Zufahrtsstraße. Nach einem überlaufenen Nationalpark sah das für mich nicht aus. Ich bat ihn, für mich eine Ausnahme zu machen, und gab ihm zu verstehen, dass ich auch in meinem Auto übernachten könnte. »Das ist unmöglich!«, war seine kurze Antwort und das brachte mich in Rage. Wie kann das denn sein? In den letzten Tagen meiner Reise hatte ich überall Unordnung und Chaos gesehen. Ich fragte mich, ob es irgendwelche Regeln in diesem Land gibt, denn vor allem auf den Straßen war es den Leuten absolut, egal wie sie fuhren. Und plötzlich steht da so ein blöder Beamter vor mir und sieht nicht ein, dass man eine Regel auch mal anders auslegen kann. Was war denn bitte so schlimm daran, eine Nacht im Auto zu schlafen? »Also darf ich den Nationalpark nicht besuchen?«, fragte ich den Parkwächter. »Doch, das ist möglich, aber sie müssen den Nationalpark vor 18 Uhr wieder verlassen.« Konnte er das nicht gleich sagen? Klar wäre ich hier gern länger geblieben, aber noch ärgerlicher wäre es gewesen, vor den Toren des Nationalparks wieder heimgeschickt zu werden. Ich hinterließ meine Daten in einem Besucherbuch. Der letzte Eintrag war drei Tage alt. Von wegen »alle Camps sind belegt«. Auch der Eintrittspreis war nicht ohne. Während Inder 20 Rupien bezahlen mussten, wurde von Ausländern 1000 Rupien (ca. 14 Euro) verlangt. Einfach mal das Fünfzigfache. »Die Fotoerlaubnis kostet 400 Rupien extra. Haben Sie eine Kamera?« »Nein«, log ich, »bloß ein Handy«. »Die Fotoerlaubnis für das Handy kostet 100 Rupien«. Ist das denn Ihr Ernst? Schlecht gelaunt bezahlte ich die Gebühr. Die Schranke öffnete sich und ich machte mich ohne Dank und Gruß aus dem Staub. Später fand ich heraus, dass es wirklich sehr strenge Zufahrtsregeln für den Park gibt. Ohne Genehmigung, die man nur an bestimmten Orten bekommt, darf man eigentlich gar nicht rein. Zudem gibt es pro Tag eine Beschränkung von maximal 24 Fahrzeugen. Der Parkwächter machte also nur seinen Job und für den Nationalpark konnten solche Regularien eigentlich nur gut sein.

Die Nationalparkstraße endete an einem großen Fluss, dem Mahanadi. Tiger hatte ich unterwegs natürlich nicht gesehen, nur kleine beschauliche Dörfer. Wenn ich schon keine Tiger gesehen hatte, wollte ich zumindest Krokodile in freier Wildbahn beobachten. Dafür konnte man auch eine kleine Bootstour buchen. Ich suchte das Büro für Bootstouren auf und fragte nach Preis und Abfahrtszeiten. »Die Tour kostet 150 Rupien pro Person und startet jederzeit. Allerdings müssen es mindestens fünf Personen pro Boot sein, sonst darf es nicht ablegen.« Dieser Ausflug hatte sich ja richtig gelohnt. Ich ärgerte mich schon über meine Entscheidung, dann ergänzte der Mann am Schalter: »Mister, ich sehe hier, dass vier Personen eine Tour für 14 Uhr gebucht haben. Wenn die Gruppe damit einverstanden ist, dann können Sie sicherlich mitfahren!« Zwar war es noch eine Stunde bis zur Abfahrt, aber damit konnte ich leben. Ich machte es mir in meinem Autobett gemütlich, aß eine Mandarine und beobachtete durch die geöffnete Hecktür die Landschaft. Eine Kuh tauchte auf und steuerte zielstrebig mein Auto an. Meine Mandarine erregte ihre Aufmerksamkeit. Das ging so weit, dass sie sogar ihren Kopf ins Auto steckte. »Nun aber raus mit dir!« Schnell schlang ich die Frucht herunter und drückte den Kuhkopf aus dem Kofferraum.

Die angekündigte Gruppe bestand aus vier jungen Indern und kam pünktlich beim Bootsanleger an. Die Jungs hatten kein Problem, mich mitzunehmen. Zwar sprachen sie nur schlechtes Englisch, trotzdem verstanden wir uns sehr gut. Alle vier studierten IT und träumten von gut bezahlten Jobs in Europa oder Amerika. Wir hatten das Glück, Flusskrokodile zu sehen. Und die waren ordentliche Brummer. Ein Exemplar sonnte sich gerade am Ufer und war bestimmt fünf Meter lang. Ein anderes Tier robbte auf einer Sandbank dem Fluss entgegen und ließ sich elegant ins Wasser gleiten. Etwas mulmig war mir da schon. Unser Boot war sehr klein und das Krokodil hätte uns bestimmt ohne Probleme umwerfen können. Aber anscheinend gab es hier andere Nahrung im Überfluss. Eine Schildkröte steckte gerade ihren Kopf aus dem Wasser. Ob sie wohl das nächste Opfer sein würde? Oder würde es eines der Kinder sein, die nahe der Bootsanlegestelle im Wasser spielten, während die Mütter im Fluss die Wäsche wuschen? Ich wusste wirklich nicht, ob ich meinen Augen trauen sollte! Keinen Kilometer flussabwärts lag ein mächtiges Krokodil am Ufer und hier spielten die Kinder im Wasser. Nach einer Stunde war die Bootstour vorbei. Gerne wäre ich etwas länger im Nationalpark geblieben, aber an den Regeln konnte ich nun mal nichts ändern. Bis nach Puri würde ich es auf keinen Fall schaffen, also suchte ich außerhalb des Nationalparks, etwas flussabwärts, nach einem geeigneten Ort für mein Nachtlager. Hinter einem kleinen Dorf wurde ich fündig. Von der Klippe, die ich im Visier hatte, würde ich einen schönen Blick auf den Fluss haben, und die Krokodile würden es nicht bis dorthin schaffen. Trotzdem stimmte etwas nicht mit dem Platz. Man hatte mich schon ungläubig angeschaut, als ich ihn angesteuert hatte. Als ich aus dem Auto stieg, erkannte ich auch, warum. Mein ausgesuchter Übernachtungsplatz war nichts anderes als die Dorftoilette. Im ländlichen Raum verfügen viele Häuser weder über einen Wasser-, noch über einen Stromanschluss. Laut einer Volkszählung von 2011 haben 53% aller Inder keinen Zugang zu einer Toilette. Der Großteil von ihnen lebt im ländlichen Raum. Doch auch wenn eine Toilette in einem Bauernhaus vorhanden ist, wird sie oft nicht benutzt. Für traditionelle Hindus sind alle Körperabsonderungen wie Kot, Urin, Schweiß oder Schuppen tote Materie, die als unrein gilt. Durch sie droht rituelle Verunreinigung. Diese im Haus auszuscheiden, so das indische Paradox, wäre höchst unhygienisch. Daher wird die Notdurft bevorzugt außerhalb des Dorfes verrichtet. Überall lagen kleine Häufchen, aber kein Toilettenpapier. Denn der Hintern wird entweder mit Sand oder mit Wasser gesäubert, das in einem kleinen Eimerchen mitgeführt wird. Für Frauen auf dem Land ist dies oft mit täglichem Leid verbunden. Während des Tages trinken sie im ländlichen Raum auch bei hohen Temperaturen sehr wenig, um nicht im Freien die Notdurft verrichten zu müssen. Es gibt ja überall Menschen, die sie sehen könnten. Sie bevorzugen die Dunkelheit, gehen morgens vor den Männern und abends nach ihnen zur »Toilette«. Damit erhöht sich das Risiko, in der Dunkelheit auf Schlangen oder Skorpione zu stoßen oder sexuell belästigt zu werden. Das Interessante am Toiletten-Thema: Würden alle Inder eine Wassertoilette benutzen, wäre es eine enorme Belastung für die Umwelt. Und eins musste man dieser öffentlichen Toilette schon lassen: Der Ausblick war unglaublich.

Etwas weiter flussabwärts fand ich dann einen kleinen gepflasterten Platz, der frei von Fäkalien war (*20°21'43.0"N 85°11'11.0"E*). Es war die öffentliche Badeanstalt, wie ich bei Anbruch des nächsten Tages bemerkte. Gerade war ich dabei, mein Frühstück zuzubereiten, als wenige Meter entfernt eine Gruppe von Frauen am Wasser die Morgentoilette verrichtete. Sie ließen sich von mir nicht stören und sprangen vergnügt mit ihren Saris ins kühle Nass.

Nach Sonnenaufgang brach ich auf, um etwaigem Verkehrschaos zu entgehen. Dichter Nebel zog über das Land und es war kalt. Die Dörfer erwachten langsam zum Leben und eingehüllte Gestalten tauchten am Straßenrand aus dem Nebel auf. Seit einigen Minuten hatte ich schon einen Bus vor mir, den ich nicht so einfach überholen konnte. Normalerweise schert man hinter einem zu überholenden Fahrzeug ein wenig aus, schaut, ob kein Gegenverkehr kommt und die Stelle geeignet ist, und gibt Gas. Sitzt man jedoch auf der falschen Seite und hat keinen Beifahrer zum Ausschauhalten, so ist das schwierig. Ich musste daher immer einen gewissen Abstand zum Bus halten, um einen geeigneten Blickwinkel zu haben, und zum Schauen ziemlich weit auf die Gegenfahrbahn ausscheren. Da die Lücke zum Bus recht groß war, dachten die Autofahrer hinter mir, ich traute mich nicht zu überholen, also fuhren sie laut hupend an mir vorbei und drängelten sich in die Lücke. Zwei Mal musste ich meinen Überholvorgang abbrechen, weil immer wieder ein Auto von hinten aus dem Nebel auftauchte. Eins war nicht einmal beleuchtet und jagte mir einen ordentlichen Schrecken ein. Es verging fast kein Tag, an dem ich keine neuen Erkenntnisse zum indischen Straßenverkehr gewann.

18. Beifahrer sind auch bei Überholmanövern äußerst hilfreich (neben Punkt 15).
19. Lass dir Zeit mit dem Überholen, auch wenn sich andere an dir vorbeidrängeln. Manchmal ist es besser, eine kleine Pause einzulegen und zu warten, bis die Straße wieder frei ist. Das schont die Nerven und reduziert das Risiko.

Ich entschied mich also, eine kleine Pause einzulegen, schließlich wollte ich ja lebend ankommen. Ich hielt kurz nach einem Dorf am Wegesrand und beobachtete Bäuerinnen bei der Arbeit. Frauen trugen schwere Körbe auf dem Kopf an mir vorbei zum nächsten Dorf. Eine wusch gerade am Bach ihre Kleider und passte gleichzeitig auf die Kinder auf. Eine andere Gruppe hockte auf dem Feld und befreite es von Unkraut. Männer sah ich hier nicht. Denn die waren alle im Dorf. In kleinen Gruppen standen sie beim Chai-Wallah, tranken Tee und diskutierten miteinander. Es war ein Bild, das mir oft auf dem Land begegnete und das mir beim Aufenthalt bei Arvins Familie bei Varanasi schon aufgefallen war. Die Frauen arbeiteten immer und jederzeit. Auch vor schwerer körperlicher Arbeit scheuten sie sich nicht. Zwar verrichteten auch die Männer schwere Arbeiten, aber nie sah ich nur eine Frau am Tee-Stand herumlungern oder sich auf dem Boden ausruhen. Mich beeindruckten die Willensstärke, der Eifer und die Schaffenskraft der indischen Frauen auf dem Land, vor allem aber das Durchhaltevermögen. Beobachter berichten davon, dass Frauen auf dem Land oft schlechter behandelt werden als Tiere. Die Dominanz der Männer wird durch das traditionelle Patriarchat verstärkt. Das Kastensystem gibt sein Übriges. Männer aus höheren Kasten sehen es als ihr angeborenes Recht an, Frauen niederer Kasten sexuell zu belästigen oder zu vergewaltigen. Der Staat unternimmt dagegen bislang wenig. Die Rolle der Frau in der indischen Gesellschaft ist außerdem durch ein Mitgiftsystem belastet, durch das so manche Familie in den finanziellen Ruin getrieben wird. Wenn eine junge Frau verheiratet werden soll, müssen ihre Eltern mitunter auf sehr hohe Forderungen des Bräutigams eingehen. Dieses System ist im ländlichen Raum immer noch stark verbreitet. Also lassen junge Paare ihr Kind oft abtreiben, wenn es weiblich ist. Obwohl dies verboten ist, werden jährlich schätzungsweise noch 3 bis 4 Millionen weibliche Föten abgetrieben. Das wiederum führt dazu, dass es mehr Männer als Frauen gibt. Die Männer, die keine Frauen abbekommen, lassen vermehrt ihren Frust an wehrlosen Frauen aus, was Indien zu einem der gefährlichsten Länder der Welt für Frauen macht. Und das ist mal wieder ein Beispiel für das indische Paradoxon. Frauen werden in Indien seit Jahrhunderten vergöttert. In den Veden, den heiligen hinduistischen Schriften, ist die Urkraft des Universums weiblich. Frauen waren in der Gesellschaft hoch angesehen, waren Heilerinnen und man hat ihnen magische Kräfte zugeschrieben. Die Mutter hat auch noch heute eine besondere Stellung in einer indischen Familie. Selten wagen die Kinder ihr zu widersprechen. Trotzdem werden Frauen im Hinduismus schon seit je her unterdrückt, und ihr Leben ist oft geprägt von Gewalt unterschiedlichster Art. Aber in den letzten Jahren sind auch positive Veränderungen zu beobachten. Nicht alle Frauen im ländlichen Gebiet nehmen die Unterdrückung hin. Frauen werden mutiger und kandidieren auch für Ämter in den sogenannten Panchayats. Das sind Institutionen zur regionalen Selbstverwaltung. Der Staat hat eine Frauenquote innerhalb dieser Institutionen eingeführt, die zuvor von Männern dominiert waren. Damit können auch Bäuerinnen ohne Schulbildung zu ihren Rechten kommen. Andere Frauen gründen Selbstverteidigungsgruppen und motivieren wieder andere, auch mal ihren Ehemännern zu widersprechen. Da Frauen nun bestehende Normen aufbrechen, fühlen sich viele indische Männer bedroht oder eingeschüchtert, was sie wiederum in Form von Aggression ausdrücken. Aber die Selbstermächtigung der Frauen kann dazu führen, dass sich die Normen ändern und bei kommenden Generationen bestimmte Traditionen ihre Bedeutung verlieren. Das bedeutet aber auch, dass der Wandel seine Zeit braucht. Dass in den letzten Jahren das Thema sexualisierte Gewalt gegenüber Frauen verstärkt in den nationalen und internationalen Medien auftaucht, zeigt zudem, dass die indische Gesellschaft das Problem erkannt hat und Veränderungen anstrebt. Veraltete Strukturen werden verstärkt kritisch analysiert, Traditionen gehen nicht mehr mit den modernen Lebensvorstellungen einher. Zunächst wird davon wahrscheinlich die indische Mittelschicht profitieren. Bis auf dem Land flächendeckend andere Verhältnisse herrschen, wird es noch ein sehr langer und steiniger Weg sein. Mein Weg nach Puri zog sich in die Länge. Zwar hatte sich der Nebel inzwischen aufgelöst, aber die Straße war ein einziges Schlagloch. Hinter einem Dorf war die Straße plötzlich durch eine Schranke versperrt. Drei Autos waren vor mir. Hier war wohl eine Straßenmaut errichtet worden, denn die Fahrer reichten einem jungen Mann an der Schranke Geldscheine durchs Fenster und konnten dann die Strecke passieren. Ich ließ mein Fenster herunter und fragte nach dem Preis. »500 Rupien.« Mir ging vor Schreck fast das Auto aus. Auf der gut ausgebauten Autobahn hatte ich zwei Tage zuvor 100 Rupien bezahlt. 500 waren eindeutig Abzocke. »Das ist zu viel, das bezahle ich nicht«, antworte ich dem Mann. Der ließ sich davon nicht abhalten. »Das ist aber die Gebühr, sie müssen 500 Rupien bezahlen.« Hinter mir staute sich schon der Verkehr und die ersten Autos begannen zu hupen. Mir war das egal. Ich machte meins aus, schloss die Tür hinter mir zu und lief zu den Autos hinter mir. Da die Fahrer bestimmt nicht zum ersten Mal hier lang fuhren, sollten sie den Preis kennen. Und schon der erste Fahrer gab mir Recht. Er hielt schon einen 50 Rupien-Schein in der Hand und bestätigte mir, dass das schon seit Jahren der Preis sei. Daraufhin stellte ich den jungen Mann zur Rede. »Warum willst du mich betrügen? 50 Rupien sind die Gebühr! Ich zahle nicht mehr!« Glücklicherweise fand ich auch einen 50-Rupien-Schein in meiner Geldbörse. »Hier, nimm und lass mich durch«, fauchte ich den Schrankenwärter an. Ohne Widerrede öffnete er die Schranke. Netter Versuch, mein Freund, aber nicht mit mir! Wenig später erreichte ich Puri, die nächste Station meiner Reise durch den Osten Indiens. Vorher notierte ich aber noch einen wichtigen Punkt in mein Verkehrsregelbuch:

20. Obacht bei inoffiziellen Mautstellen. Oberste Abzock-Gefahr. Immer die anderen Autofahrer nach der Gebühr fragen und standhaft sein. Die Zeit ist immer auf deiner Seite.

Teil 2 – Die Ostküste

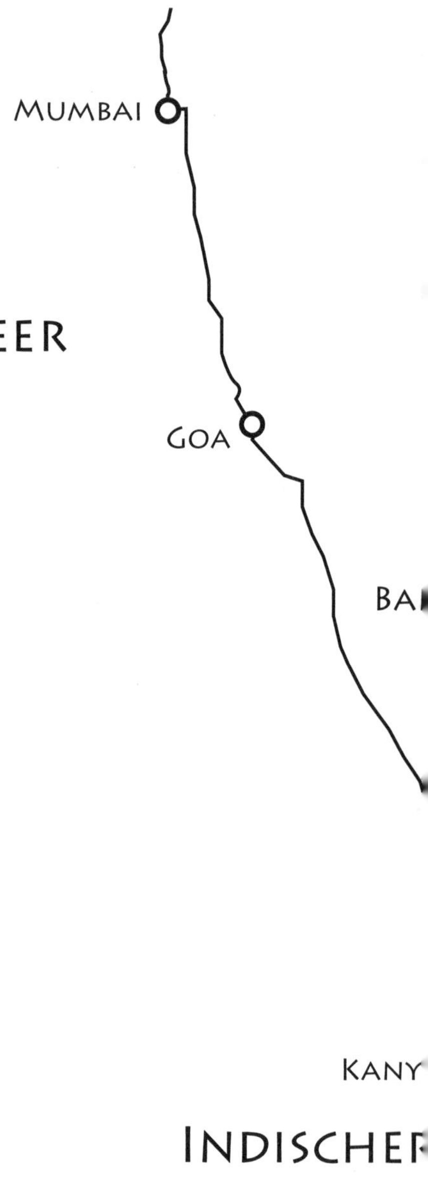

Mein Versuch, Indien zu verstehen:

- Erwarte das Unerwartete!
- Wie kocht man indisch?
- Wer sind die Adivasi?
- Wie verhalte ich mich an einem Bahnübergang?
- Wie bricht man ein Auto auf?
- Wie kann man ohne Geld in Indien leben?

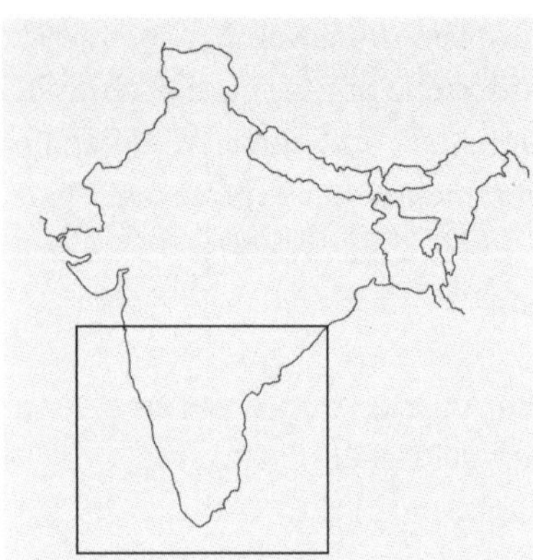

Puri
Eco-Camp
Strand Camp
IEN
Strand Camp
Chennai
E
Mahabalipuram
Auroville
URAI
Golf von Bengalen
Sri Lanka
AN

Kapitel 5

Die Ostküste Indiens
Zwischen Unberührtheit und Umweltverschmutzung

Puri war bis zum 8. Jahrhundert ein einfacher Provinzaußenposten auf der Handelsroute entlang der indischen Küste. Doch dann wurde der Ort vom hinduistischen Reformer Shankara zu einem Zentrum des Vishnuismus auserkoren. Ähnlich wie in der Kirche oder im Islam gibt es im Hinduismus unterschiedliche Strömungen. Genauer gesagt: »Hinduismus« ist eher ein Oberbegriff für unterschiedliche Religionen, die sich überlagern und gegenseitig beeinflussen. Die Bezeichnung »Hindu« für die Bewohner Indiens stammt von den islamischen Invasoren des 8. Jahrhunderts und ist eine Ableitung des Flussnamens »Indus«, auf Sanskrit »Sindhu«. Der Begriff umfasst also die Menschen, die in der Umgebung des Indus leben. Der Begriff Hinduismus wurde dann von den englischen Kolonialherren eingeführt, um die Religionen der Hindus unter einem Begriff zu vereinen. Die bedeutendsten Strömungen sind Brahma, Shaktismus, Shivaismus und Vishnuismus. Das wichtigste Zentrum des Vishnuismus und somit eines der vier großen Pilgerzentren Indiens ist Puri. Klar, dass ich mir das gerne anschauen wollte. Da meine letzten Tage recht einsam gewesen waren, suchte ich gleich zu Beginn den Kontakt zu Einheimischen. Und dafür nutzte ich mal wieder das Portal Couchsurfing. Ich lernte den Inder Bubu kennen. Er war 47 Jahre alt, verheiratet und hatte eine Tochter. Diesmal nahm ich mir vor, direkt mit der Familie zu leben, um Einblicke in ihren Alltag zu bekommen. Aber leider ging der Plan nicht ganz auf. Bubus Frau leitete ein Restaurant und er ein Reisebüro. Zusätzlich wollte er ein Hostel eröffnen. Dafür hatte er schon ein kleines Haus gekauft. Und ich sollte der erste Gast sein. Das hatte mich schon etwas überrascht. Denn das Wichtigste an Couchsurfing ist nicht das kostenlose Übernachten. Es geht vielmehr um den kulturellen Austausch. Ich hatte die Befürchtung, allein in dem Hostel recht wenig Kontakt zu bekommen. Zudem war ich mir nicht sicher, ob ich nicht auch etwas bezahlen müsste. »Das kommt gar nicht in Frage«, antwortete mir Bubu auf diese Frage. »Du bist natürlich unser Gast!« Bubu machte gleich einen sehr freundlichen Eindruck. Er gehörte zu den etwas fülligeren Indern, die man nicht so häufig sieht. Seine Augen lagen in dunklen Ringen in einem Gesicht, das von grauen Strähnen flankiert war. Auf seinem Haupt thronte eine sportliche Sonnenbrille. »Ich bin allerdings recht beschäftigt, also kann ich dir nicht die Stadt zeigen. Aber da findest du dich sicherlich gut zurecht. Morgen früh kann ich dich um sieben abholen und wir machen eine kleine Fahrradtour«, schlug mir Bubu vor. Auch das überraschte mich. In Indien Fahrrad zu fahren, stand nun wirklich nicht auf meiner Aktivitätenliste. Nachdem ich den Verkehr der letzten Tage mitbekommen hatte, hielt ich Fahrradfahren ungefähr für so risikoreich wie Fallschirmspringen oder Extrembergsteigen. Da es aber morgens auf Indiens Straßen noch relativ ruhig zugeht und ich ein begeisterter Radfahrer bin, willigte ich rechtzeitig ein, bevor sich Bubu schon wieder aus dem Staub machte. »Einen Schlüssel für die Haustür habe ich noch nicht, aber hier kommt schon keiner rein«, waren seine letzten Worte. Das Haus hatte ein Obergeschoss, war nicht sehr groß und umgeben von einem kleinen Garten. Eine Hecke und ein Tor schützten Garten und Hof vor allzu neugierigen Blicken. Ich schaute mich im Haus um. Sonderlich viel konnte man auch nicht mitnehmen. Bad und Küche waren mit Waschbecken ausgestattet. Und im Obergeschoß standen ein frisch bezogenes Bett, ein kleiner Tisch und ein Stuhl. Das war alles. Das Zimmer im Obergeschoss war auch das einzige mit funktionierendem Licht. Bubu hatte im Haus also noch einiges zu erledigen, bevor es ein Hostel werden konnte. Dafür hatte es eine kleine Dachterrasse mit einem schönen Blick über ein kleines Wohngebiet. Und vor allem war es hier verhältnismäßig ruhig. Zwar war ich jetzt wieder auf mich allein gestellt, dafür hatte ich ein ganzes Haus für mich allein. Auch nicht schlecht. Bubu gab mir zudem eine Adresse, wo es Nummernschilder geben sollte. Da der Pajero ohne Kennzeichen etwas nackt aussah, machte ich mich gleich auf den Weg. Die Nummernschildermacher hatten ihre Hütten unweit meines Wohnhauses. Ich hatte ein wenig Mühe, die kleinen Werkstätten zu finden. Es war Mittagszeit und die meisten Läden waren gerade geschlossen. Die Werkstatt des Nummernschildmachers war in einer etwa vier Quadratmeter großen Hütte untergebracht, hatte Platz für einen kleinen Tisch einschließlich Stuhl und sah eher wie ein Laden für Bastelbedarf aus. Bunte Rollen mit Aufkleberfolie standen an den Wänden. Einige Beispielnummernschilder an der Wand zeugten vom handwerklichen Geschick des Inhabers. Die meisten Kennzeichen der

Region waren weiß mit einem roten Rand. Unser deutsches Nummernschild passt da natürlich nicht ins Format. Doch die Inder sind wahre Improvisationskünstler. Ich zeigte dem Inhaber einige Fotos deutscher Nummernschilder. Der Handwerker prägte sich das Bild ganz genau ein und kramte eine Plastikplatte hervor, die in etwa die Größe meines Kennzeichens hatte. Darauf klebte er zuerst weiße Folie und dann am linken Rand eine blaue Folie. Am längsten suchte der findige Bastler nach einer Schriftart, die der auf dem deutschen Nummernschild am ähnlichsten war. Und um seinem Werk noch die Krone aufzusetzen, druckte er einige weiße Sternchen aus, die er um das »D« im blauen Bereich arrangierte. Er war sichtlich stolz auf seine Arbeit. Und ich war es auch. Zwar konnte ich deutlich den Unterschied erkennen, schließlich war es eine beklebte Plastikplatte und kein Blech. Überall auf der Welt außerhalb Deutschlands oder Europas würde man die Kopie aber nicht als solche entlarven. Über zwei Monate sollte ich damit in Indien unterwegs sein und noch einige witzige Erfahrungen sammeln.

In Puri sah ich endlich auch das Meer. Der Ozean hat für mich immer etwas Magisches. An jedem Ort der Welt stelle ich mir dieselbe Frage: Wo würde ich wohl ankommen, wenn ich einfach immer geradeaus schwimmen würde? Hier wahrscheinlich irgendwo in Thailand. Aber im Gegensatz zu Thailand gab es hier keine Touristen. Weit und breit war ich der einzige Ausländer. Der Strand war goldgelb und unendlich lang. Trotzdem waren kaum Badegäste hier. Und wenn es welche gab, dann tummelten sich alle auf einem sehr kleinen Strandabschnitt. Ruhe und Abgeschiedenheit sind den Indern fremd und unheimlich. Immer wieder suchen sie Nähe. Wie oft wurde ich schon bemitleidet, weil ich allein unterwegs war. Warum ich keine Frau hätte und warum keiner Zeit mit mir verbringen wolle. Damit ich nicht so allein war, leistete man mir Gesellschaft. Ich wurde mit Fragen gelöchert und auf Selfies festgehalten. Es konnte einfach keiner verstehen, dass ich die Ruhe aktiv suchte. So auch am Strand. Sich einfach mal in den Sand fallen lassen und eine gefühlte Ewigkeit auf die Wellen starren – für mich ein Gefühl von Freiheit. Für die Inder kaum denkbar, es sei denn, man meditiert gerade. Ich spazierte etwa drei Kilometer an einem fast menschenleeren Strand entlang, aber die rund 300 Badegäste konzentrierten sich alle auf einem knapp 100 Meter breiten Abschnitt mitten im Nichts. Hier wurde gemeinschaftlich ins Wasser gesprungen, gekreischt und gelacht. Eine richtige Badekleidung gab es hier nicht. Die Frauen ließen sich in ihren bunten Saris in die Wellen fallen, die Männer liefen mit Shorts und Shirt am Strand entlang. Manch ein modebewusster Inder sprang mit seinem weißen Schlüppi ausgelassen ins Meer. Ganz egal, Hauptsache Spaß. Ein Kamelführer verdiente seine Rupien, indem er Badegäste auf seinem Wüstenschiff reiten und fotografieren ließ. Ein kleiner Fischmarkt war aufgebaut und Marktfrauen verkauften den Fang, den ihre Männer am Morgen an Land geholt hatten. Dazwischen hatte ein Baba seinen kleinen Schrein im Sand aufgebaut. Mit Schwemmholz umzäunt und mit einem Strohdach gekrönt, sah es aus wie die Strandbehausung von Robinson Crusoe. Mit einer kleinen Opfergabe oder Spende konnte beim Sprung ins Nass nichts schiefgehen. Viele Inder sind schlechte Schwimmer und vor der Küste Puris lauert eine gefährliche Unterströmung, die so manch einen Badegast frühzeitig ins Nirwana spült.

Pünktlich um sieben Uhr des nächsten Tages stand Bubu mit zwei Fahrrädern vor der Tür. Er hatte sich mit einer neongrünen Jacke in Schale geworfen und zeigte mir die umliegenden Dörfer. Wir hatten die Stadt bald hinter uns gelassen und fuhren im Nebel auf kleinen Straßen durch abgeschiedene Ortschaften. Es war angenehm kühl. Rauch von den Kochstellen mischte sich mit dem Nebel und sorgte für eine mystische Atmosphäre. Die Einwohner kannten Bubu. Er fuhr regelmäßig am Morgen durch die Dörfer. Sie nickten ihm zu und nahmen kaum Notiz von mir. Eine Gruppe von Frauen hockte am Wegesrand und hielt einen Plausch. Ihre Hütten waren komplett aus Stroh gebaut. Ein Zaun aus Bambusstangen hielt die Kühe davon ab, sie anzuknabbern. Ein Eisvogel setzte sich auf die Oberleitungen und beobachtete die Handgriffe einer Gruppe Männer, die gerade Steine auf einen Ochsenkarren hievten. Es fühlte sich an wie im Traum. Gerade noch war ich in einer quirligen Kleinstadt aufgewacht und keine 15 Minuten später mit dem Rad in einer anderen, vermeintlich längst vergessenen Welt angekommen. So dicht beieinander sind die Gegensätze. »Kennst du die Adivasi?«, fragte mich Bubu. »So nennen sich die indigenen Völker Indiens, kleine Stammesgesellschaften, die sehr traditionell leben. Im Bundesstaat Odishia lebt fast ein Viertel aller Adivasi.« Nach unserer Radtour war ich Bubu sehr dankbar, dass er mich auf seine Morgenrunde mitgenommen hatte und ich etwas Einblick in das Leben der Stammesgemeinschaften bekommen konnte. »Wenn dich das traditionelle Leben dieser Ureinwohner interessiert, dann komm doch mal in unser Eco-Village. Etwa einen halben Tag von Puri entfernt haben wir ein Gästehaus aufgebaut. Von da aus organisieren wir Ausflüge in umliegende Dörfer und auf den Markt. Du wirst staunen!« Ich war von der Idee begeistert. Bubu gab mir die Koordinaten des Dorfes. Es lag nicht genau auf meiner Strecke und ich musste einen Umweg von circa 300 Kilometern in Kauf nehmen. Auf deutschen Autobahnen kein Problem, auf indischen Straßen jedoch eine gründliche Überlegung wert. Doch die morgendliche Radtour hatte mich neugierig gemacht und ich willigte ein.

Vorher wollte ich allerdings noch Puri entdecken. Die meisten Besucher Puris kommen aus religiösen Gründen hierher und wollen den Jagannath-Tempel aufsuchen. Für Nicht-Hindus ist der Tempelbereich jedoch tabu. Ich steuerte den Tempel trotzdem an, um ein wenig in das Leben der Pilger einzutauchen. Ich musste nicht wirklich nach dem Weg fragen, um den Tempel zu finden. An einer größeren Straße angelangt, folgte ich einfach den vielen Menschen, die in eine Richtung liefen. Ich hatte keinen Zeitdruck und ließ mich durch die Straßen und Gassen treiben. Hier in Indien fühlte ich mich wie ein kleines Kind, das die Welt entdeckt. Alles war neu, anders und fremd. Die Gerüche waren exotisch, die Umgebungsgeräusche laut, abwechslungsreich und stetig. Ich sah die Welt durch Kinderaugen und staunte unentwegt. Eine Frau mit einem rot-gelb gemusterten Sari hockte an einem öffentlichen Wasserhahn und wusch das Geschirr der letzten Mahlzeit. An ihren Fußgelenken glitzerten silberne Ketten mit blauen und orangefarbenen Steinen. Auf einem Nasenflügel hatte sie einen kleinen Glitzerstein, an den Ohren leuchteten zwei große goldene Ringe. Die Arme waren mit Armreifen überzogen. Die Frau war offensichtlich nicht wohlhabend, sonst würde sie nicht an dieser Stelle ihr Geschirr waschen. Trotzdem war ihre Kleidung sauber und der Schmuck sorgfältig ausgewählt. Dem Berg an Geschirr nach zu urteilen, ging sie ihrer Arbeit schon eine Weile nach, und das in dieser Hockstellung. Obwohl ich mich als recht sportlich bezeichnen würde, könnte ich es so keine 30 Sekunden aushalten – meine Knie würden glühen. Die Inder haben eine Übung darin, die mich schier neidisch macht. Ich lief weiter. Vor einem Tempel lag eine Kuh und döste in der Mittagshitze vor sich hin. Ein Straßenhund schlief in ihrem Schatten, die Schnauze dicht an den Bauch der Kuh gepresst. Zwei Priester kamen aus dem Tempel. Sie waren einzig mit einem Tuch bekleidet, das um ihre Lenden gewickelt war. Ihre dicken nackten Bäuche ließen darauf schließen, dass ihre Teller niemals leer waren. Durch die Gassen pressten sich Pilger, Händler, Kühe, Straßenhunde und Einwohner. Die Häuser waren in den buntesten Farben angemalt, aber überall bröckelte der Putz von den Wänden. Der Blick nach oben würde jedem deutschen Elektriker das Gesicht einfrieren lassen. In größtmöglichem Wirrwarr verliefen die Stromleitungen durch die Gassen. Hier brauchte man nicht tagelang auf einen Techniker zu warten, man spannte einfach die Leitungen schnell, direkt und unkompliziert zum nächsten Mast und zapfte das Stromnetz an, ein möglicher Grund für die Stromausfälle, die hier an der Tagesordnung waren. An einer anderen Wasserstelle saß ein älterer Mann mit braunem Rock, weißem Feinripphemd und bunten Ketten um den Hals. Er lenkte den Wasserstrahl so, dass sein grüner Papagei, der in einem blauen Käfig saß, ordentlich geduscht wurde. Damit war auch gleich der Käfig gereinigt. Nach einer Weile erreichte ich den Tempeleingang. Dort saßen Bettler mit ihren Reisschalen und erwarteten Almosen. Eine Horde Affen huschte über die Tempelmauer und hielt nach möglichem Diebesgut Ausschau. Auf einer Säule saß einer ihrer Genossen, schälte sorgfältig eine kleine Banane und genoss sichtlich den Geschmack der süßen Frucht. All diese Eindrücke prasselten in solch einer Intensität auf mich ein, dass ich kaum die Chance hatte, sie gleich zu verarbeiten. Es war ein angenehmer Zustand, einfach nicht über alles nachzudenken und alles zu deuten, was ich gerade sah. Es passierte einfach und war im Fluss. Ohne dass ich es richtig bemerkte, lernte ich etwas fürs Leben: Dinge, die man nicht begreifen kann, einfach so anzunehmen, wie sie sind.

Tatsächlich kam ich nicht in den Tempel hinein. Ich sah eben nicht wie ein typischer Hindu aus. Am Eingang wurde ich nach meiner Religionszugehörigkeit gefragt. Merkwürdig, obwohl ich Atheist bin, sagte ich automatisch »Christ«. Zwar hätte ich auch voller Selbstvertrauen »Hindu« ausrufen können, doch vor einem so heiligen Ort wie diesem mochte ich nicht lügen. Vielleicht wäre meine Anwesenheit im Tempel auch störend gewesen, also begnügte ich mich damit, das Heiligtum von außen anzuschauen. Viel konnte ich aber nicht sehen, denn die etwa drei Meter hohen Mauern gaben nur den Blick auf den Tempelturm frei, der wie eine kunstvoll verzierte Rakete aussah. Auf einem Stück Mauer waren die Figuren dreier Affen meisterhaft in Granit geschlagen. Ein Affe hielt sich die Augen, ein anderer die Ohren, der letzte den Mund zu. Nichts Böses sehen, nichts Böses hören, nichts Böses sagen – so die Bedeutung der Statuen. Wir sollen uns nicht auf das Böse in der Welt konzentrieren, sondern optimistisch bleiben. Je mehr ich darüber nachdachte, desto mehr wurde mir klar, dass dies dem entsprach, was ich in den letzten Tagen erlebt hatte. All das Elend, das ich täglich zu Gesicht bekam, wurde von den Menschen hier kaum beachtet oder überhaupt als Elend angesehen. Die andauernden verschiedenen Geräusche, das beständige Hupen, die unendlich laute Musik aus den Lautsprechern der Tempel – all das wurde von den meisten Indern nur als Hintergrundrauschen wahrgenommen. Und fragte ich mal nach dem Weg, so wurde ich stets sehr bestimmt in irgendeine Richtung geschickt, obwohl die meisten wahrscheinlich den Weg nicht kannten. Aber das wollten sie mir nicht sagen, um mich nicht abzuweisen.

Ich steuerte gerade den nahegelegenen Marktplatz an und kaufte mir einen Beutel kleiner süßer Bananen, als ich von einer Frau in ausgezeichnetem Englisch angesprochen wurde. »Du bist doch Mathias, oder?« Überrascht schaute ich in das Gesicht einer Frau mittleren Alters. Ihre Augen wurden von einer modischen Sonnenbrille verdeckt. Warum wusste diese Frau, wer ich war? Fiel ich denn so auf? Gab es wirklich nur einen Ausländer in dieser Stadt? Ja, eigentlich war mir an diesem Tag kein anderer aufgefallen, aber in Puri leben immerhin knapp 200.000 Menschen, da war eine solche Begegnung eher unwahrscheinlich. »Ich bin Sheere, die Frau von Bubu. Mein Mann hat mir heute ein Foto von euch beiden geschickt, daher habe ich dich gleich erkannt.« Ich war immer noch sprachlos, so überraschend war die Begegnung. »Das ist gut«, stammelte ich auf Englisch und wusste nicht so richtig, was ich sagen sollte. Auf ein Gespräch war ich gar nicht eingestellt. »Ich habe nicht viel Zeit, ich kaufe gerade ein. Heute Abend gibt es einen Kochkurs für unsere Gäste aus Belgien.« Erst jetzt bemerkte ich zwei ältere Europäer hinter Sheere, die ebenso überrascht von der Begegnung waren wie ich. Wir begrüßten uns und ich fand die Sprache wieder. »Was soll es denn heute geben?«, erkundigte ich mich. »Es gibt ein Thali aus verschiedenen Gerichten. Wenn du Lust hast, kannst du gerne mitkommen. Wir haben gerade erst den Einkauf begonnen«, schlug Sheere vor. Das belgische Ehepaar hatte auch nichts dagegen. »Hauptsache, du magst es nicht zu scharf«, lachten sie nur. Sheere führte uns mit ihrem Küchenjungen über den Markt. Wir kauften Kürbisblumen, Okraschoten, Auberginen, Spinat, Kartoffeln, Bohnen, Jackfrüchte, Tomaten, Zwiebeln, Knoblauch und Datteln. Der Küchenjunge zeigte uns zudem manch eine Frucht, die wir alle noch nie zuvor gesehen hatten.

Keine zwei Stunden später fand ich mich zusammen mit den Belgiern in Sheeres Küche wieder. Das Gemüse war schon kleingeschnitten und befand sich in Schüsseln, die neben zahlreichen anderen Schalen standen, die mit Gewürzen und Ölen befüllt waren. Wir bekamen einen Textblock zum Mitschreiben in die Hand gedrückt und eine Kochschürze umgehängt. Dann ging es los. Wir zauberten *Kakharu Bhaja* (Goldgelbes Schnitzel aus Kürbisblumen und Reis), *Dahi Bhindi* (Okraschoten in Jogurtsoße), *Sago Bhaja* (Curry aus Spinat, Auberginen, Kartoffeln und Bohnen), *Panasa Katha* (Jackfrucht Curry) und *Tomato Khatta* (Curry aus Tomaten und Datteln). Wir schrieben fleißig mit und staunten nicht schlecht über die vielfältige indische Küche. Am Ende wurde pro Person ein Bananenblatt auf einem runden Blechtablett ausgebreitet, das Kürbisblumenschnitzel darauf serviert und die verschiedenen Currys in runden Schälchen auf dem Tablett verteilt. Es war einfach köstlich. Thali macht die indische Küche unendlich abwechslungsreich. Verschiedenste Currys können kombiniert in Schalen serviert und dann mit Reis oder *Chapati* gegessen werden. Wer braucht da noch Fleisch?

Nach dem äußerst leckeren Essen kam Bubu vorbei und wir unterhielten uns über meine Erlebnisse in Puri und meine weiteren Reisepläne. Am nächsten Tag wollte ich den berühmten Sonnentempel von Kornak aufsuchen, der sich einige Kilometer nördlich von Puri befindet. Von da aus plante ich der Einladung Bubus zu folgen und zum Eco Village zu fahren. Doch er hatte noch eine weitere Idee parat. »Ein Freund von mir hat einen Motorgleitschirm. Wenn du willst, kannst du mit ihm morgen, bevor du fährst, eine Runde über den Strand drehen.« Bubu hatte immer super Einfälle, und obwohl ich noch nie mit einem Gleitschirm geflogen war und die indischen Sicherheitsvorkehrungen durchaus zweifelhaft sind, willigte ich sofort ein. Mal wieder begann der Tag kurz nach Sonnenaufgang mit einem kleinen Abenteuer. Auf einem Sportplatz am Stadtrand baute der Pilot gerade sein Gefährt auf. Es war ein kleiner Wagen, ähnlich einem Fahrradanhänger. Er bot Platz für zwei erwachsene Personen, wobei der Mitflieger allerdings fast auf dem Schoß des Piloten sitzen musste. Hinten am Wagen war ein Motor mit einem großen Propeller angebracht, der von einem schützenden Korb umgeben war. Die Helfer des Piloten breiteten noch den Schirm auf dem Sportplatz aus, dann ging es schon los. Bei der bloß 15 Sekunden dauernden Einweisung beschwor mich der Pilot, bei der Landung die Füße oben zu halten. Mehr englisches Vokabular stand ihm wohl nicht zur Verfügung. Einen Gurt gab es natürlich auch nicht. Egal! Los ging's in die Lüfte. Der Motor sprang mit einem entsetzlichen Lärm an und der Propeller trieb das Gefährt über den Sportplatz. Das Geräusch erinnerte mich an ein Moped, das mit höchster Drehzahl läuft. Es dauerte nicht lang, da waren wir schon in der Luft. Nicht höher als 15 Meter flogen wir in Richtung Meer. Es war kalt an diesem Morgen. Die Sonne hielt sich noch im Nebel versteckt. Der Fahrtwind ließ mich bibbern. Auf dem Weg zum Meer flogen wir über niedrige Dünen, auf denen Kuhlen und lauter dunkle Flecken verteilt waren. In manchen Kuhlen waren weiße Punkte zu erkennen. Zu meiner Überraschung bewegten sich die dunklen Flecken – tatsächlich, das waren Meeresschildkröten! Das andere waren ihre Nester mit Eiern drin. Etwas weiter am Strand konnte man die Tiere noch viel genauer erkennen, denn sie hoben sich vom goldgelben Strand deutlich ab. Damit hatte ich nicht gerechnet! Bei Sonnenaufgang riesige Meeresschildkröten aus wenigen Metern Höhe zu beobachten, wie sie sich ins Meer gleiten lassen, was für eine Erfahrung! Kaum zu glauben, was sich in dieser Stadt für mich ergab, ohne dass ich irgendetwas geplant hatte!

Puri und ich verstanden uns richtig gut. So langsam freundete ich mich auch mit Mutter Indien an. Ich ließ die Dinge einfach auf mich zukommen und genoss jede Minute, auch wenn mich so manch eine Situation herausforderte, anstrengte und mich ins Schwitzen brachte. Erst am Ende des Tages merkte ich, wie positiv die Wirkung all dessen auf mich war. Der krönende Abschluss meines

Ostküstenauftaktes war dann der Besuch des Sonnentempels von Konark, eines der prächtigsten Sakralbauwerke weltweit. Der Tempel wurde im 13. Jahrhundert zu Ehren des Sonnengottes Surya errichtet, doch aufgrund des sandigen Untergrundes sind im Laufe der Jahrhunderte weite Teile des Tempels eingestürzt. Britische Archäologen begannen Anfang des 20. Jahrhunderts mit der Freilegung von überwucherten und von Sand begrabenen Tempelbereichen und füllten die mächtige Versammlungshalle mit Sand, um ihren Einsturz zu verhindern. Die Außenwände des Tempels sind mit kunstvollen Skulpturen verziert, die mit einer verschwenderischen Fülle an Mustern von Blumen, Tieren, Göttern, Fabeltieren und geschmückten Pärchen versehen sind. Bei genauerem Hinsehen fiel mir auf, dass viele der Fresken Menschen in erotischen Verschlingungen zeigen. Die Mithunas, auch »Himmlische Liebespaare« genannt, sind an so manchen Tempelmauern zu finden, hier allerdings in einer Fülle und Deutlichkeit, die einen erröten lassen. Die Bilder sollen für die zelebrierte Vereinigung von Mann und Frau stehen, die in einen Zustand überirdischer Harmonie münden kann. Die Platzierung auf den Außenmauern von Tempeln hat eine Unheil abwehrende Funktion. Zerstörerische Kräfte haben in Anwesenheit von Liebe und Harmonie keinen Entfaltungsspielraum. Neben der reich verzierten Versammlungshalle des Tempels sind noch kleinere Schreine erhalten. Dazwischen liegt eine saftig grüne Wiese. »Betreten und spielen auf der Wiese strengstens verboten«, stand auf einem Schild. Dahinter tollten Kinder umher, Familien breiteten ihre Picknickdecken aus und eine Gruppe Jugendlicher kürzte den Weg zum Ausgang über die Wiese ab. »Warum Regeln aufschreiben, wenn sich sowieso keiner daran hält?«, dachte ich mir und musste feststellen, dass ich mit der so typischen westlichen Art auf die Dinge schaute. Zeit, um weiterzufahren.

Kapitel 6

Bilder | Videos | Karten

Auf den Spuren der Ureinwohner

Bevor ich Puri und meine Gastgeber verließ, zeigte mir Bubu noch einige Fotos seiner kleinen Hotelanlage, von der aus kleine Ausflüge zu den Ureinwohnern unternommen werden sollten. Die kleinen Gästehäuser des *Eco-Village*, an deren Innengestaltung lokale Künstler mitgewirkt hatten, waren liebevoll in die Landschaft eingebunden. Ich war sehr gespannt, was mich dort erwarten würde. Die Website der Unterkunft sprach eindeutig Touristen mit etwas vollerem Geldbeutel an. Vier Übernachtungen einschließlich täglicher Touren wurden für umgerechnet 350 Euro pro Person angeboten. Für indische Verhältnisse war das enorm viel. Bubu bestand darauf, mich dort als Gast zu begrüßen. Meinen Vorschlag, einfach in meinem Auto zu schlafen, schlug er gleich aus. »Du musst unbedingt in einem der Gästehäuser übernachten. Das ist ein echtes Erlebnis«. So richtig war ich mir nicht sicher, ob am Ende nicht doch eine Rechnung kommen würde. Denn Bubu war schon ein echter Geschäftsmann. Der Kochkurs und auch die Tour mit dem Motorgleitschirm waren nicht wirklich eingeplant und natürlich nicht umsonst. Die Kosten waren zwar überschaubar, allerdings musste ich mit meinen indischen Rupien immer noch sorgfältig haushalten. Seit der Einführung neuer Banknoten vor zwei Monaten war jedes Geldabheben ein Glücksspiel. Das Abhebelimit war stark begrenzt und immer mehr Geldautomaten verweigerten mir die Auszahlung gänzlich. Meine Bargeldreserven in Dollar wurden auch immer kleiner, also wog ich jede Investition ganz genau ab.

Der Weg von der Tempelanlage Konark bis zum *Desia Eco Village* war nicht an einem Tag zu schaffen. Für die 600 Kilometer kalkulierte das Navi etwas mehr als 14 Stunden. Der Großteil der Strecke verlief in der Nähe des Meers. Was würde sich da besser anbieten als ein Übernachtungsstopp am Strand? Touristen verlaufen sich nicht in dieses Gebiet Indiens, dementsprechend gab es auch nur wenige Hotels auf der Strecke. Und die wenigen, die es gab, waren hauptsächlich an der Hauptstraße gelegen. Schöne Unterkünfte am Traumstrand des Golfes von Begnalen gab es nicht, und natürlich auch keine Campingplätze – war ich doch der einzige Camper weit und breit. Wie findet man also den passenden Übernachtungsplatz? In Europa sind Stellplatz-Apps wie iOverlander oder Park4Night weit verbreitet und können bei der Suche nach Übernachtungsplätzen sehr hilfreich sein. Hier an der Ostküste Indiens war kein einziger Stellplatz eingezeichnet. Ich war quasi der Pionier, der tolle Stellplätze erkunden sollte. Ich rechnete mir aus, wie weit ich an dem Tag fahren wollte und suchte auf Google Maps und Maps.me nach kleinen Straßen, die zum Strand führten. Die Satellitenansicht von Google gab zudem Hinweise, ob die Wege zum Strand auch mit dem Auto befahrbar waren. Auf den aus mehreren hundert Kilometern Höhe aufgenommenen Bildern erkannte ich zwei kleine Autos, die am Strand parkten. Ich kopierte mir die Geokoordinaten in meine Navigationsapp und fuhr los. Knapp 8 Stunden später stand ich an der Stelle, die ich vom Weltall aus ausgekundschaftet hatte. Der Abenteurer von heute kann sich erstaunlicher Technik bedienen. Einige Kilometer zuvor hatte ich den Highway verlassen und mich vom Navi durch kleine Dorfstraßen lotsen lassen. Die Menschen hier, so war ich mir sicher, hatten zum ersten Mal einen Ausländer im eigenen Auto gesehen. Ich passierte auf einer holprigen Plattenstraße einen bunt angestrichenen Tempel und bog in einen kleinen Feldweg ein, der mich direkt ans Meer brachte. Es war später Nachmittag und die Sonne stand schon tief. Also raus aus den Klamotten und rein ins Meer! Vom Wasser aus begutachtete ich meinen Stellplatz (*18°34'10.0"N 84°21'26.0"E*). Ich war zufrieden. Im Hintergrund konnte man einige kleine Häuser des Fischerdorfs sehen. Die Boote lagen aufgereiht am Strand und warteten darauf, ausgefahren zu werden. Rechts und links erstreckte sich unendlicher tiefgelber Sandstrand. Kein einziges Gebäude war am Strand zu sehen. Später sollte ich auch herausfinden, warum das so war.

Ich ließ mich im angenehm warmen Wasser treiben, als sich weitere Badegäste zu meinem Stellplatz gesellten. Ein Kleinwagen parkte direkt neben meinem Pajero und spuckte drei junge Männer aus, die aufgeregt in Richtung Strand sprangen. In allen erdenklichen Posen schossen sie Fotos und Selfies. Ganz im Trend war das Motiv mit großer Sonnenbrille auf der Nase und leicht aufgeknöpftem Hemd. Das Licht war für das Fotoshooting auch perfekt und setzte die jungen Männer ideal in Szene. Mir knurrte indes der Magen und ich begann am Auto Essen zuzubereiten. Zwei junge

Männer aus dem Dorf kamen vorbei, stellten sich zwei Meter neben dem Auto auf – also in sicherer Entfernung zu mir – und beobachteten mich beim Kochen. Ich begrüßte sie mit einem »Hello!« und bekam das typisch indische Kopfschütteln und ein breites Grinsen zur Antwort. Eine Viertelstunde blieben die beiden so stehen, hielten sich gegenseitig fest und beobachteten mich. Ich kommentierte meinen kleinen Overlander-Kochkurs zunächst in Englisch. Als ich bemerkte, dass die beiden mich sowieso nicht verstanden, wechselte ich ins Deutsche. Es fühlte sich zwar wie ein Selbstgespräch an, machte das Beobachtetwerden aber etwas erträglicher. Als ich dann mein Essen auf den Teller schob, machten die beiden sich brav aus dem Staub. Bei den letzten Sonnenstrahlen des Tages saß ich gemütlich in meinem Campingstuhl, aß zum ersten Mal etwas Richtiges an diesem Tag und beobachtete die drei Fotomodels am Strand, die mittlerweile ausgelassen in den Wellen umhersprangen.

Als es langsam dämmerte, kamen die Jungs aus dem Wasser und begannen etwas am Strand zu suchen. Dann kamen sie zu mir, sprachen mich in einem guten Englisch an und schilderten ihr Problem. »Wir können unseren Autoschlüssel nicht finden. Wahrscheinlich haben wir ihn beim Baden verloren. Kannst du uns helfen, unsere Autotür zu öffnen?« Ich war etwas überrascht über ihre Anfrage. Hinten im Dorf würde garantiert jemand helfen können. Warum fragten sie ausgerechnet mich? Und wie kamen die drei auf die Idee, dass ich ein Auto aufbrechen kann? Aber da ich ja Zeit hatte und so mit den jungen Männern ins Gespräch kam, versuchte ich mein Bestes. Zudem wollte ich ungern noch eine größere Menschenmenge am Strand haben, denn wahrscheinlich würde ein Hilfegesuch im Ort viele Schaulustige anlocken. In meinem Werkzeugbeutel fand ich einen stabilen Draht, den ich mit einer Zange zurechtbog und an der Türdichtung vorbei ins Wageninnere schob. Eine halbe Stunde versuchte ich so, den Türknopf zu erreichen und hochzuziehen, aber es gelang mir einfach nicht. Währenddessen hatte einer der drei schon einen großen Stein besorgt und wollte das Fenster einschlagen. Doch dann machte es »Plopp« und der Türknopf schnipste nach oben. Die drei waren ausgelassen vor Freude. Einer der Männer machte sich sogleich am Zündschloss zu schaffen, während die anderen sich mit mir unterhielten und meine Rettungsaktion lobten. Derweil waren die beiden jungen Männer aus dem Dorf zurückgekehrt und stellten mir Fragen, die von den anderen übersetzt wurden. Wie immer wurde bei den Woher- und Wohin-Fragen mächtig gestaunt. Wie so häufig in Indien wurde ich gefragt, ob mein Auto verschifft worden sei, denn sie dachten, dass zwischen Europa und Indien ein Meer liege. Ich holte meine Karte heraus, zeigte die Route und erntete noch mehr Staunen. »Sind Sie nicht einsam, Mister?« »Was sagen Ihre Frau und Ihre Kinder, dass sie so lange unterwegs sind?« »Ach, Sie haben keine Frau? Warum? Was sagt Ihre Familie dazu?« Brav antwortete ich auf die neugierigen Fragen. »Haben Sie nicht Angst, hier ganz alleine zu übernachten? Was ist, wenn Sie überfallen werden?« Mit dieser Frage hatte ich nicht gerechnet und auch wirklich lange Zeit nicht über Gefahren nachgedacht. In den letzten Wochen war das »Freistehen« zur Normalität geworden. Die Angst, mitten im Nichts bösen Menschen hilflos ausgesetzt zu sein, war in das hinterste Kämmerchen meines Kopfes zurückgewichen. Jetzt wurde die Tür zu dem Angstkämmerchen wieder einen Spalt weit geöffnet. »Wenn mich jemand überfallen möchte, dann kommen meine Fäuste zum Einsatz. Ich habe mehrjährige Kampfsporterfahrung«, log ich. In diesem Moment schien mir diese Notlüge geeignet zu sein, um die jungen Männer gleich etwas einzuschüchtern. »Sie müssen hier keine Angst haben, Mister. Hier sind Sie sicher. Wir werden immer wieder nach Ihnen sehen und schauen, ob alles in Ordnung ist. Welcome to India, Mister!« Auf dieses Stichwort hin sprang der Wagen der jungen Männer an. Freudig hüpfte der Dritte aus dem Wagen. »Die Anleitung auf Youtube hat funktioniert, wir können weiter! Vielen Dank für Ihre Hilfe, Mister!« Auch die beiden Männer aus dem Dorf wünschten mir eine gute Nacht und ließen mich allein. Das Türchen zur Angstkammer war wieder fest verschlossen.

Der neue Tag begann, wie fast alle der letzten Tage, mit Nebel. Die Sonne ging über dem Meer auf und kämpfte gegen den Dunst an. Um richtig wach zu werden, spazierte ich am Strand entlang und stolperte über das Skelett einer Lederschildkröte, die sich in einem Fischernetz verfangen hatte. Lederschildkröten gehören zu den größten Meeresschildkröten der Welt. Leider sterben viele ihrer Artgenossen vor der Küste Indiens diesen qualvollen Tod. Etwas weiter entfernt hockten vereinzelt Dorfbewohner am Strand und starrten aufs Meer. Ach, diese Menschen haben ein Gefühl für romantische Stimmung, dachte ich mir. Dafür, dass man am Morgen einen Moment der Ruhe findet, indem man den Sonnenaufgang über dem Meer bestaunt. Doch es dauerte nicht lange, und ich fand den wahren Grund für ihr morgendliches Verweilen heraus. Denn ein paar Schritte weiter trat ich fast in einen Kothaufen, der sich neben zahlreichen anderen befand. All die Dorfbewohner verrichteten also hier am Strand ihre Morgentoilette, damit die aufziehende Flut ihre Hinterlassenschaften wegspülen konnte. Und ich hatte hier gestern Nachmittag noch ausgelassen gebadet… Naja.

Der Umweg zum Eco-Camp hatte sich schon wegen der Strecke gelohnt. Zwar waren die Straßen wie gewohnt schlecht, dafür gab es viel zu sehen. Beschauliche Kleinstädte, tropische Wälder und tiefblaue Seen.

Meine Ankunft im Camp wurde schon erwartet (*18°34'10.0"N 82°30'10.0"E*). Aufgeregt hasteten zwei Angestellte auf mich zu, um mein Gepäck in einem der Bungalows zu verstauen. Sie waren sichtlich irritiert, dass ich keinen Koffer hatte, sondern dass mein Auto mein Koffer war. Die Anlage bestand aus vier Bungalows zur Beherbergung von Gästen und einem größeren Pavillon mit Aufenthaltsraum und Küche. Im Aufenthaltsraum saß Bubu und unterhielt sich mit dem einzigen Gast der Anlage. 20 Personen konnten hier übernachten, aber da es mitten in der Woche war und es das Eco-Camp noch nicht lange gab, war auch nicht viel los. Bubu war so sehr vertieft in das Gespräch mit einer jungen Touristin, ihrem

Akzent nach zu urteilen einer Französin, dass er von mir erst sehr spät Notiz nahm. Doch dann zeigte er uns seine Anlage und weihte uns in seinen Ausflugsplan ein: Ein Ausflug mit dem Auto zum Markt, der einmal in der Woche viele Ureinwohner aus der Umgebung anlockt. Und eine Fahrradtour zu einigen Bonda-Dörfern in der unmittelbaren Nachbarschaft.

Die Ureinwohner machen etwas mehr als 10 Prozent der in Indien lebenden Menschen aus. Von Bubu hatte ich in Puri erfahren, dass die indischen Ureinwohner unter den Begriff Adivasi zusammengefasst werden. Die Adivasis sind in 705 Stämmen organisiert. Der Großteil der Adivasi-Stämme lebt von Ackerbau, Viehhaltung und Handwerk. Noch heute leben sie nach jahrhundertealten Traditionen und Ritualen. Dabei steht die Verbindung zur Natur stets im Vordergrund. In vielen Gemeinschaften hat das Gemeinschaftseigentum eine höhere Wertigkeit als das Private. Teilen ist ein fester Bestandteil des gesellschaftlichen Lebens, wobei es das höchste Bestreben ist, so wenig wie möglich zu verbrauchen und nicht verschwenderisch zu sein. Zwar genießen die Ureinwohner in Indien per Gesetz einen besonderen Schutz, tatsächlich ist davon aber wenig zu merken. Ein Zehntel der Adivasi lebt in städtischen Slums und fast alle unterhalb der Armutsgrenze. Viele Ureinwohner werden aus ihren Reservaten verdrängt, wenn es um Großprojekte wie Staudämme, die Erschließung von Industrieanlagen oder den Abbau von Rohstoffen geht. Viele Gesetze zum Schutz der Ureinwohner sind lückenhaft. Korruption und Vetternwirtschaft sorgen dafür, dass der besondere Schutz der Adivasi zum Großteil nur auf dem Papier existiert. Zudem ist es für Gemeinschaften, die materielle Güter als zweitrangig ansehen, schwer, gemäß ihren Idealen zu leben, wenn sie inmitten einer Gesellschaft existieren, die das Gegenteil praktiziert. Der Stamm der Bonda, der im Südwesten Odishas lebt, ist einer der 705 anerkannten Ureinwohnerstämme. Von den geschätzten 24.000 Stammesangehörigen leben 7.000 so abgelegen, dass sie zu den am stärksten isolierten Gemeinschaften

Indiens gehören. Um diese Menschen vor äußeren Einflüssen zu schützen, darf man ihre Region eigentlich nur mit einer gesonderten Erlaubnis besuchen, die von der nächstgelegenen Provinzhauptstadt erteilt wird. Dass eine solche Genehmigung nötig war, erfuhr ich allerdings erst nach meinem Aufenthalt. Bei den Bondas gibt es kaum Schulen. Es wird mehr Wert darauf gelegt, im Einklang mit der Natur zu leben, als lesen und schreiben zu können. Oder es fehlen schlichtweg die finanziellen Mittel. Die Kinder werden bei der Feldarbeit benötigt. Schule ist ein Luxus. Nur 6% der Stammesangehörigen können richtig lesen, schreiben und rechnen. Ein Gesundheitswesen gibt es nicht. Zwar haben die Ureinwohner Zugang zu den Gesundheitseinrichtungen der Umgebung, doch dort werden sie oft als Patienten zweiter Klasse behandelt. Ein Arztbesuch hat dann nur selten den gewünschten Effekt. Die Lebenserwartung der Bondas ist folglich gering, und es ist wahrscheinlich, dass der Stamm in naher Zukunft aussterben wird. Die gesellschaftlichen Regeln unterscheiden sich stark von denen im übrigen Indien. Denn bei den Bondas hat die Frau eine hervorgehobene Rolle. Hier sind es die jungen Männer, die eine Mitgift für die Braut mitbringen müssen. Die Mitgift wird in Kühen bemessen. Je höher der gesellschaftliche Rang der Braut, desto mehr Kühe muss die Familie des Jungen aufbringen. Die meisten männlichen Stammesangehörigen werden im Alter von 10 bis 12 Jahren verheiratet, ihre Frauen sind mindestens 5 bis 10 Jahre älter und ziehen in den ersten Jahren der Ehe den Jungen mit groß. Die Frauen sind für die Ernährung der Familie verantwortlich und verwalten das Hab und Gut. Haben die Frauen ein Alter erreicht, in dem sie nicht mehr der Feldarbeit nachgehen können, kümmern sich die Ehemänner um sie. Doch oft reicht das Einkommen der Frau nicht aus, um die Familie zu ernähren. Armut ist in jedem Dorf zu finden und treibt ein Viertel der Stammesangehörigen dazu, sich zu verschulden. Ist man einmal in die Schuldenfalle getappt, ist es schwer bis unmöglich, sich daraus zu befreien. Der Ausweg wird oft im Alkohol gesucht, der hier wortwörtlich auf den Bäumen wächst, genauer gesagt auf Palmen. Der stark zuckerhaltige Saft der Früchte der Arekapalme wird in Bottichen gesammelt und hoch oben am Stamm der Palme aufbewahrt. Es dauert nur wenige Tage, dann entsteht durch die offene Gärung ein alkoholisches Getränk, dessen übermäßiger Konsum schon vielen Menschen zum Verhängnis wurde.

Ich kam mit Bondas erstmalig auf dem Markt der nahegelegenen Kleinstadt Onukudelli in Kontakt. Die Händlerinnen waren kilometerweit zu Fuß angereist, um auf dem Wochenmarkt ihre Waren feilzubieten. Bei unserer Ankunft in der Kleinstadt überquerten gerade einige von ihnen barfuß einen Bach und balancierten dabei ihre Ware in Bastkörben und Blechschüsseln auf den Köpfen. Ihre Kleider waren leuchtend bunt und ihre Haut von der Sonne tiefbraun gefärbt. Die Haare hatten sie zu Zöpfen geflochten oder mit Tüchern gebändigt. Ihr Gesichtsausdruck war ernst und bestimmt. In die Ohrläppchen hatten sie runde Schmuckstücke in der Größe einer Ein-Euro-Münze eingelassen oder es hingen gleich zahlreiche messingfarbene Ohrringe daran. Die Handgelenke waren voll mit Armreifen und manch eine Händlerin trug große Ringe um den Hals, deren Durchmesser allerdings geringer war als der des Kopfes. Diese Halsringe werden den Mädchen schon in Kindesjahren um den Hals gelegt; später, wenn der Kopf größer geworden ist, können sie nicht mehr ohne weiteres entfernt werden.

Mal wieder war ich in einer komplett neuen Welt angekommen. In dem Dorf konnte man die Autos an einer Hand abzählen. Auf dem Markt war kein Handy zu sehen. Nur Unmengen an Blumenkohl, Kürbissen, Tomaten, Ingwer und Kräutern. Ich sah mit meiner umgehängten Kamera aus wie ein Außerirdischer. Die Marktfrauen nickten mir freundlich zu, als ich Bubu fragen ließ, ob ich einige Fotos von ihnen machen dürfte. An einem anderen Teil des Marktes boten die Marktfrauen den berüchtigten Palmschnaps an, der in runden Blechkanistern aufbewahrt wurde. Man konnte ihn auch gleich an Ort und Stelle genießen. Zu diesem Zweck hatte die Händlerin einen ausgehöhlten und gehärteten Flaschenkürbis dabei, der gleichzeitig als Kelle und Trinkgefäß diente.

Auch das war also Indien, ein Teil des Landes jedoch, den nur wenige zu Gesicht bekommen. Die Abgelegenheit der Stammesregion ist ein klarer Vorteil für die Bonda. Läge dieses Dorf in der Nähe von Dehli, wäre es für die meisten Touristen fester Bestandteil eines Indienbesuchs. Man bekommt Einblick in ein Leben, das für die Menschen der westlichen Welt längst der Vergangenheit angehört und deshalb so spannend ist. Für die Marktfrauen dagegen war ich spannend, denn bleichhäutige junge Männer mit Sonnenbrille und Kamera spazierten nicht so oft über den Markt. Freilich wird sich das Bild ändern, wenn von Woche zu Woche mehr Bleichgesichter kommen, die keine Kohlköpfe oder Kräuter kaufen, sondern nur Fotos machen wollen. Und viel schlimmer noch. Um sich aus der Schuldenfalle zu befreien, bieten viele Ureinwohner ihr persönliches Hab und Gut zum Verkauf an. Armreifen, Ohrringe und Ketten, die von Generation zu Generation weitergegeben wurden, landen in verstaubten Erinnerungskästchen der Touristen aus dem Westen. Und mit meinem Besuch war ich Teil des Problems. »Ich sehe das etwas anders«, sagte Bubu, als ich ihn abends darauf ansprach. »Mit unserem *Eco-Camp* bringen wir viel Geld in die Region, das die Menschen hier dringend benötigen, zum Beispiel zum Bau von neuen Häusern in dem einen Dorf, das wir heute mit dem Fahrrad besucht haben.« Nach dem Marktbesuch waren wir zum Camp zurückgekehrt und auf Drahtesel umgestiegen, mit denen wir an Feldern entlang zu einem kleinen Dorf geradelt waren. Im Spätnachmittagslicht ging es vorbei an saftig grünen Reisfeldern und kleinen Gemüseplantagen. Am Dorfeingang wurden wir von einer Gruppe winkender Feldarbeiterinnen begrüßt, die gerade Kartoffeln ernteten. Das Dorf bestand aus einer Handvoll Lehmhäuser mit Ziegeldächern, dazwischen kleine hölzerne Ställe und Strohhütten. Drei Kinder spielten auf dem Schotterweg und beobachteten gebannt unsere Ankunft. Alle kannten Bubu und freuten sich, dass er wieder da war. Ein Töpfer formte gerade einen Krug aus hellbrauner Tonmasse auf einem handbetrieben Rad. Eine Gruppe Jungs beobachtete ihn bei seiner Arbeit. Ein Mann war dabei, den

Bottich mit gegorenem Palmsaft von einer Palme herunterzuholen, den wir wenig später im Hof einer Familie probieren konnten. Neben uns bereiteten drei Frauen eine Speise auf einem offenen Feuer zu, während eine andere zwischen zwei Mühlsteinen gerade Weizen verarbeitete. Alle im Dorf waren barfuß unterwegs. Das Einzige, was an die Moderne erinnerte, waren ein Motorrad auf der Straße, eine Stromleitung mit dünnem Kabel, die durch das Dorf verlief, und die Mickymaus-Shirts einiger Kinder. »Viele dieser Häuser haben keinen Strom- oder Wasseranschluss. Dadurch, dass einige der Dorfbewohner bei uns arbeiten, kommt etwas Geld in ihr Dorf.« Bubu holte mich aus meinen Gedanken wieder zurück. Ich ging nicht weiter auf die Diskussion ein. Denn in gewisser Weise gab ich Bubu auch Recht. Trotzdem verdienen die Arbeitskräfte auch in den Eco-Camps sehr wenig. Die größte Gewinnspanne liegt bei den Betreibern der Anlage. Der Grat des Ökotourismus ist sehr schmal und muss überlegt begangen werden. Ich bewunderte Bubu für seinen Einsatz und hoffte, dass es seine Hauptmotivation war, eine Kultur vor dem Aussterben zu bewahren, anstatt rein wirtschaftliche Interessen zu verfolgen.

Meine Abreise vom Camp wurde von einer guten und einer schlechten Erfahrung begleitet. Bei unserem Marktbesuch hatten wir mein Auto am Straßenrand der Hauptstraße abgestellt und waren zu Fuß zum Marktplatz gelaufen. Das markante Reisemobil war dabei einem Reporter der lokalen Tageszeitung aufgefallen, der uns bei der Rückkehr zum Auto abgepasst und mich mit Fragen gelöchert hatte. Der Artikel war am Abreisetag in der Zeitung zu finden, die im Eco-Camp schon auf dem Tisch lag. Mir fremde Schriftzeichen formten einen Text, dessen genauer Inhalt mir bis heute nicht ganz klar ist. Darunter waren zwei Bilder zu finden: Eins mit einem stolzen Weltreisenden vor seinem Reisemobil, ein weiteres zeigte das recht unaufgeräumte Innere meines Autos, was mir etwas unangenehm war. Trotzdem freute ich mich über den Artikel. Allerdings war Bubu nicht mehr so freundlich zu mir, wie die Tage zuvor. Das lag weniger an dem Zeitungsartikel oder meinen kritischen Fragen zum Ökotourismus. Vielmehr missfiel ihm offenbar, dass ich mich so gut mit Mathilde, der französischen Touristin, verstand. Sie erzählte mir, dass Bubu recht starkes Interesse an ihr gezeigt hätte. Er hatte doch Frau und Kinder. Seinem Unmut machte er am Ende Luft, indem er mir eine Rechnung für meinen Aufenthalt im Eco-Camp vorlegte. Zwar war sie längst nicht so hoch wie sie gemäß der Preisliste auf der Camp-Webseite hätte sein müssen und ich wollte ja auch gerne einen finanziellen Beitrag für meinen Aufenthalt leisten, aber ich hätte mir gewünscht, dass die Sache vor meiner Anreise abgesprochen worden wäre. So hatte meine Abreise einen faden Beigeschmack. Meine Rechnung beglich ich natürlich, Bubu war allerdings schon zu einigen Beschaffungen in die nächste Kleinstadt aufgebrochen. Er hatte sich nicht von mir verabschiedet.

Auf meiner Fahrt durch Indien passierte ich auch zahlreiche Bahnübergänge. Die Eisenbahn zählt zu den wichtigsten und auch erschwinglichsten Fortbewegungsmitteln im ganzen Land. Deshalb bleibt es einem nicht erspart, ab und zu eine verschlossene Bahnschranke vorzufinden. So auch auf meiner Weiterreise in Richtung Süden. Ich bog gerade um eine Kurve, als ich am Straßenende sehen konnte, wie sich die Bahnschranken senkten. Zwei Autos waren noch vor mir. Ich stellte mich brav hinten an, stellte den Motor ab und schälte eine Banane. Kein Zug in Sicht. Dafür kamen immer mehr Autos, Motorräder, LKW und Rikschas auf beiden Seiten des Bahnüberganges angefahren und stellten sich nicht, wie ich es getan hatte, mustergültig hinten an, sondern nahmen die ganze Breite der Straße ein. Auf beiden Seiten des Bahnüberganges bildete sich schnell ein großer Pulk von Fahrzeugen jeglicher Art. Ich beobachtete das Schauspiel amüsiert aus meinem Fahrerhaus heraus. Mittlerweile war auch der Zug vorbeigefahren und die Schranken mussten sich jede Sekunde öffnen. Ich war gespannt, wie sich diese Situation lösen würde. Die Schranken öffneten sich langsam und eilig fuhr die erste Reihe los, um sich mit der gegenüberliegenden ersten Reihe auf der Mitte des Bahnüberganges zu treffen. Eilig rückten die zweite und dritte Reihe nach. Nichts ging mehr. Was für eine Überraschung! – Auf Indiens Straßen gibt es keine Ordnung, sondern nur geordnetes Chaos. Mal wieder versuchte ich, das Land zu verstehen, und nahm weitere Punkte in meine Verkehrsliste auf:

21. Alles muss in Bewegung sein. Siehst du in einem Stau einen freien Platz auf der Straße, so fülle ihn aus.
22. Wenn es nicht mehr weitergeht, setze beständig die Hupe ein. Denn dadurch (und nur dadurch) löst sich der Stau auf.
23. Auf Zugstrecken müssen Züge in einem Abstand von mindestens 15 Minuten fahren, sonst kommt es zu schweren tödlichen Unglücken auf den Bahnübergängen.

Ich war mir sicher, dass sich diese Liste in den nächsten Monaten noch um einige Punkte erweitern würde. Zudem trug das Prinzip »beobachten, hinnehmen, sarkastisch bewerten« dazu bei, das Chaos entspannter zu ertragen. Mit der Zeit gewöhnte ich mich so sehr an meinen Regelkatalog, dass die Autofahrten auch immer weniger stressig wurden. So konnte ich stundenlang fahren, ohne zu ermüden. Auch an diesem Tag war ich lange unterwegs. Nach 14 Stunden brach ich allerdings die Tagesetappe ab, da ich Fahren bei Dunkelheit unbedingt vermeiden wollte. Ich musste feststellen, dass sich die 14 Stunden überhaupt nicht wie 14 Stunden angefühlt hatten. Überhaupt konnte ich mich kaum an die letzten Stunden Autofahrt erinnern. Ich war in eine Art Meditationszustand verfallen. Äußere Einflüsse nahm ich kaum bewusst wahr. Ich wich automatisch den zwei LKW aus, die mir entgegenkamen, der Fahrer einer Motorradrikscha, der mir die Vorfahrt nahm, erntete nur ein müdes Kopfschütteln. Mein Puls war ruhig, die Atmung stabil, meine Gedanken leer. Ich war im Hier und Jetzt. Nicht, was geschehen war, existierte, und nichts, was kommen sollte, bewegte mich. In diesem Zustand konnte ich stundenlang verharren und vergaß so auch manche notwendige Rast.

Kapitel 7

Auroville
Utopie oder Zukunftsmodell?

Nach zwei intensiven Fahrtagen erreichte ich mein nächstes Ziel mit dem unaussprechlichen Namen Mahabalipuram. Über Tausend Kilometer war ich die letzten zwei Tage gefahren. Zwischendurch hatte ich mein Nachtcamp in einem Fischerdorf am Strand aufgeschlagen. Mein eigentliches Ziel war Auroville, doch in meinem

Reiseführer erweckte der Ort mit dem sonderbaren Namen Mahabalipuram meine Aufmerksamkeit, der zudem zum Weltkulturerbe der UNESCO gehört. Mittlerweile hatte ich einen neuen Bundesstaat erreicht: Tamil Nadu. Wie es an den Grenzen der indischen Bundesstaaten üblich ist, erkannte man schon aus der Ferne den kilometerlangen LKW-Stau, an dem ich ja glücklicherweise vorbeifahren konnte. Tamil Nadu ist bekannt für seine vielen Künstler. Vor allem in der Steinmetzkunst können nur wenige den Tamilen das Wasser reichen. Die Stadt Mahabalipuram ist quasi der Ausstellungsraum der bedeutendsten Künstler aus Tamil Nadu. Über Jahrhunderte wurden hier Bauwerke geschaffen, die die Besucher noch heute ins Staunen versetzen. Diese Bauwerke mit Worten oder Bildern zu beschreiben, ist schier unmöglich. Man muss sie einfach gesehen haben. Und auch wenn man nach einer langen Reise schon viele alte sakrale Bauwerke gesehen hat, wird einem hier auf ganz besondere Art und Weise gezeigt, was der Mensch im Stande ist zu leisten.

Ich begann die Tempeltour am frühen Morgen. Direkt am Meer liegt der Shore-Tempel. Im frühen 8. Jahrhundert errichtet, ist er einer der ältesten Steintempel Südindiens. Das Bauwerk besteht aus zwei Türmen, die mit jeder Etage nach oben schmaler werden, bis sie in einer kunstvoll verzierten Spitze enden. Jede Etage ist mit einem Fries umgeben, in den Steinmetze Tiere, Menschen, Blumen und grafische Gebilde gemeißelt haben. Der Zahn der Zeit hat allerdings schon stark am Tempel genagt. Viele Figuren sind wegen der verstärkten Erosion an der Küste arg in Mitleidenschaft gezogen worden. Für mich war die Lage des Tempels das Besondere. Der Tempel steht etwas erhöht direkt am Strand und ist an drei Seiten von Wasser umgeben. Die Sonne war gerade erst aufgegangen und tauchte die Szenerie in ein warmes Licht. Ich hatte den Tempel so früh am Morgen fast für mich allein. Auf der Tempelspitze saß ein Vogel und beobachtete den Sonnenaufgang. Ein Mann saß auf einer dem Tempel zugewandten Bank und meditierte. Was für ein friedlicher Start in den Tag.

Am anderen Ende der Stadt befand sich ein ganz anderes Bauwerk: Das Ratha von Ganesha. Ein Ratha ist ein Steintempel, der in seiner Form an einen Wagen erinnert, der bei Prozessionen eingesetzt wird. Das Besondere an diesem Tempel ist jedoch, dass er aus einem einzigen großen Felsen geschlagen worden ist. Und der ist so groß wie ein Wohnhaus. Auf 24 Quadratmetern Grundfläche ist er knapp 9 Meter hoch. Der steinerne Prozessionswagen aus dem frühen 20. Jahrhundert ist der elefantenköpfigen Gottheit Ganesha geweiht, deshalb sind Elefanten ein häufig wiederkehrendes Motiv auf den Felsreliefs der Außenmauern. Ganesha steht im Hinduismus für Glück, Erfolg und gutes Gelingen eines neuen Lebensabschnitts. Viele Kaufleute betrachten ihn als Schutzherrn, daher ist eine Elefantenfigur mit vier Armen in fast jedem Laden zu finden. Zudem stellen fromme Hindus eine Ganesha-Figur als einen der ersten Gegenstände in ihr neubezogenes Haus. Es ist daher nicht verwunderlich, dass hier einer der wichtigsten Gottheiten der indischen Götterwelt auch ein ganz besonderer Tempel gewidmet wurde.

Nach einem Tag in Mahabalipuram war ich von der Steinmetzkunst überwältigt und erschlagen zugleich. Ich hatte noch viele weitere Tempel besucht, einige davon in einer von Grünpflanzen überwucherten Felslandschaft, in der Tempel auf Erhebungen angelegt oder als begehbare Höhlen tief in den Felsen geschlagen worden sind. Etwas außerhalb des Ortes sind gleich fünf verschiedene steinerne Prozessionswagen aus den Felsen geschlagen, allerdings noch nicht fertiggestellt. Beim Betrachten der zum Teil unbehauenen Felsen kann man die gewaltige Arbeit der hiesigen Künstler erahnen und wertschätzen. Für mich stand fest: Dieser Umweg hatte sich gelohnt. Der Ort war für mich ein weiteres Beispiel für die enorme menschliche Schaffenskraft im frühindischen Zeitalter. Die meisten indischen Besucher hielten sich jedoch vornehmlich am eher unspektakulären Shore-Tempel auf, denn der liegt direkt am Strand. In einer großen Traube konzentriert, sprangen sie in ihren

Kleidern in das warme Wasser des Golfs von Bengalen, kreischten, lachten und jauchzten. Und so manch einer schaute in den Bars an der Strandpromenade zu tief ins Glas. Ein korpulenter Inder lag im Schatten eines Fischerbootes und schlief seinen Rausch aus.

Schweißperlen rollten mir über die Stirn. Die Sonne stand sehr hoch. Mittagshitze. Vor 20 Minuten war ich von der Hauptstraße nach Pondicherry rechts abgebogen und über eine Dorfstraße in Richtung Auroville gefahren. In Varanasi hatte ich von diesem Ort gehört. »A-U-R-O-V-I-L-L-E – schau mal auf Google nach! Da musst du unbedingt hin…« Und jetzt war ich da, ohne zu wissen, was mich hier erwarten würde. Mein Auto stellte ich auf dem Parkplatz des Besucherzentrums ab. Es ist schon komisch, dass dieser Ort ein Besucherzentrum hat. Denn angekündigt wurde Auroville als eine alternative Kommune, die die Welt verändern möchte. Über einen Waldpfad war ich vom Parkplatz zum Besucherzentrum gelaufen. »Ich möchte eine Weile hier bleiben und gerne auch Freiwilligenarbeit leisten. Wo könnte ich da am besten hin?«, fragte ich eine sympathische Frau im Büro für Unterkünfte in Auroville. »Probiere mal die Solitude Farm, die ist nur 15 Minuten von hier«, war ihre Antwort. Gesagt, getan. Ich wollte gleich mit dem Auto hin, doch um in die Siedlung zu fahren, musste ich an einem Security-Checkpoint vorbei. »Wo ist ihr Passierschein?«, fragte mich der Wachmann. Ich schilderte ihm, dass ich eine Weile bei der Farm arbeiten wolle. »Schön, aber das muss die Farm uns bestätigen, sonst kommen Sie leider nicht rein.« Na prima, dachte ich mir. Bürokratie ist an jeder Ecke Indiens zu finden, auch in der alternativsten Kommune. Ich ließ also mein Auto stehen und lief in der brütenden Mittagshitze zur Solitude Farm. Deren Verwalter hieß Krishan und war mächtig beschäftigt. »Hier geht gerade alles drunter und drüber. Wir haben sehr viele Freiwillige, das tut mir leid. Probiere doch mal das Jugendzentrum.« Ich war enttäuscht. Irgendwie hatte ich mir das einfacher vorgestellt. 30 weitere Minuten lief ich in einer unglaublichen Hitze auf trockenen Straßen. Mehrmals musste ich nach dem Weg fragen, doch dann stand ich vor den bunten Gebäuden des Jugendzentrums. Jugendliche gab es hier gerade nicht. Doch ein Mittvierziger bereitete sich gerade etwas in der offenen Küche zu. Mit französischem Akzent stellte er sich mir als Henry vor. Ich schilderte ihm meine Geschichte und fragte, ob ich einige Tage im Jugendzentrum mithelfen könne und dafür hier bleiben dürfe. Einen Schlafplatz brauchte ich ja nicht, den hatte ich ja dabei. »Das ist überhaupt gar kein Problem! Hier gibt es immer was zu tun. Morgen Abend ist Pizzaabend. Da kommen immer viele Leute, und wir brauchen jede helfende Hand!« Ich war glücklich! Jetzt musste nur noch das Auto zum Jugendzentrum. Doch auch das war gar nicht so einfach. Schweißgebadet vom langen Weg vom Jugendzentrum zum Eingang zurück, stand ich im Büro des Wachmannes und wartete darauf, dass er die Bestätigung vom Jugendzentrum bekam. Doch dort nahm keiner ab. »Du kannst da drüben im Schatten warten, sobald ich Henry erreiche, lass ich dich durch.« Eine kleine Pause würde in der Tat nicht schaden und so machte ich es mir auf einer Bank bequem und las mich durch das Infomaterial, das ich aus dem Besucherzentrum mitgenommen hatte.

Im Jahre 1914 traf die Französin Mirra Alfassa, später nur unter dem Namen »die Mutter« bekannt, in Pondicherry den Freiheitskämpfer und ihren späteren Yogi Sri Aurobindo. Es war eine Begegnung, die ihr Leben veränderte. Seit 1920 war sie dauerhaft in Pondicherry und setzte sich, gemeinsam mit ihrem großen Lehrer, wie sie ihn nach ihrer ersten Begegnung mit dem Yogi nannte, mit vielen philosophischen Fragen auseinander. Zusammen diskutierten sie die Entwicklung der Menschheit und in welche Richtung die Evolution zu gehen schien und gehen sollte. Dem Menschen, seit jeher an materielle Bedürfnisse gebunden, stand demnach eine Entwicklung bevor, durch die er sich vollständig von allem Materiellen lossagen und eine Weiterentwicklung im spirituellen Sinne anstreben würde. Eine Hinwendung zum Göttlichen, ohne dass dabei eine Religion eine Rolle spielte. Doch um eine solche Entwicklung möglich zu machen, musste ein geeigneter Ort gefunden werden, ein Ort, den »keine Nation als ihr Eigentum beanspruchen kann« und an dem »Bedürfnisse des Geistes [...] Vorrang haben, vor der bloßen Befriedigung von Wünschen und Leidenschaften.« Die Idee von Auroville war geboren.

In ihrem Ashram in Pondicherry konfrontierte »die Mutter« zusammen mit Sri Aurobindo jahrzehntelang viele Schüler mit ihren Ideen. Die Begegnungen waren für viele Schüler lebensverändernd. Der Traum von Auroville nahm Gestalt an und ein passender Ort war gefunden worden: 10 Kilometer von Pondicherry entfernt hatte man günstig wüstenähnliches Land erwerben können. Aus Europa machte sich eine Handvoll Pioniere auf den Weg nach Indien. Im Jahre 1968 wurde der Grundstein von Auroville gelegt. Jugendliche Vertreter aus 124 Ländern und 23 indischen Bundesstaaten brachten heimische Erde mit, die die menschliche Einheit symbolisieren sollte. Auroville wurde Wirklichkeit. Die Pioniere waren zunächst hauptsächlich damit beschäftigt, das günstig erworbene, jedoch ausgesprochen karge Land, in eine bewohnbare und landwirtschaftlich nutzbare Fläche umzuwandeln. Dies bedeutete zunächst eins: Bäume pflanzen. Der Plan von Auroville sah eine Einteilung in vier Zonen vor: Die kulturelle Zone (Schulen, Sportzentren, Zentren für künstlerische Aktivitäten), die internationale Zone (Pavillons unterschiedlicher Nationen und Völker, um die Verschiedenheit der Kulturen zu würdigen), die industrielle Zone (Landwirtschafts- und Produktionsbetriebe) sowie die Wohnzone. Im Zentrum war ein Ort zur Entwicklung der »Vereinigung mit dem Göttlichen, die in einer fortschreitenden menschlichen Einheit ihren Ausdruck findet« geplant: der Matrimandir. Die Siedlung sollte einen Durchmesser von 2,5 Kilometern haben. Innerhalb von Auroville war die Verwendung von Geld nicht vorgesehen, es sollte nur in Verbindung mit der äußeren Welt zur Aufrechterhaltung von Auroville dienen. Ich war gespannt, welche der Ideale bis heute umgesetzt worden waren.

Während ich mich im Schatten aufhielt und über Auroville informierte, fuhr ein Mann auf einem Motorrad an mir vorbei, wendete und hielt genau vor mir an. »Jetzt muss ich dich das mal fragen, ich habe das Nummernschild gesehen. Bist du wirklich den ganzen Weg von Deutschland hierhin gefahren?«, fragte er mich mit österreichischem Akzent. Das war eine der prägendsten Erfahrungen auf der Reise: Mit dem eigenen Auto fällt man auf. Ständig wird man angesprochen und lernt dabei interessante Menschen kennen. Allerdings ist es manchmal auch ermüdend, immer wieder die gleiche Geschichte zu erzählen, in der sich mit der Zeit lediglich die Anzahl der Reisemonate und der zurückgelegten Kilometer ändert. Doch ich konnte es verstehen. Ich selber wäre wohl auch sehr neugierig. Der Mann stellte sich als Manu vor. Manu hatte bis vor zehn Jahren noch in Wien gewohnt, war dann aber mit seiner Frau und seinen beiden Kindern nach Auroville aufgebrochen. Um mir die Wartezeit zu verkürzen, lud er mich kurzerhand auf einen Tee zu sich nach Hause ein. Ein Freund aus Israel war auch gerade da. Beide waren sich einig: Es gibt keinen besseren Ort auf der Welt als Auroville, um Kinder großzuziehen. Und Manu wusste das sehr wohl einzuschätzen. In Afghanistan geboren, war er als Kind mit seiner Familie zunächst vergeblich vor den Russen und später erfolgreich vor den Taliban geflohen. In Österreich fand er Asyl – und seine große Liebe. Mit seiner Frau reiste er dann durch die Welt, bis er auf einer Indienreise nach Auroville kam. Nachdem sie einige Tage länger als geplant das Leben in der Kommune hatten kennenlernen dürfen, entschieden sie sich zu bleiben. Drei Jahre war das jetzt her. Und mittlerweile hatten sie auch Nachwuchs bekommen. Zum Abschied tauschten wir Nummern aus und verabredeten uns für die nächsten Tage. Sollte etwa auch ich hier länger bleiben als geplant?

Der Wachmann hatte sich indes schon gewundert, wo ich abgeblieben war. Denn mittlerweile hatte ich auch eine ganz offizielle Durchfahrtgenehmigung. Das Jugendzentrum (*12°00'46.0"N 79°48'48.0"E*) hielt einen schönen schattigen Platz für mich bereit. Mit Henry einigte ich mich, täglich eine kleine Spende von umgerechnet etwa 1,50 Euro zu bezahlen und mich für gelegentliche Arbeiten wie Laubfegen oder Pizzabacken beim geplanten Pizzaabend zu verpflichten. Dafür konnte ich bleiben und Bad und Küche benutzen.

Nachdem ich zufrieden angekommen war und mein Camp aufgebaut hatte, brach ich am ersten Abend zu einem Spaziergang auf. Dabei erreichte ich das Zentrum von Auroville – den Matrimandir. Wie ein Raumschiff aus einer anderen Welt lag das futuristisch anmutende, kugelförmige Gebäude ruhig inmitten einer grünen Parklandschaft. Ich spazierte durch den Park und genoss die Ruhe und den Frieden, während die Sonne über dem perfekt geschnittenen Rasen unterging. Nach einer Weile beschloss ich, mir das Raumschiff von innen anzusehen. 1971 war mit dem Bau begonnen worden. In mühevoller Handarbeit hatten die europäischen Pioniere von Auroville, mit kräftiger Unterstützung der Frauen und Männer der umliegenden Dörfer, in mehr als 23 Jahren die »Seele von Auroville« errichtet. Das Matrimandir war als Ort der geistigen Konzentration konzipiert, ein Ort für das Bemühen, das eigene Bewusstsein zu finden. Eines sollte es aber unter keinen Umständen sein: Ein religiöser Ort. Damit es möglich ist, sich im Inneren des Kraftzentrums ungestört auf dem Pfad zum Göttlichen zu bewegen, dürfen Besucher das Gebäude nur zu bestimmten Zeiten betreten und brauchen dafür einen Besucherpass. Er gilt für die gesamte Parkanlage, doch der Parkwächter musste wohl gerade geschlafen haben, als ich hineinspaziert war und jetzt konnte ich keinen Pass vorweisen. Die Frau am Eingang zum Gebäude klärte mich nun über mein Vergehen auf. Nachdem wir eine Viertelstunde geplaudert hatten, sagte sie: »Ok, ich mache für dich eine Ausnahme. Ich erkläre dir, worauf du im Inneren achten musst, um niemanden zu stören. Dann lass ich dich hinein.« Ich betrat das mächtige Kuppelgebäude über eine Treppe. Als ich die Tür hinter mir leise ins Schloss fallen ließ, bestätigte sich mein erster Vergleich mit einem Raumschiff. Ich befand mich in einer anderen Welt. Ich hörte das Geräusch plätschernden Wassers, gedämpft durch die teppichüberzogenen Wände der Vorhalle. Zunächst musste ich weiße Socken anziehen, dann lief ich über eine Wendeltreppe nach oben. Indirektes Licht verlieh dem Inneren des Matrimandir eine ganz besondere Aura; der Raum strahlte vollkommene Ruhe aus. Dann betrat ich das Herzstück – die innere Kammer. Auf einer runden Fläche von circa 100 Quadratmetern waren zwölf Säulen im Kreis um den Mittelpunkt des Raumes angeordnet. Im Zentrum befand sich ein leuchtender Gegenstand, eine Art Kristall. Zwischen den Säulen und an den Wänden lagen weiße Kissen. Unauffällig ließ ich mich unweit der Tür auf einem von ihnen nieder und schaute mich um. Der ganze Raum lag in einem ruhigen Weiß, das keine Geräusche zuzulassen schien. Mit mir befanden sich sieben weitere Menschen in der inneren Kammer, sie waren in Meditation vertieft. Nach einer Weile löste ich meine Gedanken und Gefühle von dieser unglaublichen Umgebung und verlor mich in der Tiefe und Unendlichkeit des Raums. Als ich später den Meditationstempel verließ, war ich sehr aufgewühlt. Eigentlich glaubte ich nicht an Esoterik, aber im Schneidersitz vor diesem Kristall sitzend, hatte ich eine Energie gespürt, die ich so noch nicht gekannt hatte. Was war das nur für ein sonderbarer Ort?

Nach den vielen Reisetagen brauchte ich etwas Ruhe. Auftragsgemäß sorgte ich im Jugendzentrum dafür, dass die Küche immer sauber blieb und die Wege stets frei von Laub waren. Auf dem Gelände gab es tolle Baumhäuser und spannende Spielgeräte, wie beispielsweise eine Riesenwippe. Das waren Projekte, die von den jugendlichen Einwohnern von Auroville verwirklicht worden waren. Das dazu notwendige Werkzeug war in der Werkstatt zu finden, die auch ich benutzen durfte. Das Angebot nahm ich dankend an und baute mir in den ersten Tagen eine ausfahrbare Küche mit Zubereitungstisch und Gewürzregal in den Kofferraum des Pajeros. Im Jugendzentrum war sehr wenig los. Jugendliche sah ich kaum, die meisten Leute, die sich hier aufhielten, waren indische Studenten, die eine Weile in Auroville leben wollten. Henry war auch sehr selten da und so hatte ich die meiste Zeit die gesamte Anlage fast ganz für mich allein. Als ich gerade in meiner Hängematte vor mich hin döste, wurde ich plötzlich auf Deutsch angesprochen. Rochssana und Morton, beide aus Deutschland, hatten es geschafft, ausschließlich per Anhalter nach Indien zu kommen. Sie waren einige Monate lang durch Iran und Pakistan getrampt. Gepäck hatten sie nicht viel, und das Wertvollste in ihrem Rucksack waren die vielen spannenden Geschichten und Erlebnisse. Seit über acht Monaten lebten sie schon in Auroville. Zunächst hatten sie sich einige Monate für ein Projekt engagiert und viele Aurovillianer kennengelernt. Gerade arbeiteten sie an ihrem zweiten Reisebuch; ihr erstes über ihre Anhalter-Reise durch Südamerika hatten sie erfolgreich veröffentlicht. Wir unterhielten uns sehr lange. Nach über 18 Monaten in Indien hatten die beiden eine recht kritische Einstellung gegenüber dem Land und auch gegenüber dem Projekt Auroville; sie sahen es als gescheitert an, da die Vision, gänzlich ohne Geld zu leben, nicht umsetzbar sei und Geld auch in Auroville eine große und wichtige Rolle spiele. Wenn ich mich zuvor mit Reisenden über Indien unterhalten hatte, hatten sie von dem Land geschwärmt. Mit Rochssana und Morton war ich einer Meinung, dass man ein Land wie Indien mit anderen Augen sieht, wenn man sich außerhalb der Tourismusgebiete bewegt und oft Kontakt zur einfachen Bevölkerung hat. Meiner Meinung nach wird eine kritische Auseinandersetzung mit einer anderen Kultur sehr selten thematisiert und es gehört auch eine Portion Mut dazu. Oft möchte man ja lieber zuhause zeigen, wie schön man es gerade hat.

Doch eigentlich wollte ich auch Menschen kennenlernen, die schon sehr lange hier leben. Mein Freund Pranay, der in Varanasi am Impact-Kiosk-Projekt mitwirkte, hatte mir nicht nur empfohlen, Auroville zu besuchen, er hat mir auch den Kontakt zu seiner Freundin Anandamayi vermittelt. Ich verabredete mich mit ihr zum Mittagessen in der Gemeinschaftsküche von Auroville, genannt Solar Kitchen, in der ausschließlich mit Wasserdampf aus Solarkochern gekocht wurde, die auf dem Dach des Gebäudes installiert waren. Anandamayi war etwas älter als ich und in Auroville geboren. Ihre Eltern hatten sich damals im Ashram von Pondicherry kennengelernt und gehörten zu den ersten Bewohnern von Auroville.

Anandamayi erzählte mir viel über die Kommune. Obwohl es nur eine kleine Gemeinschaft ist (zurzeit ca. 2.500 Bewohner), stellt sie sich den Problemen eines ganzen Landes. Wie kann autark Strom produziert werden? Wie trennen und entsorgen wir den Müll? Wie nehmen wir Neuankömmlinge in unsere Gemeinschaft auf? Wie schaffen wir genügend Wohnraum? Wie finanzieren wir diese Gemeinschaft? Welche Rolle spielt Geld in Auroville? Wie schaffen wir es, in der Gemeinschaft auf das Materielle zu verzichten und den Fokus auf die Hingabe zum Göttlichen zu legen, bei all den Problemen, die wir hier haben? Als ich so die Probleme betrachtete, fragte auch ich mich, ob das Experiment Auroville nicht gescheitert sei. In Auroville befinden sich viele Solar- und Windkraftanlagen, doch wie werden diese teuren Technologien finanziert? Alles ist sauber, Müll wird getrennt und soweit möglich recycelt, Plastiktüten sind verbannt. Der übrige, nicht verwertbare Müll wird vergraben. Ist das nachhaltig? Die ersten Holzhütten aus den Anfangszeiten sind zum Teil mächtigen Gebäuden gewichen. Sehr oft durfte sich hier der Architekt ausprobieren. Wer ein Gebäude in Auroville errichtet, hat allerdings kein Besitzrecht, sondern lediglich Wohnrecht. Dennoch haben sich einige Wohlhabende aus Europa ein schönes Plätzchen gesichert. Ihre großzügigen Spenden helfen dem Projekt. Doch widerspricht das nicht der Vision von Auroville? Der Tourismus ist eine wichtige Einnahmequelle. Das Geld aus dem Verkauf von Erzeugnissen aus den vielen künstlerischen Betrieben und aus der Vermietung der Gästehäuser fließt voll und ganz in das Projekt, auch wenn der eine oder andere Bewohner in der Hauptsaison seinen Wohnort für Touristen hergeben muss. So fühlen sich manche »Aurovillianer« hin und wieder wie in einem menschlichen Zoo. Lange diskutierte ich mit Anandamayi über diese Probleme. Sie hatte mich zum Essen eingeladen und erzählte mir, dass jeder Einwohner hier in der Gemeinschaftsküche kostenlos essen kann. Zusammen mit einem niedrigen Grundeinkommen stellt dies die wirtschaftliche Basis eines jeden Einwohners dar. Das funktioniert gut in der Blase Auroville. Möchte man allerdings mal raus, sieht es mit der Finanzierung schon schlecht aus. Einige Tage später lud Anandamayi mich zum Grillnachmittag mit ihren Freunden ein. In einer Waldkommune saßen wir im Schatten der Bäume und aßen leckeren Salat, während die Kinder munter spielten. Während ich mich für das Leben in Auroville interessierte, wurde meine bisherige Reise bestaunt. Alle in der Runde machten einen sehr glücklichen Eindruck. Ich fragte mich, wie es wohl sein müsste, hier zu leben. Ich war mir sicher, dass man einiges von hier mitnehmen und auch in seinen Alltag integrieren könnte.

Ich verbrachte eine Woche in Auroville. Das ist sicherlich viel zu wenig, um das ganze Projekt beurteilen zu können, was ich auch nicht anstrebte. Doch durch meine Begegnungen hatte ich einen ersten Eindruck von der Gemeinschaft und ihren Ideen bekommen. Auroville hat vieles erreicht, was in der Welt als Vorbild dienen kann. Innerhalb von 50 Jahren wurde eine wüstenähnliche Landschaft in eine tropische Oase verwandelt. Der jährliche Monsun spült somit nicht mehr das wertvolle Regenwasser einfach in den Ozean. In den Schulen wurden Lehrmethoden entwickelt, die nicht auf das bloße Auswendiglernen ausgerichtet sind. Die freie Entfaltung des Geistes und die Selbstaneignung von Wissen stehen hier im Vordergrund. Die Dichte an kulturellen Angeboten in einer so kleinen Gemeinschaft ist unglaublich. Das Bewusstsein für ein friedliches Miteinander und ein nachhaltiges Leben ist besonders ausgebildet. So fand ich bei meinen Erkundungsspaziergängen heraus, dass man ganz leicht per Anhalter durch Auroville kommt. Man kann sich fast immer sicher sein, dass die Leute auf ihren Motorrädern oder Mopeds anhalten, wenn man den Daumen raushält. Doch letztendlich ist Auroville eine Blase, außerhalb derer dann der Müll der Kommune entsorgt wird.

Auf die spirituelle Ebene hatte ich mich bis auf den Besuch des Meditationstempels nicht begeben. Das war auch nicht mein Interessensgebiet. Allerdings gab es hier für mich interessante Ansichten, die mich nachhaltig berührt haben. Und so wird es bestimmt einigen Besuchern ergangen sein, denn manche wählten Auroville als ihr zukünftiges Zuhause. Rückblickend würde ich mich freuen, wenn sich das eine oder andere Konzept aus Auroville woanders auf der Welt verwirklichen lassen könnte. Vielleicht trage ich irgendwann meinen Teil dazu bei. Ich wünschte meinen neuen Freunden viel Kraft, sich weiterhin den Herausforderungen des Lebens in Auroville stellen zu können und dabei die ursprüngliche Vision nicht aus den Augen zu verlieren. Ich aber steckte nach einer Woche den Autoschlüssel wieder in das Zündschloss. Mit einem verlässlichen Brummen sprang der Wagen an. Meine Reise war noch lange nicht zu Ende. Ich wollte weiter in den Süden. Bis es nicht mehr weiterging.

Kapitel 8

Kanyakumari
Begegnung der Urgewalten

Etwas wehmütig verließ ich Auroville. Nachdem ich eine Woche in der westlichen Kommune gelebt und einige sehr interessante Menschen kennengelernt hatte, hätte ich glatt noch etwas länger bleiben können. Doch es gab noch mehr Sehenswertes in Indien, das darauf wartete, entdeckt zu werden. Auf dem Weg Richtung Süden verließ ich die Ostküste und steuerte das im Landesinneren liegende Madurai an. In der nächsten Stadt ließ ich meinen rechten Vorderreifen flicken, der ständig etwas Luft verlor. Der findige Reifenflicker am Straßenrand entdeckte das Leck schnell und verschloss es mit einem Gummipfropfen. Kleine Reparaturen lässt man am besten am Straßenrand machen, vor allem an den Stadträndern gab es zahlreiche Werkstätten und Reifendienste, die, gemessen an europäischen Verhältnissen, Probleme für sehr wenig Geld lösten. So auch hier. Mit ordentlichem Reifendruck konnte ich weiter gen Süden fahren. Für die nächsten Stunden bestimmten wieder freundliche Gesichter und verrückte Verkehrsteilnehmer aller Fahrzeugklassen das Straßenbild. Mittlerweile hatte ich mich komplett an den Straßenwahnsinn gewöhnt und wich mit einer Mischung aus Routine und Langeweile dem nächsten Falschfahrer auf der Autobahn aus.

In Madurai drängte ich mich auf den letzten Metern vor meinem Zielort durch einige sehr enge Straßen. Im Internet hatte ich mir ein zentrales, mittelmäßig bewertetes, jedoch bezahlbares Hotel herausgesucht. Auf der unglaublich schmalen Straße, in der es sich angeblich befinden sollte, suchte ich vergeblich und fragte mich zugleich, wo ich hier denn mein Auto abstellen sollte. So kam bei der bevorstehenden Übernachtung Plan B zum Einsatz und ich fuhr den Parkplatz des berühmten Tempels von Madurai mit einfach zu merkendem Namen an: Sri Menakshi Sundareshwarar. Ich fragte den Parkplatzwächter, ob ich hier auch über Nacht bleiben könne, was ihm keineswegs merkwürdig vorkam, er sorgte sich mehr um das »Gepäck« auf meinem Dach. Mittels Zeichensprache machte ich ihm deutlich, dass ich meinen Ersatzreifen auf dem Dach mit meinen Fäusten verteidigen würde. Das beruhigte ihn und für umgerechnet 60 Cent durfte ich parken und im Auto nächtigen (*9°55'16.0"N 78°07'16.0"E*).

Der Sri-Menakshi-Sundareshwarar-Tempel gehört zu den größten Tempelkomplexen Indiens. Teile des Tempels sind bereits über 400 Jahre alt. Typisch für südindische Tempel und somit auch Bestandteil des Tempelkomplexes in Madurai ist der sogenannte Gopura, ein Turm, der mit unzähligen aus Stuck geformten Götter- und Dämonenfiguren verziert ist. Der Tempelkomplex weist ganze zwölf solcher Türme auf und deren bunt bemalte Figuren scheinen alle eine ganz eigene Geschichte zu erzählen. Ein Leben würde nicht ausreichen, alle hinter den 33.000 Götterdarstellungen stehenden Bedeutungen und Geschichten zu studieren, da bin ich mir sicher.

Um den Tempel zu betreten, musste ich, wie alle anderen Besucher, die Schuhe abgeben. Barfuß schlenderte ich durch die heiligen Hallen. Selbst nachdem ich schon unzählige hinduistische Tempel besucht hatte, waren mir diese Religion und die dazugehörigen Gotteshäuser, deren Ausstattung ich bisweilen als etwas kitschig empfand, noch immer fremd. Die heiligsten Tempelbereiche stehen nur Hindus offen und selbst religions- und kulturinteressierte Nicht-Hindus kommen nur in großen Ausnahmefällen hinein. Der Tempel zieht viele Pilger aus dem ganzen Land an und in zahlreichen Schreinen werden den ganzen Tag über verschiedene Zeremonien, die Pujas, abgehalten. Dies verleiht dem Tempelkomplex eine mystische Atmosphäre. Auch wer von den vielen Tempeln Indiens schon genug hat, kann sich hier, meiner Meinung nach, noch begeistern. Leider war während meines Besuches die Meditationshalle nicht der beste Ort für ruhige Momente, da sich der Tempelhausmeister breit gemacht hatte und ständig schweißte, hämmerte und bohrte.

Die Stadt Madurai selbst machte einen leicht verschlafenen Eindruck. Wahrscheinlich hatte ich mich auch einfach schon an den täglichen Lärm indischer Städte gewöhnt und ein Indien-Neuling würde mir hier nicht zustimmen. Auf den Basaren der Stadt konnte ich bequem flanieren, ohne ständig angesprochen zu werden. Beeindruckend war die zu Anfang des Jahres gestartete Initiative der Stadt: Plastikfrei. Zwar stand Madurai sichtbar am Beginn eines sehr langen Wegs, doch hatte ich selten so viele Mülleimer gesehen, und rund um den Tempel war es auch ausgesprochen sauber. Je weiter ich mich jedoch vom Tempel entfernte, um so mehr verblasste das ambitionierte Vorhaben und ich fragte mich, ob die Kampagne nicht nur aus Prestigegründen gestartet worden war und sich in ein paar Jahren niemand mehr daran erinnern würde. Ich drückte die Daumen. Bei der klassischen Zubereitung von Essen wurde früher selbst in Schnellrestaurants kein Plastik verwendet, heute servieren nur noch wenige Restaurants ihre Gerichte auf traditionelle Weise, wie das, in dem ich zu Abend aß. Es gab Dosa. Das ist eine Art Pfannkuchen, der aus fermentiertem Teig aus Reis und Hülsenfrüchten zubereitet wird. Dazu gab es verschiedene Currys und Chutneys in kleinen Blechschalen und das Dosa wurde auf einem großen Bananenblatt serviert – keine Spur von Plastik. So wurde es früher in Indien immer gemacht, doch mit der Zeit ersetzten Plastikteller das Bananenblatt. Sie wurden nach der Mahlzeit wie die Bananenblätter einfach auf die Straße geworfen, denn die Tiere würden sich schon um die Weiterverarbeitung kümmern. Dass dies mit Plastik aber nicht so einfach ist, das wissen an vielen Orten die Menschen einfach nicht. Sie haben es nie gelernt.

Nach der leckeren Mahlzeit setzte sich immer mehr die Müdigkeit durch. Ich steuerte mein Parkplatzcamp an. Zu diesem Zeitpunkt konnte ich schon seit knapp zwei Wochen mit offenem Schiebefenster ohne lästigen Mückenlärm und den damit verbundenen Stichen schlafen. In Puri hatte ich mir Moskitonetze in die Fenster eingebaut, die die durstigen Blutsauger abhalten sollten. Voraussetzung für einen erholsamen Schlaf war jedoch, dass sich vorher keine Mücke durch eine offene Tür ins Auto geschlichen hatte. Gerade das war aber durch eine Nachlässigkeit während des Zähneputzens passiert. Und es war nicht bloß eine, es waren gleich 30 dieser Biester, die sich in das Fahrzeuginnere, also meine Schlafstube, gemogelt hatten. Mehr als eine halbe Stunde kostete es mich, das Auto wieder zur mückenfreien Zone zu machen. Von außen hätte man das bestimmt mit größtem Schmunzeln beobachtet. Ständig sprang ich von vorn nach hinten, in einer Hand einen Lappen und in der anderen eine Lampe zur gezielten Erfassung und schnellen Tötung des Opfers an der Fensterscheibe. An diesem heiligen

Ort würden die Tiere bestimmt bald als ein höherwertiges Wesen wiedergeboren werden. Als alle Störenfriede eliminiert waren, konnte ich natürlich trotzdem nicht ruhig schlafen. Jeder kennt das: Obwohl keine Mücke mehr im Raum ist, hört man es noch lange summen. Von einem erholsamen Schlaf konnte auch ohne Mücken nicht die Rede sein. Denn schon seit einigen Tagen hatte ich eine Ameisenplage an Bord. Ich hatte keine Ahnung, woher die kleinen Insekten kamen, aber irgendwo musste sich ein Nest im oder am Auto befinden. Immer wieder krabbelte mir eine Ameise über das Gesicht. Hier kam wieder mein Ameisenkarma ins Spiel, das, seitdem ich als Kind auf einen Ameisenhaufen gepinkelt hatte, für immer negativ belastet war. Da in Indien Karma ein fester Bestandteil des Lebens ist, kam mir mein Lausbubenstreich gleich wieder in den Sinn. Zudem wurde es schon sehr früh am Morgen sehr laut, den Tempellautsprechern entströhmte laute, schräge Tempelmusik.

Aus meinem Auto kam ich am Morgen auch nicht so einfach heraus, weil ich von einer Herde Kühe umzingelt war. Ich musste eine Kuh mit der Hecktür regelrecht wegschieben. An ein gemütliches Frühstück war auch nicht zu denken, denn die Kühe witterten ihre Chance auf gesunde Kost. In den Städten Indiens essen Kühe wirklich alles. Da werden schon mal zusammengekehrte Müllhaufen aus Plastikresten genüsslich verzehrt. Kein Wunder, dass so ein frisches Brot gewisse Begehrlichkeiten weckte. Meinen Tee füllte ich schnell in meine Thermoskanne um und flüchtete mit meinem Brot ins Auto. Die Kühe entfernten sich trotzdem nicht.

Zum letzten Mal auf dieser Reise fuhr ich eine lange Strecke Richtung Süden. In Kanyakumari endet die Straße dort, wo der Golf von Bengalen, das Arabische Meer und der Indische Ozean aufeinandertreffen. So eine geballte Masse an Energie entlud sich auch in der Luft und so stürmte es unentwegt. Hier am Südzipfel des Landes sah ich voller Freude auch zum ersten Mal flächendeckend Windkraftanlagen.

Die Nacht am südlichsten Punkt meiner Reise wollte ich gerne im Auto verbringen. Auf der Suche nach einem geeigneten Stellplatz für die Nacht verfuhr ich mich und stand auf einmal auf dem Parkplatz eines Hotels. Ich ließ das Auto zurück und suchte zu Fuß weiter, konnte aber keine bessere Stelle finden. Also fragte ich im Hotel nach. »Ich bin den ganzen Weg aus Deutschland mit dem Auto bis hierhin gefahren und wollte fragen, ob ich im Auto…« – »Nein!« Ich konnte meine Frage noch nicht einmal zu Ende stellen, schon wurde ich harsch unterbrochen. Kein »Vielleicht« oder »Ausnahmsweise«. Also fragte ich nach dem günstigsten Zimmer und dann durfte ich im Auto übernachten. Und das war auch gut so, denn die Bettwäsche im Zimmer sah so aus, als hätten schon zehn Gäste darin geschlafen. In Indien wohl leider keine Seltenheit. Nach der langen Fahrt hatte ich auch keine Energie mehr, um mich zu beschweren. Gäste gab es hier nur wenige, also suchte ich mir ein ruhiges Plätzchen, um den Pajero zu parken, und fand gleich eins in einer bombastischen Lage. Nur wenige hundert Meter war mein Schlafplatz vom südlichsten Zipfel Indiens entfernt (*8°04'48.0"N 77°32'50.0"E*). Von hier aus hatte ich eine perfekte Aussicht auf die drei Meere, deren Urgewalt sich vor mir entlud. Die Luft war salzgeschwängert, die Sonne brannte und es stürmte unentwegt. Hier kamen alle Elemente zusammen. Und das zog viele Menschen an. Für die meisten Inder ist es etwas ganz Besonderes, am südlichsten Punkt Indiens zu stehen. Natürlich muss dieser Moment mit zahlreichen Selfies und Gruppenbildern festgehalten werden. Ein beliebtes Motiv scheint es zu sein, sich in die Brandung zu stellen, um sich von aufeinander folgenden Wellen immmer aufs Neue umwerfen zu lassen. Das Foto vor der größten Welle ist dann das gewünschte und bei den Freunden besonders gefeierte Motiv.

Nicht weit vom beliebten Fotopunkt liegt ein Museum, das Mahatma Gandhi gewidmet ist. Denn hier am südlichsten Punkt des Landes wurde ein Teil seiner Asche ins Meer gestreut. Dort, wo die Urne stand, wurde ein Museum gebaut, das über das Leben des bedeutenden indischen Freiheitskämpfers berichtet. Noch heute ist Gandhi, vor allem wegen seines gewaltfreien Freiheitskampfes gegen die Unterdrückung durch die Kolonialmacht Großbritannien, nicht nur für Inder ein Vorbild. Er setzte sich für die Ärmsten der Armen und für die Menschenrechte der Unberührbaren ein. Gandhi wurde in England zum Juristen ausgebildet und dann zur Arbeit nach Südafrika entsandt. Dort spürte er am eigenen Leibe, was es bedeutete, nicht die richtige Hautfarbe zu haben. In dieser Zeit entwickelte Gandhi Methoden des gewaltlosen politischen Kampfes, die er in Indien einbringen konnte. Sein Ziel war ein freies Indien. Er wollte einen säkularen Staat, in dem Menschen unabhängig von ihrer Religion friedlich zusammenleben können. In der Hochphase seines politischen Engagements zwischen 1915 und 1947 waren die Gräben zwischen Hindus und Muslimen tief, die Stimmung in der Bevölkerung schlecht. Die britischen Besatzer unternahmen nichts gegen diese Spannungen, waren sie doch viel mehr mit den Kriegen in Europa und der Aufrechterhaltung der Stellung als Kolonialmacht beschäftigt. Zu dieser Zeit bestand die indische Ober- und Mittelschicht hauptsächlich aus Hindus. Muslime hatten es schwer, aufzusteigen. Als sich dann nach dem zweiten Weltkrieg immer mehr abzeichnete, dass Indien seine Unabhängigkeit wiedererlangen würde, nutze die Muslimliga – die große Partei der Muslime in Indien – die Gelegenheit und schlug eine Teilung Indiens in einen muslimischen und einen hinduistischen Teil vor. Die Briten, die nach dem Prinzip »teile und herrsche« eine Zerschlagung Indiens guthießen, unterstützten diese Idee. Gandhi war strikt dagegen und kämpfte unerbittlich gegen eine solche Teilung. Er war der festen Überzeugung, dass ein Indien für Muslime und Hindus möglich wäre. Er war sogar bereit, den Posten des ersten Premierministers dem Muslim Jinnah zuzusprechen. Doch dieser glaubte nicht an ein friedliches Zusammenleben von Hindus und Muslimen, obwohl dies jahrhundertelang funktioniert hatte. Er schürte die Angst, dass mit dem Abzug der Briten die Hindus deren Rolle einnähmen und sich für die Muslime im Land nichts ändern würde. Eine Teilung Indiens war seiner Meinung nach der einzige Weg, um einen Bürgerkrieg zu vermeiden. Mit dem Abzug der britischen

Kolonialmacht 1947 wurde neben der Unabhängigkeit auch die Teilung Indiens beschlossen. Mitte August 1947 entstanden somit zwei neue Staaten. Indien und Pakistan. Die Grenzen zwischen den Ländern wurden von britischen Generälen gezogen, die schauten, wie die Religionsgruppen im Land verteilt waren und wo mehrheitlich Muslime lebten. So entstanden zwei räumlich getrennte pakistanische Landesteile, die bis 1971 politisch zusammengehörten. Aus Westpakistan wurde die Islamische Republik Pakistan, aus Ostpakistan Bangladesch. Mit der Teilung Indiens wurde aber auch eine Umsiedlungsaktion in bisher noch nie gekannten Dimensionen beschlossen. Denn Hindus, deren Wohnsitz sich auf pakistanischer Seite befand, mussten das Land verlassen und nach Indien auswandern. Dasselbe galt für Muslime, die in den Grenzregionen wohnten. Man geht heute davon aus, dass in der unmittelbaren Zeit nach der Teilung Indiens etwas 20 Millionen Menschen entweder umgesiedelt, deportiert oder vertrieben wurden. Daraus resultierten viele Unruhen und bürgerkriegsartige Auseinandersetzungen. Es kam zu Gräueltaten, Vergewaltigungen, Genoziden. Es wurden volle Züge mit Flüchtlingen auf dem Weg in ihr Zielland angehalten und alle Insassen bis auf den Lokführer ermordet, der den Zug mit den Leichen zum Zielort bringen sollte. Auge um Auge, Zahn um Zahn. Mit dieser Einstellung wurde jeder Mord gerächt. Man schätzt heute, dass in dieser Zeit bis zu einer Million Menschen gewaltsam den Tod fanden. Daher ist es nicht verwunderlich, dass das Verhältnis zwischen Indien und Pakistan noch heute belastet ist. Noch einige Male auf meiner Reise sollte ich das aus nächster Nähe beobachten. Gandhi kämpfte bis zuletzt gegen die Teilung Indiens, konnte sie aber nicht verhindern. Als er die Berichte von Morden und Racheakten sah, war er todunglücklich. Er reiste nach Kalkutta, um in einen Hungerstreik zutreten – wenn nötig bis in den Tod. Sein einziges Ziel war es, die Unruhen zu beenden, kein Hindu sollte mehr einen Moslem und kein Moslem mehr einen Hindu umbringen. Und er hatte Erfolg. Durch seinen Einfluss wurden die bürgerkriegsähnlichen Zustände rasch eingedämmt. Einige hinduistische

Nationalisten machten allerdings Gandhi für die Teilung Indiens mitverantwortlich. Wegen seiner Nähe zu den muslimischen Führern sahen sie in ihm einen Verräter. Gandhi bezahlte damit am Ende sogar mit seinem Leben. Am 30. Januar 1948 wurde Gandhi von einem fanatischen nationalistischen Hindu erschossen. Indien verlor »die Seele der Nation« – so die Bedeutung seines Beinamens »Mahatma«. Mit seinem gewaltlosen Widerstand hatte er gezeigt, dass man sich auch ohne Ausübung von Gewalt gegen Unterdrückung zu Wehr setzen kann. Die stärkste Waffe des Menschen ist der Wille. Wenn man ihn denn kontrollieren kann…

Die meisten Besucher Kanyakumaris zieht es an die Südspitze. Vor der Küste liegen hier zwei große Felsinseln. Auf der einen thront eine 40 Meter hohe Statue als Denkmal eines indischen Dichters und auf der anderen eine gewaltige Meditationshalle. Der Anblick ist in der Tat gewaltig. Doch hat Kanyakumari auch eine beschauliche Altstadt, die allerdings wie ausgestorben wirkte. Dass hier viele Gebäude neu und herausgeputzt waren, hatte einen traurigen Grund, an den eine kleine Informationstafel erinnerte. Denn der Tsunami, der am 26. Dezember 2004 durch ein heftiges Seebeben ausgelöst wurde, traf auch die ostindische Küste mit voller Wucht. Das war der Grund, warum ich Tage zuvor am Strand kaum Gebäude gesehen hatte. An den Tsunami hatte ich nicht gedacht. Ich hatte hauptsächlich die Bilder von Thailand in Erinnerung. Die ostindische Küste ist kein Touristengebiet, deshalb kamen hier auch kaum Ausländer ums Leben, sicher ein Grund für die geringere mediale Aufmerksamkeit für diese Katastrophenregion, obwohl Indien neben Sri Lanka und Indonesien am schwersten von der Flutwelle betroffen war. 16.389 Menschen starben hier durch den Tsunami.

Es gibt wahrscheinlich keinen Ort auf der Welt, wo Sonnenaufgang und Sonnenuntergang so verehrt und zelebriert werden wie in Kanyakumari. Zu Tagesanfang und -ende versammelten sich Massen von Sonnenanbetern und pilgerten zu den schönsten Aussichtspunkten. Während der Untergang der großen roten Kugel mit andächtigem Schweigen von der Menge genossen wurde, bejubelten und beklatschten die Leute den neuen Tag, der sich mit der aufgehenden Sonne ankündigte. Innerlich jubelte auch ich und war unglaublich stolz, es bis hierher geschafft zu haben. Von nun an sollte es für eine ganze Weile Richtung Norden gehen, um mit jedem Kilometer der Heimat etwas näher zu kommen. Ich verließ mein »Hotel«, wo man beim Auschecken tatsächlich eine »Servicesteuer« verlangte, ob für die Wartung meines dreckigen Zimmers oder dafür, dass man es mir gestattet hatte, am schönsten Punkt der Anlage im Auto zu übernachten? Ich wusste es nicht. Ich wusste nur eins, dass ich diese »Steuer« nicht bezahlen würde und machte mich schnell aus dem Staub. Bevor ich allerdings losfuhr, schrieb ich noch eine Nachricht an meine Familie daheim. »Ich fahre jetzt wieder zurück nach Dresden. Ich denke, dass ich am 17. Juni gegen 12 Uhr da sein werde«. Da wusste ich noch nicht, dass ich sogar fünf Minuten früher als geplant daheim ankommen würde. Denn noch lagen vier Monate Abenteuer vor mir.

Teil 3 – Die Westküste

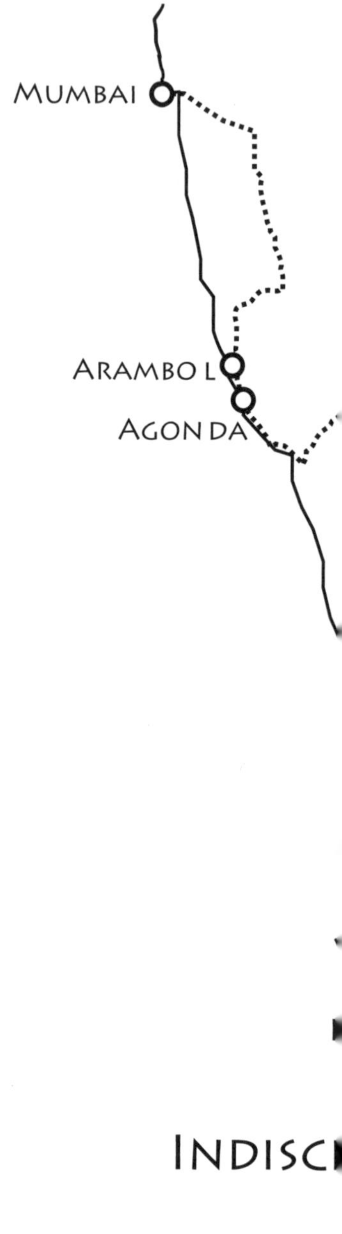

Mein Versuch, Indien zu verstehen:

- Indien hat auf der Westseite ein anderes Gesicht!
- Welche Bedeutung hat Tee in der indischen Gesellschaft?
- Elefanten lauern überall!
- Mit dreisten Lügen kommt man in Indien besonders weit!
- An einem Tag im Jahr fallen in Indien die Schranken zwischen den Kasten!
- In Mumbai gibt es das teuerste Bier auf der Welt!

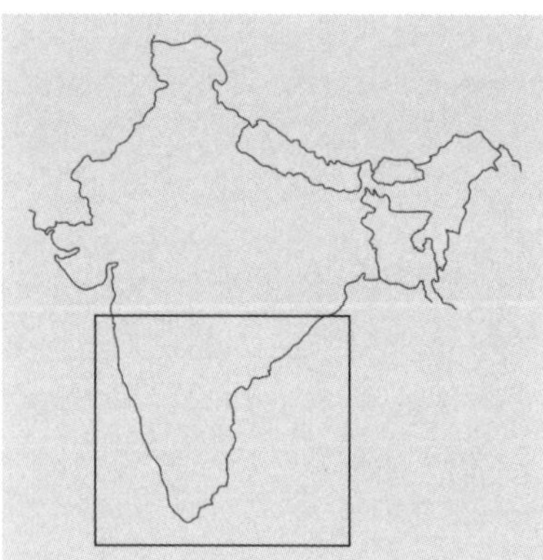

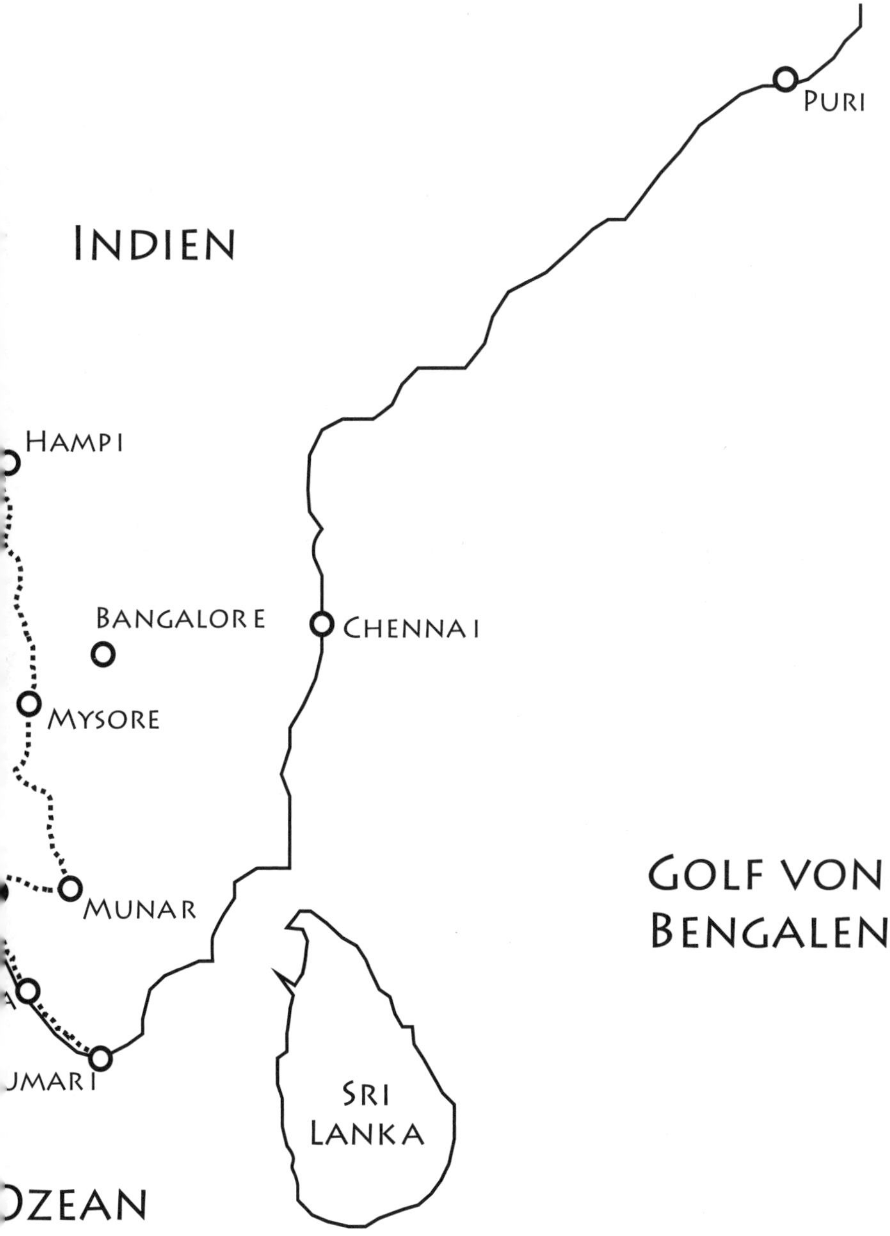

Puri
Indien
Hampi
Bangalore
Chennai
Mysore
Golf von
Bengalen
Munar
Sri
Lanka
Ozean

Kapitel 9

Tea-Time
Begegnung mit wilden Elefanten in den West Ghats

Ich folgte nun der Kompassnadel nach Norden und fuhr damit so langsam gen Heimat. Das Meer hatte ich trotzdem wie bisher auf der linken Seite und es war die nächsten Tage meine treue Begleitung. Mit dem Wechsel von der Ost- zur Westküste veränderte sich das Gesicht der Landschaft. Ich durchfuhr endlose Palmenhaine, beschauliche Dörfer mit bunt bemalten Häusern und hatte stets weite, weiße Sandstrände am türkisfarbenen Meer im Blickfeld. Nach einer Weile war ich wieder in einem neuen Bundesstaat angekommen, der als einer der schönsten Indiens gilt: Kerala. Neben seiner Schönheit, die ich in den nächsten Tagen intensiv bestaunen konnte, ist Kerala auch politisch gesehen eine Besonderheit. Er war 1957 der erste indische Bundesstaat, in dem eine kommunistische Regierung gewählt wurde. Bis heute spielt die Kommunistische Partei Indiens (CPI) hier eine große Rolle. Sie wechselt sich regelmäßig mit der Kongresspartei bei der Regierungsverantwortung ab. Ihre politischen Ideale fanden sich in zahlreichen Reformen wieder. Die Landverteilung in Kerala ist die gerechteste in Indien. Das Gefälle zwischen Arm und Rreich ist nicht so groß wie in anderen Landesteilen, ebenso die Anzahl an Menschen, die unterhalb der Armutsgrenze leben. Das Gesundheitssystem sorgt dafür, dass die Menschen von Kerala im indischen Vergleich am längsten leben, zudem gelten sie als gebildet; laut offiziellen Angaben liegt die Alphabetisierungsquote bei Männern bei 96% und bei Frauen bei 92%. Die Quoten Gesamtindiens sind deutlich niedriger: 81,3% bei den Männern und nur 60,6% bei den Frauen. Im Vergleich zu den anderen Bundesstaaten ist jedoch die Anzahl an Industrieunternehmen überschaubar. Viele Unternehmen scheuen die Ansiedlung in Kerala, weil hier die Gewerkschaften besonders gut organisiert sind. Dies hat eine vergleichsweise hohe Arbeitslosigkeit zur Folge und viele Einwohner zieht es deshalb in die Golfstaaten zum Arbeiten. Landwirtschaft und Fischfang sind, wie in vielen Teilen Indiens, die Hauptwirtschaftszweige. Der Tourismus hat da das Nachsehen, gewinnt aber immer mehr an Bedeutung. Und dies sollte ich in den nächsten Tagen merken.

Zunächst fuhr ich jedoch durch die Hauptstadt Keralas, die ganz im Süden des Bundesstaates liegt und den leicht auszusprechenden Namen Thiruvananthapuram trägt. Als ich in den Außenbezirken der Stadt unterwegs war, fiel mir ein Mitsubishi-Autohaus auf. Es war das erste, das ich in Indien sah. In Indien sind ausländische

Fahrzeugmodelle in der Minderheit, die meisten rollenden Untersätze auf indischen Straßen tragen die Symbole indischer Fahrzeugbauer. Mahindra, Tata und Maruti sind am häufigsten. Bis Anfang der neunziger Jahre wurde der indische Fahrzeugmarkt staatlich kontrolliert. Der für Indien typische, auf dem britischen Morris Oxford Series III von 1956 basierende Hindustan Ambassador – der tatsächlich noch bis 2014 (!) gebaut wurde – dominierte bis dahin den Markt fast vollständig. Nach der Öffnung des Landes für ausländische Fahrzeughersteller gehörten auch japanische oder deutsche Fahrzeuge zum Straßenbild. Gebrauchte Modelle von europäischen Marken sind hier aber, ganz im Gegensatz zu Ländern Zentralasiens, kaum zu finden. Denn dagegen hat sich Indien mit einer strikten Zollregelung abgesichert. Auf ausländische Gebrauchtwagen fällt bei der Einfuhr ein so hoher Zoll an, dass sich die Anschaffung schlichtweg nicht lohnt. Aus diesem Grund musste ich auch das *Carnet-de-Passages* für meinen Pajero beschaffen und eine Kaution von 5.000 Euro beim deutschen Zoll hinterlegen, als Garantie, dass mein Auto auch wieder ausgeführt werden würde. Seit zwei Monaten leuchtete in meinem Cockpit eine rote Lampe mit der Aufschrift »SRS – Sicherheitsrückhaltesystem«. Laut Internetrecherche konnte der Grund ein defekter Gurtstraffer oder eine Fehlfunktion im Airbag sein. Gewissheit erlangt man nur durch das Auslesen der Fahrzeugsoftware. Leider gehörte mein Pajero mit dem Baujahr 2003 schon zu den neueren Modellen, die einen Fehlerspeicher hatten, der nur mit einer Software ausgelesen werden konnte. Zuhause in Deutschland ist das kein Problem, aber hier in Indien hatte ich zuvor noch nie einen Mitsubishi-Händler gefunden. Ich riss das Lenkrad herum und fuhr zurück zum Fahrzeughändler mit den drei Diamanten im Logo. Die Belegschaft war gleich in hellem Aufruhr und wenige Minuten später begrüßte mich der Chef höchstpersönlich. Es gab auch eine hausinterne Werkstatt, die Hebebühnen waren allerdings alle besetzt. Doch so hoher und weitgereister Besuch bekommt natürlich Vorrang. Ein Auto, das gerade erst auf die Hebebühne hochgefahren worden war, musste meinem

Gefährt weichen. Denn ich bekam erstmal einen kostenlosen Fahrzeugcheck. Ob ich wollte oder nicht. Das Prüfgerät für die Software wurde auch gleich angeschlossen und ich war guter Dinge, dass der Fehler endlich aufgespürt wurde. Aber ich hatte die Rechnung ohne die unterschiedlichen nationalen Standards der Auslesesoftware gemacht. Das Auslesegerät war mit meinem Pajero-Modell nicht kompatibel. »No problem, Mister! Sie können das Auto einige Tage hierlassen, dann besorgen wir uns die richtige Software aus Deutschland«, war die Antwort des Managers auf das vorliegende Problem. Doch da das Auto nun mal mein Zuhause war, war dies keine Option für mich. Ich bekam noch einen Tee zum Abschied und musste mit jedem Mitarbeiter noch für ein Selfie mit meinem Auto posieren. Ich schrieb daraufhin Mitsubishi in Deutschland an und schilderte das Problem. Ich bekam tatsächlich eine Antwort. »Nach intensiven Gesprächen im Haus müssen wir Ihnen leider mitteilen, dass wir Ihnen oder einem indischen Mitsubishi-Händler die Software nicht bereitstellen können. Schauen Sie doch mal auf unserer Webseite vorbei und informieren Sie sich über die aktuellen Modelle.« Drei Tage nachdem ich die Antwort erhalten hatte, leuchtete die Lampe nicht mehr auf. Das Problem hatte sich also von selbst gelöst.

Meine erste Station in Kerala war das Fischerdorf Varkala. Nirgendwo auf meiner gesamten Reise hatte ich so viele Touristen gesehen wie hier. Der Ort war von einem Palmenhain umschlossen und sehr schön an einer steilen Klippe gelegen. Eigentlich ließ es sich hier sehr gut aushalten. Doch entlang der Küste reihte sich ein Souvenir- und Klamottenladen an den nächsten. Zum Bummeln hatte ich hier keine Muße, denn ständig wurde ich angesprochen oder man versuchte, mich in einen der Läden zu zerren, sodass ich die Flucht ergriff, statt ein paar Rupien im Tausch gegen ein Erinnerungsstück zurückzulassen. Trotzdem hatte die ausgebaute touristische Infrastruktur auch etwas Gutes: Hier fand ich ein sauberes Zimmer in einer Pension, sogar mit frischen Bettlaken und sauberen Handtüchern! Hier konnte ich meine Wäsche waschen und der Besitzer hatte auch ein Spray gegen meine Ameisenplage. Mittlerweile vermutete ich, dass ich mir bei der Fahrt durch ein Schlammloch oder einen Kuhfladen ein Ameisennest in den Radkasten geschleudert hatte. Die Eier samt Königin waren dann wahrscheinlich an einer Stelle gelandet, die ich auf Anhieb nicht hatte ausfindig machen können. Mit dem Ameisenspray war die Plage aber nun Geschichte und mein Ameisenkarma sank um weitere Punkte.

In Varkala gab es einige sehr schöne Restaurants. Neben leckeren Gerichten stand hier auch Bier auf der Karte. In vielen Bundesstaaten kann man Bier nur in einem gesonderten Alkoholgeschäft kaufen. Dort steht man dann mit einer Gruppe Abhängiger an, die ihre letzten Rupien in Whiskey investieren. Da fühlte ich mich schon etwas fehl am Platz, denn ich wollte ja bloß ein Feierabendbierchen kaufen. In Varkala gab es kühles Kingfischer-Bier, das ich mir nach einigen Wochen Abstinenz mit großer Freude schmecken ließ.

Lange hielt es mich nicht in Varkala und ich lenkte mein Gefährt weiter Richtung Norden. Zwei Monate zuvor hatte ich bei einer Nashornsafari eine indische Familie aus Mumbai kennengelernt. Sie hatten mich zu sich nach Hause eingeladen und mir die Kontaktdaten ihrer Tochter Roshnee gegeben, die ungefähr in meinem Alter war. Roshnee hatte mir geschrieben, dass sie mit einigen Freunden nach Kochi reisen wolle, um dort eine Kunstaustellung zu besuchen. Die berühmte Hafenstadt war keine vier Stunden von Varkala entfernt und wie der Zufall es wollte, war sie gerade dort, als ich Varkala verließ. Die Route nach Kochi verlief fast ausschließlich an der Küste entlang und war einer der schönsten Streckenabschnitte auf meiner Reise. An manchen Stellen war ich gar komplett von Wasser umgeben. Auf der linken Seite verlief der endlose Sandstrand, auf der rechten erstreckten sich langgezogene Lagunen. Irgendwo lag ein gewaltiger Lastenkahn am Strand, der schon vor einer ganzen Weile angespült worden war und jetzt im Sand feststeckend vor sich hin rostete. Beide Gewässer waren von Palmen flankiert, die sanft im Wind raschelten. Die Lagunen reichen weit in das Hinterland hinein und werden daher auch als Backwaters bezeichnet. Die Backwaters von Kerala sind ein Wasserstraßennetz, das sich entlang der Küste auf einer Fläche von 1.900 Quadratkilometern erstreckt. Die Seen, Lagunen und Flüsse sind aber in den letzten 60 Jahren auf Kosten von landwirtschaftlichen Nutzflächen stark geschrumpft. Zudem sind die Gewässer durch Agrochemikalien, Müll, industrielle Abwässer und Fäkalien so verschmutzt, dass viele Wildfischarten und Krokodile bereits ausgestorben sind. Oberflächlich betrachtet machten die Gewässer jedoch einen malerischen Eindruck. Dazu trugen auch hölzerne Fischernetzkonstruktionen bei, die am Rande der Lagune platziert waren. Sie waren wie große Wippen aufgebaut und glichen kleinen Kränen, an denen Netze aufgespannt waren. Mit der Wippe konnten die Fischer das Netz ins Wasser tauchen und – mit Beute gefüllt – wieder herausheben. Diese Methode des Fischfangs ist in Kerala weit verbreitet. Auch weit verbreitet sind christliche Gotteshäuser. Bislang hatte ich nur ganz im Norden, in Darjeeling, eine Kirche gesehen. An der Küstenstraße gab es ebenso viele Kirchen wie hinduistische Tempel. Der portugiesische Seefahrer Vasco da Gama hatte Ende des 15. Jahrhunderts nach der Umsegelung von Afrika die Küste des heutigen Keralas erreicht. Ihm waren weitere portugiesische und später niederländische und englische See- und Kaufleute gefolgt, die an der Westküste Indiens zunächst Siedlungen und später ganze Kolonien gegründet hatten. Den dort ansässigen Arabern entrissen sie das Gewürzmonopol und konnten mit dem Export von Gewürzen nach Europa ihre Kolonien finanzieren. Mit den Händlern kam auch der Glaube, und die Missionare trugen ihn bis ins Landesinnere. Heute bekennen sich 18% der Einwohner Keralas zum christlichen Glauben, in ganz Indien sind es nur etwa 2% der Gesamtbevölkerung. Interessanterweise verträgt sich die Kastenhierarchie mit dem christlichen Glauben, obwohl dieser besagt, dass alle Menschen vor Gott gleich sind. Die zum Christentum Bekehrten fühlten sich weiterhin ihrer Kaste zugehörig und bildeten jeweils homogene Kirchengemeinden oder beteten in der Kirche getrennt. Und sie heirateten nicht über Kastengrenzen hinweg. Unter sich waren sie damit gleich. Heute haben manche dieser Traditionen immer noch Bestand, aber wie bei anderen Glaubensgemeinschaften Indiens sinkt die Bedeutung der Kastenunterschiede auch in der christlichen Gemeinde.

Ich traf Roshnee in Kochi. Sie und ihre Freunde nahmen mich sehr herzlich auf und gemeinsam sahen wir uns eine Kunstausstellung der Kochi-Muziris Biennale an und trafen uns zum Abendessen. Leider war es der letzte Abend für die Gruppe, denn am folgenden Montag sollte es zurück in die Hörsäle gehen. Wir verabredeten uns aber erneut in Mumbai und fanden, das sei eine gute Gelegenheit, dort auch meinen Geburtstag zu feiern.

Von Kochi aus führte mich die Straße in die Westghats. Dieses ursprünglich ganz von tropischem Regenwald bedeckte Gebirge trennt das indische Hochplateau von der Küstenebene am Arabischen Meer. Die wasserreichen Regenwolken des West-Monsums regnen sich an den Berghängen ab, die ein natürliches Hindernis vor der indischen Hochebene bilden. Daher ist die Westküste Indiens tropisch geprägt, während auf der anderen Seite der Berge zum Teil karge, savannenähnliche Landschaften dominieren. Mein erster Stellplatz in den Bergen war wunderschön. Inmitten von Teeplantagen schlug ich mein Lager auf einer Wiese an einem kleinen Fluss auf. Tee ist heute aus der indischen Gesellschaft nicht mehr wegzudenken. Indien produziert heute jährlich fast eine Million Tonnen Tee, hauptsächlich schwarzen. Allerdings sind nur circa 30% für den Export bestimmt. Damit ist Indien nach China der zweitgrößte Teeproduzent der Welt, und zugleich der größte Teekonsument. Ein Viertel des in der Welt produzierten Tees wird in Indien zubereitet. Doch das war nicht immer so, denn den Tee brachten die Engländer nach Indien. Ende des 18. Jh. legten sie in den Gebieten um Darjeeling und Assam zahlreiche Teeplantagen an, um ihn nicht mehr teuer aus China importieren zu müssen. Tee war in Indien lange Zeit ein Getränk der Kolonisten. Einheimische konnten sich das Getränk, dem allerhand wohltuende und heilende Wirkungen zugesprochen wurden, nicht leisten. Erst Anfang des 20. Jahrhunderts gewann der Tee auch bei den Indern an Beliebtheit. Die Produktion war stark gestiegen und machte somit den Kauf von Tee erschwinglicher. In Fabriken und Minen wurden in dieser Zeit Teepausen eingeführt. In Zügen wurde frischer Tee ausgeschenkt und überall entstanden Teeläden. Die Inder bereiten ihren Tee mit Gewürzen und Milch zu. Er wird dann als Masala Chai serviert und ist heute aus dem Alltag vieler Inder nicht mehr wegzudenken. Auf den Teeplantagen von Kerala werden 23% des indischen Tees geerntet. Die Anbauflächen reichen bis in eine Höhe von 2.600 Metern und zählen zu den höchstgelegenen Teeanbaugebieten der Welt. Eine einzelne Teepflanze kann 100 Jahre lang ertragreich sein und bis zu 70 Kilo Tee pro Jahr liefern. Die Blätter und Knospen der Teepflanze werden alle 9 bis 13 Tage gepflückt, sodass neue Blätter wieder sehr schnell nachwachsen können. Die Teeplantagen haben in der Gegend von Munnar traumhafte Landschaften geformt, und ich war sehr glücklich, inmitten dieser Gegend mein Nachtlager aufschlagen zu können (*10°04'10.0"N 77°03'51.0"E*). Mit dem Sonnenuntergang wurden die bepflanzten Hügel in ein warmes Licht getaucht. Es war ein absoluter Traum. Nach Einbruch der Dunkelheit wurde es allerdings schnell kühl und von Mückenschwärmen belästigt, zog ich mich ins Fahrzeuginnere zurück, um noch etwas zu lesen. Plötzlich klopfte es von außen an die Scheibe. Wenn man alleine irgendwo im Nirgendwo campiert, ist so eine abendliche Störung das Letzte, was man sich wünscht. Ich war verunsichert, zumal ich wegen der getönten Scheiben und des Lichts im Auto nicht erkennen konnte, wer da draußen war. Der Störenfried hielt sich nun seine Taschenlampe unters Gesicht, sodass ich ihn sehen konnte. Er sah freundlich, aber auch besorgt aus. Ich schob das Fenster einen Spalt auf und erkundigte mich nach dem Grund der Störung. »Mister, Mister! Elefanten kommen hierher! Das ist eine Wassertränke. Morgens kommen Elefanten hierher, um zu trinken. Sie können hier nicht stehen!« Na super. Was könnte schlimmer sein, als dass im Dunkeln jemand an die Scheibe klopft? Richtig. Dass im Dunkeln jemand an die Scheibe klopft und sagt, dass am Morgen Elefanten kämen, im grauen Geländewagen eine Gefahr sehen könnten und man deshalb woanders hinfahren müsse. Aber wohin sollte ich jetzt fahren? Kurz überlegte ich, ob ich das Risiko nicht eingehen sollte. Es reizte mich schon, am Morgen inmitten einer Elefantenherde aufzuwachen, und ich konnte es mir nur schwer vorstellen, dass einer der Dickhäuter seinen Rüssel in den Pajero stecken würde. Trotzdem wollte ich es nicht darauf ankommen lassen und folgte dem Rat des besorgten Bürgers. Einige Kilometer weiter fand ich im Licht eines Scheinwerferkegels eine Ausbuchtung am Straßenrand. Leider war die Straße auch nachts gut befahren und da ich keine Vorhänge hatte, konnte ich wegen des Aufblendens der Fahrzeuglichter nur schwer in den Schlaf finden. Ich sehnte mich nach meinem tollen Übernachtungsplatz. Wäre ich nur geblieben…

Auf meiner Weiterfahrt durch die endlosen Teeplantagen, die sich bis zu den Ausläufern eines felsigen Nationalparks erstreckten, entdeckte ich auf einmal ein Schild mit der Aufschrift »Happy Life Retreat« (*10°11'47.0"N 77°07'29.0"E*). Da mir die Umgebung sehr gefiel, überlegte ich nicht lange und folgte dem Schild, das mich auf einen Feldweg an Teeplantagen vorbei zu einem kleinen Hippie-Camp führte, das aus verschiedenen bunten Holzhütten bestand. Ein Baumhaus war in der Krone eines mächtigen Baumes errichtet worden und konnte nur über eine Strickleiter erreicht werden. Im Gelände standen kleine Pavillons mit Strohdächern, zwischen den Bäumen hingen Hängematten und Schaukeln und überall wehten bunte Gebetsfahnen im Wind. Vor allem war es eins: Unglaublich ruhig. Ich verliebte mich sofort in diesen Ort und konnte für einen schmalen Taler in meinem Auto wohnen, dafür aber Küche und sanitäre Anlagen nutzen. Meine Abfahrt verschob ich Tag um Tag und blieb am Ende eine ganze Woche. Hier lernte ich Rucksackreisende aus England, Deutschland, Ghana, den USA und Frankreich kennen. Schnell wurde aus uns eine kleine Clique und wir unternahmen zahlreiche Ausflüge in die Umgebung. Jeden Morgen gab es nach dem Frühstück eine Yoga-Stunde. Die sanfte Stimme der Yoga-Lehrerin vermischte sich mit dem Rauschen des Windes, der durch die Teebüsche wehte. Es war wie im Paradies.

In der Umgebung gab es zahlreiche Wasserfälle, die man nach einer kleinen Wanderung erreichte. Einer der umliegenden Gipfel erregte unsere Aufmerksamkeit. Um dahin zu gelangen, mussten wir allerdings durch Ausläufer eines angrenzenden Nationalparks gehen, wofür man wiederum eine Genehmigung brauchte. Da wir nicht wussten, woher wir eine solche bekommen würden, machten wir uns auf eigene Faust auf, um auf kleinen Pfaden den Gipfel zu erreichen. Dabei liefen wir natürlich direkt in die Arme von zwei Nationalparkhütern, die das Gebiet durchkämmten. Unsere Unwissenheit ließ sie kalt und natürlich durften wir nicht weiterwandern. Vielmehr wurden wir zu ihrem Jeep eskortiert, der uns zur nächsten Nationalparkstation brachte. Dort mussten wir uns alle in ein Buch einschreiben und erklären, warum wir unerlaubt in den Bergen unterwegs waren. Wir fragten auch nach der Genehmigung, da wir unbedingt den Berg besteigen wollten. Doch von der Ausstellung einer solchen wollten die Ranger nichts wissen. Es war schon seltsam. Die Teeplantagen reichten bis hoch in die Berge und tief in den Nationalpark hinein, aber zu Fuß einem kleinen Pfad folgen, das war strengstens verboten. Als Begründung gaben die Ranger die Elefanten an, die in der Umgebung ihr Unwesen trieben. In der Tat hatten wir an verschiedenen Stellen, aber hauptsächlich auf den Wegen der Teeplantagen, große Haufen von Elefantendung gesehen. Asiatische Elefanten können bis zu fünf Tonnen schwer werden und eine Höhe von bis zu drei Metern erreichen. 30.000 Exemplare gibt es Schätzungen zufolge, davon leben 70 Prozent in Indien. Einst hatten sie riesige Waldflächen zur Verfügung, die sie auf der Suche nach Nahrung durchstreiften. Das Nahrungsgebiet eines einzelnen Elefanten kann bis zu 800 Quadratkilometer groß sein, denn sie vertilgen am Tag bis zu 150 Kilogramm Pflanzen. Doch die Einwohnerzahl Indiens wächst unaufhaltsam. Um die Menschen zu ernähren, braucht es zusätzliche Agrarflächen. Darum entstehen neue Siedlungen. Großstädte wachsen immer weiter. Dabei dringt der Mensch immer tiefer in den natürlichen Lebensraum der Elefanten ein, die sich verständlicherweise bedroht fühlen und zur Wehr setzen. Jedes Jahr sterben in Indien etwa 300 Menschen durch Elefantenangriffe. Obwohl Elefanten streng geschützt sind, setzen sich die Dorfbewohner zur Wehr und viele Elefanten erleiden einen grausamen Tod. Das Verhältnis zwischen Mensch und Tier ist also angespannt. Und wahrscheinlich würde ein Elefant nicht zwischen einem wütenden Bauern und einem Touristen auf Wanderschaft unterscheiden. Also folgten wir dem Rat der Nationalparkhüter und hielten uns von den Berggipfeln fern.

Es war an der Zeit, Abschied zu nehmen, denn mein Weg sollte mich weiter gen Norden führen. Nach etwa einer Stunde Fahrt hielt ich an der Grenze zwischen den Bundesstaaten Kerala und Tamil Nadu an und machte eine kleine Wanderung durch das Chinnar Wildlife-Reservat. Als ich nach einer Stunde wiederkam, war mein Auto von einer Gruppe Affen besetzt. Während zwei ältere Exemplare auf dem Dach an etwas Brot knabberten, tollten drei Affenjunge am Bullenfänger herum. Nur ungern verscheuchte ich sie von meinem Gefährt, aber es lag noch eine lange Strecke vor mir. Große Schilder am Wegesrand warnten davor, das Auto zu verlassen, da es Elefanten und Tiger in dieser Gegend gäbe. Das ist wahrscheinlich wie in Skandinavien mit den Elchschildern. Überall wird gewarnt, aber die Tiere bekommt man trotzdem nicht zu Gesicht. Ich fuhr etwas langsamer und ließ meine Blicke rechts und links in die Büsche schweifen. Und tatsächlich tauchte nach einer Weile ein kräftiger Elefantenbulle auf, der sich auf der rechten Straßenseite gerade durch die Büsche kämpfte und sich an den saftigen Blättern der Bäume bediente. Da sich die Sonne langsam in Richtung Horizont bewegte, konnte ich nicht lange verweilen und musste weiter. Ich suchte nach einem passenden Schlafplatz, der, wie ich gelernt hatte, möglichst außerhalb des Elefantengebietes liegen sollte. Doch leider fand ich keine passende Stelle und die kurze Dämmerung ging schnell in komplette Dunkelheit über. Fahrten bei Nacht wollte ich ja eigentlich vermeiden. In einer Kleinstadt sah ich an einer Kreuzung ein Hotelschild und steuerte die Herberge an. Das Zimmer war okay und in der unmittelbaren Nachbarschaft gab es einige kleine Restaurants. Für eine Nacht schien es mir in Ordnung zu sein. Doch ich hatte die Rechnung ohne die Mücken gemacht, die mein Hotelzimmer belagerten. Die Fenster ließen sich nicht richtig schließen und die Blutsauger rochen Menschenfleisch. Ich holte mein Moskitonetz aus dem Auto, fand aber in dem Zimmer keine passende Stelle, um es zu befestigen. Also baute ich rechts und links vom Bett zwei Türme aus Stühlen, denn davon gab es gleich sechs in meinem Einzelzimmer. Meine wacklige Konstruktion war allerdings alles andere als solide und leider auch nicht dicht. Immer wieder schaffte es ein Moskito ins Innere des Netzes. Ich bekam kein Auge zu. Ständig summte es an meinem Ohr. Nachdem ich zwei Stunden verzweifelt versucht hatte einzuschlafen, reichte es mir. Ich packte meine Sachen und zog ins Auto um. Der Nachtwächter schaute nicht schlecht, als ich mit meinem Rucksack an ihm vorbeistapfte, in meinen Pajero kroch und bis zum Morgen nicht mehr herauskam. In mein vertrautes Bett hatte sich keine Mücke verirrt und es dauerte nicht lange, dann war ich eingeschlafen.

Mein nächstes Etappenziel sollte die berühmte, etwa 700 Kilometer entfernte Tempelstadt Hampi sein. Für so eine Strecke braucht man ja auf indischen Straßen eine gewisse Zeit. Ich legte einen Zwischenstopp ein und erwischte zufällig einen Geheimtipp Westindiens. Mittlerweile war ich im Bundesstaat Karnataka angelangt, in dem die Menschen eine Sprache sprechen, die an ein anderes Land erinnert – wenigstens ihr Name, er lautet nämlich Kannada. Die zweitgrößte Stadt ist Mysore und sie war mein nächstes Übernachtungsziel. Ich hatte Glück, dass ich an einem Sonntag in der Stadt war, denn nur an den Abenden von Sonn- und Feiertagen werden die über 100.000 Glühlampen des Maharadscha-Palastes angeschaltet. Der über 100 Jahre alte Palast erstrahlt dann wie ein amerikanisches Gebäude zur Weihnachtszeit. Jede Woche braucht es einige Hausangestellte, um defekte Glühlampen zu ersetzen. An die Stromrechnung mochte ich gar nicht denken.

Der weitere Weg nach Hampi zählte zu den anstrengendsten Streckenabschnitten auf meiner Reise, denn die Straße wurde gerade auf einer Länge von 200 Kilometern erneuert. Baustelle und Straße waren eins, also kam ich nur sehr langsam voran. Immer wieder wurde ich durch langsame LKW oder lebensmüde Verkehrsteilnehmer ausgebremst. Ich notierte in meine Liste der indischen Verkehrsregeln:

24. Wird eine Straße neu gebaut, so kann die Baustelle als ganz normale Straße genutzt werden.
25. In Baustellen kannst du dich besonders rücksichtslos verhalten, denn die anderen Verkehrsteilnehmer sind sowieso genervt.
26. Jede anstrengende Strecke ist irgendwann auch mal durchfahren. Sorg dafür, dass du die Strecke auf keinen Fall noch einmal fährst (z.B. wegen eines verlorenen Nummernschildes o.Ä.).

Die Gegend um Hampi sieht von oben betrachtet wie ein gewaltiges Flusstal aus. Hausgroße Gesteinsbrocken liegen überall verstreut und geben der Umgebung ihren besonderen Charakter. Durch vulkanische Aktivitäten wurde vor rund 2,5 Milliarden Jahren, als die Erde gut halb so alt war wie jetzt, Magma aus den Tiefen nach oben gedrückt und kristallisierte in der Erdkruste über einen langen Zeitraum zu riesigen Granitmonolithen aus. Im Laufe von vielen Jahrmillionen entfernten Wind- und Wassererosion weicheres Gestein der Umgebung und nun verwitterten auch die Granite, bekamen Risse, Spalten und rundere Formen, sodass es nun aussieht, als hätte sich ein Riese die Landschaft aus einzelnen großen Steinen zusammengesetzt. Dazwischen liegen saftig grüne, fruchtbare Reisfelder, die von Palmenhainen gesäumt sind. Das Wasser kommt vom Tunghabhadra-Fluss, der viel Leben in die sonst trockene Savanne bringt. Hampi war vom 14. bis zum 16. Jahrhundert die Hauptstadt des Königreichs Vijayanagar, das auf dem Höhepunkt seiner Macht fast ganz Südindien kontrollierte. Manche Quellen gehen davon aus, dass in seiner Blütezeit fast eine halbe Million Menschen in der Stadt gelebt haben – eine Megametropole der damaligen Zeit. Heute ist Hampi nur noch ein Dorf mit etwa 6.000 Einwohnern, doch zwischen den gewaltigen Granitfelsen sind noch einige Spuren der Vergangenheit zu finden. Von den Wehranlagen und Palästen sind nur noch die Grundmauern zu erkennen. Dafür haben einige aus dem harten Granitstein gebaute Tempel die vielen Kriege und Verwüstungen überstanden und der Verwitterung getrotzt. Sie sind auf einem so großen Areal verstreut, dass man mit den zahlreichen Tagesbesuchern und Tempelelefanten kaum in Kontakt kommt und sich meistens fühlt, als wäre man Indiana Jones. Ich steuerte in Hampi ein kleines Hostel an und fragte, ob ich im Auto übernachten und für einen kleinen Obolus die sanitären Anlagen nutzen dürfe (*15°20'25.0"N 76°27'44."E*). Die Hotelbesitzerin hatte kein Problem damit und ließ mich im Schatten einer Palme parken. In dem Hostel gingen viele westliche Touristen ein und aus, somit war ich mir sicher, den Abend in angenehmer Gesellschaft verbringen zu können. Vorher kraxelte ich auf einen nahen gelegenen Hügel, um den Sonnenuntergang über dieser traumhaften Landschaft beobachten zu können. Hampi ist vor allem bei Leuten beliebt, die das »Bouldern« lieben, eine Variante des Sportkletterns. Dabei klettert man ohne jegliche Absicherung in geringer Höhe und legt höchstens eine Matte aus, um den Absprung abzufedern. Ich lief an den Sportlern vorbei, musste selbst an einigen Punkten ein wenig klettern und erreichte dann einen herrlichen Punkt mit 360-Grad-Rundumblick. Ich konnte neben zahlreichen Tempeltürmen und grünen Reisfeldern auch ganz gut das Grundstück meines Hostels einsehen, das von zahlreichen Palmen umgeben war. Ihm näherte sich gerade ein dunkelgrüner Geländewagen, der meine Aufmerksamkeit erregte. Denn dieser Geländewagen war nicht von indischer Bauart, es musste ein Nissan oder Toyota sein, das stand fest. Davon bekam man nur sehr wenige in Indien zu sehen. Doch dann wandte ich mich wieder dem Sonnenuntergang zu und dachte nicht mehr an diese Beobachtung. Als ich später zum Hostel zurückkehrte, sprach mich die Besitzerin an. »Dein Freund ist gerade gekommen und wartet hinten auf dich!« Ich staunte nicht schlecht. Ich wusste nicht, dass irgendeiner meiner Freunde gerade in Indien war. Während ich so nachdachte, wer aus meinem Freundeskreis mich wohl hier überraschen würde, hörte ich eine Stimme von hinten nach mir rufen. »Hi Mathias, ich glaube, wir kennen uns!« Ich drehte mich um und versuchte einen Zusammenhang zwischen mir und dem für mich unbekannten Mann herzustellen. Er stellte sich mir als Ben vor und erzählte mir, dass er mich vor einem halben Jahr per E-Mail kontaktiert habe, da er selber vorhatte, mit dem Auto nach Indien zu fahren. Damals hatte ich ihm einige Tipps gegeben und von meinen Erfahrungen bei der Reisevorbereitung erzählt. Nach einigen Mails war der Kontakt aber verebbt. Und gerade eben diesen Ben, der mir vor einem halben Jahr geschrieben hatte, traf ich zufällig in einem Land mit fast einer Milliarde Einwohnern. Was für ein Zufall! Selbstverständlich hatten wir uns gleich einiges zu erzählen und natürlich gehörte der dunkelgrüne Nissan Patrol ihm. Ben kam gerade aus Goa und hatte dort einige Rucksacktouristen kennengelernt, die er hier im Hostel wiedertraf. So waren wir gleich eine gesellige Runde und alle lauschten gespannt den Reisegeschichten. Ich verbrachte einige Tage mit der Gruppe und machte mich dann selbst auf nach Goa, das jahrzehntelang ein Traumziel der Hippies aus aller Welt gewesen war.

Kapitel 10

Goa
Das Leben als Hippie

Seit sehr langer Zeit hatte ich wieder Gesellschaft auf meiner Fahrt durch das Land. Die Australierin Jerry wollte ebenfalls nach Goa und ich bot ihr an, kostenlos bei mir mitzufahren. Schließlich lagen fast 9 Stunden hinter dem Steuer vor mir und da war mir eine Begleitung sehr recht. Ich überlegte, wann das letzte Mal jemand auf meinem Beifahrersitz Platz genommen hatte. Das war in Varansi gewesen, als ich mit den Eltern von Arvin aufs Land gefahren war.

Nach etwa der Hälfte der Strecke gerieten wir in der Kleinstadt New Hubli selbstverschuldet in ein kleines Verkehrschaos. Die Streckenführung war so unübersichtlich, dass ich auf einmal verkehrt herum in einen Kreisverkehr einfuhr. Durch den unermüdlichen Einsatz meiner Hupe kamen wir noch einmal glimpflich davon. Wahrscheinlich war das kein ungewohntes Bild. Doch zwei Polizisten am Straßenrand bemerkten das Fahrmanöver und rannten auf uns zu. Sie nahmen an, dass Jerry das Auto lenkte, schließlich saß sie ja auf dem vermeintlichen Fahrersitz. Ich erinnerte mich an die Mahnung von Arvins Vater, möglichst wegzufahren, wenn eine Polizeikontrolle drohte. Ich ließ das Fenster herunter, wackelte mit dem Zeigefinger, zeigte auf mein Nummernschild und rief »Diplomat, Diplomat!«. Die Verkehrspolizisten blieben augenblicklich stehen und schauten verdutzt auf mein Nummernschild. In den vergangenen Wochen hatten mich viele Inder auf mein Nummernschild angesprochen. Die Nummernschilder in manchen indischen Bundesstaaten ähneln den europäischen. Dort wo in Europa die Länderkennung steht, befindet sich in Indien ein Kürzel für den Bundesstaat. Nur hat keiner der Bundesstaaten das Kürzel »D«. Einige Inder hatten mich also gefragt, ob ich denn ein Diplomat sei. Daran erinnerte ich mich jetzt und verkündete im Brustton der Selbstgewissheit eben dies. Bei den Ordnungshütern schien das Eindruck zu machen. Im Zickzack fuhr ich an den zur Salzsäule erstarrten Männern vorbei und machte mich aus dem Staub. Jerry schaute mich nur mit großen Augen an. »Bist du wahnsinnig? Du musst doch anhalten!« Doch auch sie war froh, dass wir keine weiteren Probleme bekamen. Ich notierte in mein imaginäres Verkehrsbeobachtungsbuch:

27. Wenn du mal mit dem Linksverkehr nicht zurechtkommst und aus Versehen falsch in einen Kreisverkehr fährst, dann nutze intensiv Hupe und Lichthupe. Dann ist dir keiner böse.

28. Solltest du mit einem deutschen Auto unterwegs sein und die Polizei möchte dich anhalten, so rufe selbstbewusst »Diplomat!« und zeige auf dein Nummernschild. Dabei ist es egal, wenn du wie der verrückteste Hippie aussiehst. Solange du von deinem neu errungenen Diplomatenstatus überzeugt bist, ist es in Ordnung (Nachahmung auf eigene Gefahr).

In der Kleinstadt Palolem ließ ich Jerry aussteigen. Sie wollte Freunde treffen, die sie in der Stadt kennengelernt hatte. Ich fuhr anschließend nur wenige Kilometer weiter, denn mein Ziel war einer der Overlander-Treffpunkte Indiens schlechthin: Der Strand von Agonda (15°01'52.2"N 73°59'25.8"E). Goa zählt zu den beliebtesten Reisezielen jüngerer Indienreisender. Die Anfänge machten Hippies schon in den 1960er Jahren, die nach ihrer Reise durch Iran, Afghanistan und Pakistan ihr Heil in Indien suchten und sich vermehrt an den Stränden Goas niederließen. Goa war bis 1961 eine portugiesische Kolonie, deshalb war das Leben hier seit jeher etwas freizügiger als in den konservativen Nachbarbundesstaaten. Die Hippies bewohnten Ashrams, lebten in Strandhütten und konsumierten vor allem viele Drogen. Die Regierung ließ sie gewähren. In den 1990er Jahren wuchs an den Stränden Goas eine Partyszene heran, die vor allem zu elektronischer Musik tanzte. Die »Goa-Musik« machte den Bundesstaat über die Landesgrenzen hinaus bekannt. Heute gibt es zahlreiche Orte, die sich komplett auf den Tourismus eingestellt haben. Mit dem Rest Indiens haben diese Orte nicht mehr viel gemein. An diesen Orten ist es sauber, es gibt europäisches Essen und Zimmer, die ausgefallen gestaltet sind – und es gibt dort kaum Kühe. Vor allem aber gibt es viele ausländische Touristen dort, Inder sind hier in der Unterzahl. Der Strand von Agonda zählt zu den etwas ruhigeren Orten Goas, wenngleich die touristische Infrastruktur sehr gut ausgebaut ist. Die ruhige und landschaftlich wunderschöne Lage und die Abwesenheit von Partyvolk haben den Strand von Agonda bei automobilen Überlandreisenden – den Overlandern – besonders beliebt gemacht. Hier kann man es sich einige Tage gemütlich machen und direkt am Strand sein Camp aufschlagen. Niemand kam auf die Idee, dies zu verbieten oder eine Gebühr zu verlangen. Und das hatte sich herumgesprochen. Ich schlug mein Camp am Ende des Strandes unter einer Gruppe von Palmen auf. Dabei achtete ich darauf, dass keine Kokosnuss über mir oder meinem Gefährt baumelte. Eine ganze Woche hielt es mich hier. Im Ort lieh ich mir für einige Tage ein Moped aus und konnte so die Umgebung erkunden, ohne mein Camp jedes Mal abbauen zu müssen. Zudem war ich nie lange allein. Gleich am zweiten Tag bauten Anna und Heiner aus Deutschland ihr Camp neben meinem auf. Ich hatte sie über das Internet kennengelernt, als ich nach einer Begleitung für meinen zweiten China-Transit suchte. Wir hatten uns an dieser Stelle verabredet. Die beiden waren mit einem ausgebauten Toyota Land Cruiser unterwegs und hatten auf dem Weg nach Indien die Strecke direkt durch Iran und Pakistan genommen. Wie ich auf meiner Reise nach Indien hatte erfahren müssen, war es unmöglich, mit dem eigenen Auto durch China zu fahren, wenn man die Reise nicht durch eine Agentur organisieren ließ. Die Agentur stellt dann auch einen Guide, der über die gesamte Reisedauer im Auto sitzen muss, um aufzupassen, dass man die geplante Route auch ja nicht verlässt. Die Kosten sind exorbitant hoch und für einen Normalreisenden nur bezahlbar, wenn man einen Konvoi zusammenstellt und die Kosten in der Gruppe teilt. Die Organisation erfordert einen enormen Aufwand und während der Reise durch China ist man an einen strikten Tagesablauf gebunden. Zudem war ich auf meiner Fahrt an der Grenze und an zahlreichen Checkpoints im Lande von den Offiziellen nicht sonderlich gut behandelt worden. Ich hatte damals sehr genau gespürt, dass Touristen dieser Art nicht willkommen sind und mir daher fest vorgenommen, nie wieder mit dem eigenen Auto durch China zu fahren. Doch damals hatte ich mir noch keine Gedanken über meinen Rückweg nach Deutschland gemacht.

Ich hatte immer noch sehr viel Respekt vor Pakistan, doch die Angst wurde mir von zahlreichen Reisenden genommen, die ich unterwegs kennenlernte und die schon durch Pakistan gereist waren. Anna und Heiner gehörten auch dazu. Also fasste ich den Entschluss, auf meinem Rückweg durch Pakistan und China nach Kirgistan zu fahren und von dort dann über Kasachstan, Russland und das Baltikum nach Hause. Für meinen erneuten China-Transit fand ich überraschend einfach und schnell Mitreisende. Ich wandte mich wieder an die Agentur, mit der ich beim ersten Transit sehr zufrieden gewesen war. Ein zusätzliches Argument für die China-Lösung: Wir würden nur vier Tage lang durch einen kleinen Zipfel Chinas fahren. Mit im Transit-Team waren – neben Anna und Heiner – zwei Holländer mit ihrem Defender, ein älteres schwedisches Paar mit einem Saab samt Campingaufbau und ein Motorradfahrer aus Singapur. Der Transit war für Ende April geplant und ich war gespannt darauf, ob wir uns wieder pünktlich treffen würden. Schon eine Verspätung um einen Tag könnte ein Fahrverbot zur Folge haben, denn die Genehmigung gilt nur für vorher vereinbarte Tage.

Anna und Heiner waren etwa in meinem Alter und kamen aus der Gegend um Stuttgart. Heiner war studierter Ingenieur und hatte sich auf seiner Reise einen prächtigen Bart wachsen lassen. Anna war Ärztin, und beide zusammen hatten sich für einige Jahre eine berufliche Auszeit genommen, um mit ihrem Auto um die Welt zu fahren. Die beiden sollten später nur durch die Corona-Pandemie in Westafrika gestoppt werden, nachdem sie ganz Asien, Australien und Afrika mit ihrem Land Cruiser bereist hatten. Unser Camp war ein richtiger Anziehungspunkt für Overlander. Zu uns gesellte sich noch Pascal aus der Schweiz, der mit einem Ural-Motorrad mit Beiwagen, einem russischen BMW-Nachbau, durch die Welt fuhr. Ihn hatte ich Monate zuvor auf meinem Myanmar-Transit kennengelernt. Gerade hatte er Besuch von seiner Freundin aus der Schweiz, und wie es der Zufall wollte, waren die beiden auch in Agonda. Nur wenige Meter von unserem Camp entfernt stand der Pole Szymon mit seinem ausgebauten Geländewagen. Wir hatten nur kurz Gelegenheit, uns kennenzulernen, denn er hatte schon einige Wochen in Goa verbracht und brach schon bald gen Süden auf. Ben, den ich in

Hampi kennengelernt hatte, stattete uns einen Tagesbesuch ab, und schließlich waren da noch die Briten Kevin und Heike, die schon eine gefühlte Ewigkeit mit ihrem Geländewagen um die Welt fuhren und gerade ihr Auto von Afrika nach Indien verschifft hatten. Agonda ist einer der Orte, die man nur schweren Herzens verlässt. Nach den langen Reisetagen tat mir diese Auszeit unheimlich gut. Reisen, so stellte ich wieder einmal fest, kann auch sehr anstrengend sein. Hier zeigte es sich jedoch von seiner angenehmen Seite. Das Essensangebot war mit indischer, südasiatischer und europäischer Küche sehr ausgewogen und hier genehmigte ich mir auch das mit Abstand leckerste Tiramisu meines Lebens. Dadurch, dass ständig Leben um mein Camp herum war, wurde es auch nie langweilig. Ab und zu kamen andere Touristen vorbei und bestaunten unsere Autos. Abends gab es dann bei einem Glas Rotwein viele spannende Geschichten zu hören, an denen uns vor allem Kevin und Heike teilhaben ließen. Und jeden Tag aufs Neue gab es einen Sonnenuntergang wie aus dem Bilderbuch. Der Himmel war blutrot gefärbt, und während die Sonne ins Meer eintauchte, fuhr ein Fischerboot in die Szenerie hinein, dass man glaubte, gerade in einem Traum zu sein. Tagsüber konnte man mit etwas Glück von einem nahe gelegenen Felsen Delfine im Meer sehen oder im Hinterland Affenbanden beim Spielen beobachten. Nachts lag ein herrlicher Sternenhimmel über dem Strand und bei dem sanften Rascheln der Palmen im Wind hatte ich nie Probleme einzuschlafen. Hier fasste ich auch den Entschluss, ein Buch über meine Reise zu schreiben, und brachte die ersten Wörter zu Papier. Kurzum – ich war einfach unglaublich glücklich in Agonda.

Etwas besorgt war ich allerdings wegen eines Problems mit dem Pajero. Ich hatte Schwierigkeiten, ihn zu starten, und wie mir der mechanisch versierte Kevin am Strand von Agonda erklärte, lag es am Anlasser, der sich ins Leere drehte. Ich musste in den nächsten Tagen eine Werkstatt aufsuchen, das stand fest. Jeder Startvorgang war mit einer gewissen Anspannung verbunden: Sprang mein Gefährt an oder nicht?

Nachdem ich eine Woche am Strand von Agonda verbracht hatte, machte ich mich auf in Richtung Norden, wenngleich erst einmal nicht sonderlich weit, denn 100 Kilometer weiter nördlich, in Anjuna, hatten sich meine neuen Freunde aus Hampi ein Ferienhaus am Strand gemietet. Ben hatte mich gefragt, ob ich ihnen nicht Gesellschaft leisten wolle, denn auf dem Grundstück des Ferienhauses gab es genug Platz, um mein Camp aufzuschlagen. Die Einladung nahm ich sehr gerne an. Der Strand von Anjuna war bei jungen Reisenden wegen der ausgelassenen Partyszene beliebt. Obwohl ich solche Orte auf meiner Reise eher mied, freute ich mich, nach langer Zeit mal wieder tanzen zu gehen. Zudem sollte in zwei Tagen das berühmte Holi-Fest stattfinden, an dem sowieso ganz Indien feiern würde. Ich freute mich darauf, in Anjuna wieder auf vertraute Gesichter zu treffen und wurde von meinen Freunden bereits mit Freude erwartet. Schon am ersten Abend bestätigte sich aber mein Vorurteil, das mich von solchen Partyorten bisher ferngehalten hatte. Allen hier ging es nur darum, so schnell wie möglich, so viele Drogen wie möglich zu konsumieren.

Ich war mit der Gruppe, die das Haus gemietet hatte, zu einem Freiluftkonzert aufgebrochen und lauschte begeistert der Gitarrenmusik junger Künstler. Doch kaum jemand aus meiner Gruppe bekam davon überhaupt etwas mit. Sie kullerten sich über die Wiese und tauschten sich über ihre Trips aus. Unterhalten konnte man sich schon lange nicht mehr mit ihnen. Als sie dann langsam von ihrem Trip runterkamen, suchten sie zunächst verzweifelt nach Wasser, um sich danach weitere Tabletten einzuwerfen, die sie erneut in eine andere Welt katapultierten. Wahrscheinlich war ich der Einzige unter den vielleicht 200 Konzertbesuchern, der nicht unter Drogeneinfluss stand. Was machte ich eigentlich hier? Wollte ich nicht genau so ein Umfeld meiden? Ich sehnte mich zurück an Orte wie Auroville, Puri oder Varanasi. Zwar war ich froh, in Goa einige Tage dem indischen Wahnsinn und Überfluss an Eindrücken zu entfliehen, aber an einem solchen Ort fühlte ich mich überhaupt nicht wohl. Ich war kurz davor, mich einfach davonzuschleichen und weiterzufahren. Doch am nächsten Tag wurde das Holi-Festival gefeiert und ich hoffte, dass meine Freunde da etwas herunterfahren würden.

Das Fest der Farben ist ein hinduistisches Frühlingsfest, das abhängig vom Vollmond im Zeitraum Ende Februar bis Mitte März gefeiert wird. Das Besondere an diesem Fest ist, dass für einige Tage die Schranken zwischen Kaste, Geschlecht, Alter und gesellschaftlichem Status aufgehoben werden. Die guten Klamotten sollte man bei den ausgelassenen Feiern jedoch zuhause lassen, denn die Menschen bewerfen sich mit Farbpulver oder gefärbtem Wasser. Wie hinter jedem hinduistischen Fest steht auch hinter Holi eine Geschichte aus der komplexen hinduistischen Götterwelt. Hier geht es um einen kindlichen Prinzen, der sich dem Wunsch des Vaters widersetzt, ihn als Gott zu verehren. Stattdessen bleibt er dem Hindugott Vishnu treu. Der König versuchte nun, seinen Sohn umbringen zu lassen, scheiterte aber immer wieder daran, dass Vishnu seine schützende Hand über den Prinzen hielt. Und selbst der Schwester des Königs, Holika, die durch einen Zauber gegen Feuer geschützt war, gelang es nicht, den Prinzen zu töten. Sie sprang mit ihm ins Feuer, aber wie durch ein Wunder blieb er verschont und Holika fand in den Flammen den Tod. Das Fest feiert also den Sieg des Guten über das Böse oder auch den Übergang vom Winter zum Frühling. Bei den Menschen soll an diesem Tag der Versöhnungsaspekt im Vordergrund stehen. Alte Streitigkeiten sollen beigelegt werden. Bei den Feierlichkeiten wird auch reichlich Alkohol konsumiert, sodass man sich zu später Stunde lieber in Sicherheit bringen sollte. Ich kannte Holi schon aus Deutschland und hatte von verschiedenen Freiluft-Konzerten gelesen, bei denen kleine Päckchen mit Farbpulver verteilt und zu einem vereinbarten Zeitpunkt gleichzeitig in die Luft geworfen wurden, sodass die buntesten Farben auf die Zuschauer rieselten. Ich war also gespannt, was mich hier in Anjuna erwartete. Wie empfohlen, zog ich mir eine ausgewaschene kurze Hose und ein einfaches weißes T-Shirt an. Wir mussten nur der Musik folgen und schon erreichten wir einen ersten Pulk ausgelassen feiernder Menschen. Überraschenderweise waren es fast ausschließlich Inder, die hier feierten. Von westlichen Touristen war nichts zu sehen. Ich warf mich gleich ins Getümmel und tanzte mit der Gruppe heiter um die Wette. Ich war keine 10 Sekunden unter den Tanzenden, als mir schon eine erste, ordentliche Ladung Farbpulver ohne Vorwarnung ins Gesicht geschleudert wurde. Und das ging gleich ins Auge. Es dauerte eine ganze Weile, um wieder richtig sehen zu können. Innerhalb einer halben Stunde war ich von oben bis unten mit grüner, blauer, gelber, roter und rosa Farbe eingepudert. Rein äußerlich war ich überhaupt nicht mehr von den Indern zu unterscheiden, die um mich herum weiter ausgelassen tanzten. Das Fest erfüllte also seinen Zweck. Auch die Kühe am Wegesrand kamen nicht ungeschoren davon und wurden von oben bis unten eingefärbt. Zum späten Nachmittag hin merkte ich allerdings auch, dass es manch ein Inder übertrieb. Beim Tanzen lernte ich eine Hamburgerin kennen, die nach einiger Zeit vom indischen Partyvolk genug hatte. Je später der Tag wurde, desto öfter wurde sie in den Po gekniffen. Auch ich hatte nach der zehnten Ladung Farbe, die ich aus kürzester Distanz ins Gesicht geworfen bekam, genug und brachte mich mit der Hamburgerin in Sicherheit.

Am nächsten Tag ließ ich Ajuna hinter mir und fand nach einer Stunde Fahrt eine Werkstatt, die ich wegen meines Starterproblems ansteuerte. Mein Auto sprang mittlerweile erst nach zahlreichen Versuchen an, was die Abfahrt jedes Mal zu einem Glückspiel machte. Ich versuchte den Werkstattmitarbeitern das Problem zu beschreiben und sie machten sich sogleich ans Werk. Mit viel Mühe gelang es ihnen, den handgroßen Startermotor auszubauen. Einige Schrauben waren so fest, dass gleich zwei Inder halb im Motorraum steckten, um sie zu lösen. Eine Hebebühne gab es nicht. Ein Mechaniker zerlegte den Anlasser und zeigte mir nach einer Weile die Ursache des Problems. Ein Zahnrad war so zerschlissen, dass es meist ins Leere lief. Ein Ersatzteil war weder auf Lager, noch konnte man es in der Stadt auftreiben. Nach einigen Telefonaten teilte mir der Werkstattleiter mit, dass er das Ersatzteil in Mumbai beschaffen müsse. Ich hatte also ein Problem: Es waren nur noch drei Tage bis zu meinem Geburtstag, den ich eigentlich in Mumbai feiern wollte. Dort war ich auch bei der Familie von Roshnee eingeladen. Nun sah ich mich schon meinen 31. Ehrentag auf dem heruntergekommenen Werkstatthof am Rande der Stadt Vasco da Gamas alleine feiern. »No Problem, Sir! Ich habe einen Schwager in Mumbai, der kann das Teil besorgen. Wenn er den Nachtzug bekommt, ist er morgen Vormittag hier.« Das war eine Überraschung! So richtig konnte ich es nicht glauben. Aber was blieb mir anderes übrig? Ich konnte jetzt nicht mehr weiterfahren, soviel stand fest. Also bezahlte ich den Preis für das Ersatzteil. Die Lieferung sollte gratis sein, versicherte mir der Mitarbeiter. Und es war kein Problem, wenn ich die Nacht im Auto verbringen würde. Zuvor hatte ich den staunenden Kollegen mit einer »Führung« durchs Auto deutlich gemacht, dass es auch mein Zuhause war. Das war immer wieder eine schöne Erfahrung in Indien. Wie verrückt man auch sein mochte, man brachte so schnell keinen Inder aus der Fassung. Mit dem typischen Kopfschütteln und einem Lächeln nahmen die Mitarbeiter es als selbstverständlich hin, dass ich im Auto lebte. Allerdings stand mein Gefährt mächtig schräg und war zudem von anderen Kunden eingeparkt. Die Nacht würde wohl etwas ungemütlich werden (*15°23'52.0"N 73°50'12.0"E*). Zudem lag die Werkstatt in einem recht heruntergekommenen Außenbezirk, sodass ich mich fragte, wo ich hier wohl etwas Anständiges zu essen finden würde. Ich folgte dem Rat der Mitarbeiter und fand ein einfaches Straßenrestaurant unweit der Werkstatt. Inmitten von Fabrikarbeitern und Tagelöhnern aß ich Dahl mit Bohnen, dazu gab es Brot und Wasser. Das Gericht aus Kichererbsen ist überall in Indien weit verbreitet und stillt täglich den Hunger von Millionen Menschen. Mittlerweile war mein Magen auch schon so abgehärtet, dass ich keine Sorge wegen eventueller Magen-Darm-Probleme hatte. Und ich hatte sogar noch mal Glück an diesem Tag: Es stellte sich heraus, dass eine Freiwillige aus dem Impact-Kiosk-Team, das ich in Varanasi kennengelernt hatte, nur wenige Kilometer von der Werkstatt entfernt wohnte. Die Inderin Sarika sammelte mich am Abend mit ihrem Motorroller ein und zeigte mir einige schöne Ecken ihrer Stadt. Nach dem Abendessen brachte sie mich wieder zurück zum Werkstatthof und ich kroch unter dem Bellen des Werkstatthundes eilig in meine schräge Schlafkoje.

Tatsächlich traf am Mittag des nächsten Tages das Ersatzteil in der Werkstatt ein. Ich hatte schon damit gerechnet, einige Tage auf dem Hof der Werkstatt wohnen zu müssen, und war unglaublich glücklich, als zum Nachmittag der Pajero mit einem beständigen Schnurren ansprang. Doch lange sollte es nicht mehr hell sein. Mit dem letzten Tageslicht schaffte ich es noch nach Arambol, ganz im Norden Goas. Hier fiel ich erschöpft ins Bett. Der nächste Tag sollte hart werden. Ich wollte die 550 Kilometer bis nach Mumbai fahren. Es war der Tag vor meinem Geburtstag und ich wollte unbedingt zu meinem Geburtstag das Auto stehen lassen. Elf Stunden anstrengende Autofahrt lagen vor mir.

Kapitel 11

Bilder | Videos | Karten

Mumbai
Abenteuer Megametropole

Bisher hatte ich Großstädte in Indien gemieden. Die Erfahrungen in Varanasi hatten mich geprägt. Trotzdem steuerte ich nun eine an. Ich folgte der Einladung des älteren indischen Ehepaars, das ich in den ersten Tagen in Indien auf einer Nashornsafari kennengelernt hatte. Das Treffen mit ihrer Tochter und deren Freunden in

Kochi war ebenfalls sehr angenehm gewesen, sodass ich genügend Gründe hatte, nach Mumbai zu reisen. Zudem wohnten hier Prannay und Reva, die ich in Varanasi beim Bau des Impact Kiosks kennengelernt hatte. Mittlerweile hatte ich ein richtiges Netzwerk an Bekanntschaften in Indien aufgebaut. Trotz aller Vorfreunde, meine indischen Freunde zu sehen, steuerte ich Mumbai mit gemischten Gefühlen an. Mir graute es vor dem Verkehrschaos. Und es war Freitag, daher erwartete ich lange Staus. Als ich nach zehn Stunden Fahrt am Nachmittag die Peripherie der Großstadt erreichte, war ich durchaus positiv überrascht. Der Verkehr rollte. Aus der Stadt heraus gab es allerdings lange Staus. Ich fuhr also antizyklisch und hatte bis zu meinem Zielort überhaupt keine Probleme. Breite Straßen, oft frei von Rikschas, Fahrrädern und Kühen machten das zügige Fahren möglich. Trotzdem war ich froh, dass ich mit dem Navigationssystem auf meinem Smartphone eine technische Unterstützung hatte. Ich fragte mich, wie ich wohl vor zehn Jahren die beschriebene Adresse gefunden hätte.

Wie jede Megametropole auf der Welt hat auch Mumbai mal klein angefangen. In der Region hatten sich hauptsächlich Fischer zu einer Siedlung zusammengeschlossen. Mitte des 16. Jahrhunderts wurde das Siedlungsgebiet den Portugiesen überlassen, die zuvor an den Küsten Keralas und Goas gelandet waren. Sie gaben der Gegend auch den Namen, der lange Zeit die aufstrebende Stadt gekennzeichnet hat. »Bom baim« heißt übersetzt »schöne (kleine) Bucht«. Doch die Portugiesen konnten sich nicht lange in dem Gebiet halten, schon bald kontrollierte die britische East India Company das Siedlungsgebiet und verballhornte den Namen der langsam entstehenden Stadt zu »Bombay«. Die Stadt, nun Bombay genannt, etablierte sich als wichtige Hafenstadt und wuchs in den folgenden Jahrhunderten beständig. Mit der Fertigstellung des Suez-Kanals 1869 erlangte die Hafenstadt eine wichtige Bedeutung für die europäischen Märkte und wurde zu der bedeutendsten Hafenstadt Indiens. Heute wird in den Häfen Mumbais, wie sie seit 1995 heißt, die Hälfte des indischen Außenhandels abgewickelt. Zahlreiche Fabriken entstanden im unmittelbaren Umfeld und im letzten Jahrhundert kam noch eine mächtige Dienstleistungs- und Finanzindustrie dazu. Ein Drittel der indischen Steuereinnahmen wird in Mumbai erzielt. Durch den nie endenden wirtschaftlichen Aufschwung wurde Bombay im 20. Jahrhundert das gelobte Land der Inder, die nach Arbeit suchten und ihre ärmlichen Dörfer auf dem Land verließen. Innerhalb von nur 100 Jahren wuchs die Einwohnerzahl von einer Million auf 16 Millionen. Wenn man die Städte um Mumbai mit einbezieht, leben im Ballungsraum nun fast 30 Millionen Menschen. Es gibt nur wenige Gebiete auf der Welt, die ebenso viele oder mehr Menschen beheimaten. Durch das unkontrollierte Wachstum ist Platzmangel eines der Hauptprobleme von Mumbai. Hochhäuser und Wolkenkratzer sind wie Pilze aus dem Boden geschossen. Daneben haben aber auch viele historische Gebäude den Wandel überstanden. Viele Superreiche Indiens haben sich hier ein Anwesen gebaut oder ein Penthaus erstanden. Dazu hat auch die Filmindustrie beigetragen, die sich unter dem Namen »Bollywood« weltweit einen Namen gemacht hat und jährlich hunderte Filme produziert. Während ein kleiner Teil der Einwohner millionenteure Luxusappartements kauft, lebt die Hälfte der Einwohner Mumbais in Slums ohne Sanitäreinrichtungen. Die Slums machen nur 6% der Stadtfläche aus. Und täglich kommen Schätzungen zufolge um die 500 neue Wirtschaftsflüchtlinge in die Stadt. Die Überbevölkerung hat auch viele Spannungen zwischen den Minderheiten ausgelöst. Das rief rechtsextreme Parteien auf den Plan, die sich rasch einer enormen Beliebtheit erfreuen konnten. Als die rechtsgerichtete Maharashtra-Partei an die Macht kam, wurde das Leben vieler Muslime schwerer. Aufgewiegelte Hindu-Banden töteten um die Jahrtausendwende tausende muslimische Einwohner. Im Gegenzug gab es zahlreiche terroristische Anschläge auf Ziele des öffentlichen Nahverkehrs, bei denen hunderte Menschen starben. Sie wurden von militanten Organisationen aus Pakistan gesteuert und hatten das alleinige Ziel, so viele Ungläubige wie möglich zu töten. Im Westen sind vor allem die Anschläge vom 26. November 2008 bekannt, bei denen ein zehnköpfiges Terrorteam bei Ausländern beliebte Ziele angriff. Fast 200 Menschen kamen dabei ums Leben. Seit 2011 gab es keine größeren Anschläge mehr in Mumbai. Doch die Angst vor einem erneuten Aufflammen der terroristischen Gewalt in der Megametropole ist heute noch omnipräsent. Der Name Mumbai wurde übrigens auf Initiative der nationalistisch-hinduistischen Partei Shiv-Sena eingeführt und 1996 vom Stadtrat per Gesetz als offizielle Bezeichnung der Stadt festgelegt. Er soll auf Namen regionaler Hindu-Gottheiten zurückgehen.

Meine Gastgeber nahmen mich herzlich in der Stadt auf. Chetan und seine Frau Bharati waren beide Ärzte und hatten eine Wohnung direkt über ihrer Praxis. Ihre Tochter wohnte in ihrer alten Wohnung, die in unmittelbarer Nachbarschaft lag. Hier zeigte sich schon das moderne Bild der Großstadt, denn normalerweise würde die Tochter bis zur Hochzeit bei den Eltern wohnen. Da ihre Tochter Roshnee noch bis zum Abend in der Universität war, zeigten mir die beiden die Wohnung der Tochter, wo sie auch ein Gästezimmer für mich eingerichtet hatten. Ich fühlte mich fast wie der zukünftige Schwiegersohn der Familie, so herzlich waren die beiden zu mir. Wir unterhielten uns kurz über meine bisherige Reise. Da Roshnees Eltern auf dem Sprung waren, verabredeten wir uns für den nächsten Tag und ich versprach ihnen eine kleine Präsentation meiner Reise vorzubereiten. Sie überließen mir den Schlüssel der Wohnung und gaben mir noch einige Empfehlungen für eine kleine Besichtigungstour in der Umgebung. Gerade als ich mir überlegte, wo ich etwas zu essen herbekäme, vibrierte mein Telefon. Der Engländer Matt, den ich im Hostel in Munnar kennengelernt hatte, war ebenfalls in Mumbai und fragte, ob ich nicht mit ihm in ein Irish Pub gehen wolle. Es war St. Patricks Day, der natürlich auch hier im fernen Indien, wenn auch nur in den Irish Pubs der Großstädte, gefeiert wird. Wir verabredeten uns für 19 Uhr im Pub »The Irish House«, das nur wenige Taxi-Minuten vom Haus meiner Gastgeber entfernt war. Im Pub angekommen, wartete ich eine ganze Weile auf Matt, doch der tauchte einfach nicht auf. Nach einigen Versuchen erwischte ich ihn am Telefon. »Mathias, wo bist du? Ich warte hier schon seit einer halben Stunde auf dich!« Ich erklärte Matt, dass ich ebenfalls seit geraumer Zeit im Pub sei und wir einigten uns darauf, uns vor der Tür zu treffen. Denn im Pub war es mächtig voll. Vor der Tür gab es aber auch keine Spur von Matt. Als ich ihn erneut am Telefon hatte, fanden wir heraus, dass es zwei »The Irish House«-Pubs in Mumbai gibt, die im Abendverkehr fast eine Stunde voneinander entfernt waren. Auf eine nächtliche Stadtrundfahrt hatte ich wenig Lust. Wir einigten uns also darauf, uns am nächsten Tag zu meinem Geburtstag zu sehen und ich mischte mich wieder unter die Besucher des Pubs. Ich wollte zumindest ein Guinness trinken, wenn ich schon mal da war. An der Bar lernte ich den Inder Ranveer kennen. Sein Turban gab Aufschluss über seine Religion. Ranveer gehörte den Sikh an, einer Glaubensgemeinschaft, die in Indien fast 30 Millionen Anhänger zählt. Ranveer arbeitete in einer Bank und genoss seinen Feierabend. Als ich ihm von meiner Reise erzählte, war er total begeistert. Er rief sofort einen Freund an und bat ihn, vorbeizukommen und mich kennenzulernen. Und so war ich wenigstens nicht allein im Pub. Hinter dem Tresen stand ein großes Schild und warb für das St-Patricks-Day-Spezialangebot: Zwei Guinness zum Preis von einem. Das ließ ich mir natürlich nicht entgehen und lud meinen neuen indischen Freund gleich ein. Es gab zwar nur Guinness aus der 0,4-Liter-Dose, aber das war mir egal. Guinness und St-Patricks-Day gehören einfach zusammen. Der Barkeeper bat mich auch gleich zur Kasse und dabei fiel ich fast vom Barhocker. In Indien werden Güter, die aus dem Ausland importiert werden, mit sehr hohen Zöllen versehen. Und bei Alkohol ist der Zoll besonders hoch. Somit kostete eine 0,4 Liter-Dose Guinness stolze 20 Euro. Immerhin bekam ich zu Ehren St. Patricks gleich zwei davon, trotzdem ist es bis heute das teuerste Bier geblieben, das ich je getrunken habe.

Zu meinem Geburtstag schenkte mir Roshnee eine kleine Führung durch ihre Heimatstadt. Ich hatte mir Mumbai deutlich chaotischer vorgestellt und war zunächst sehr angenehm überrascht. Vor allem der Stadtteil Colaba mit seinen vielen viktorianischen Bauten zog mich in seinen Bann. Eines der wichtigsten Bauwerke und Wahrzeichen Mumbais ist das Gateway of India. Der Triumphbogen wurde zum Besuch des britischen Königs Georg V. als repräsentativer Schiffsanleger für Dampfer aus Übersee errichtet, eben als die »Pforte Indiens«. Schließlich war er am 28. Februar 1948 der Punkt, von dem aus die letzten britischen Truppen das Land verließen. Heute ist das prächtige Tor wohl das Motiv, das sich auf den meisten Fotos von Mumbai-Besuchern wiederfindet.

Wahrscheinlich gibt es nirgendwo auf der Welt ein so schönes Bahnhofsgebäude wie den Chatrapati Shivaji Maharaj-Hauptbahnhof von Mumbai. Das Gebäude im Stil der viktorianischen Neogotik könnte mit seinen vielen Türmen direkt aus einem Harry-Potter-Film stammen. Abseits des Verkehrstrubels und der Menschenmassen gibt es aber auch ruhige Plätze in der Stadt. An den Uferpromenaden und kleineren Strandabschnitten kommt das Leben zur Ruhe. Und inmitten der pulsierenden Metropole liegt das Nobelviertel Malabar Hill mit seinen Schweigetürmen. Von außen sind sie nur schwer zu erkennen, da sie von einer Mauer aus Grünpflanzen verdeckt werden. So wissen nur wenige, dass sich im Herzen Mumbais ein Platz befindet, wo die Religionsgruppe der Parsen ihre Toten bestattet. Die Parsen stammen aus der Region des heutigen Irans und sind Anhänger des Zoroastrismus. Ihre Toten werden auf sogenannten Schweigetürmen, den Dokhmas, bestattet und von Bestattern in Stücke zerlegt. Geier und Raben machen sich dann über die Leichname her und lassen nur noch abgenagte Knochen übrig. Während diese Methode der Bestattung im Iran verboten ist, wird sie in Mumbai noch praktiziert und manch ein Bewohner der Umgebung musste auf seinem Balkon fallengelassene Leichenteile beseitigen.

Am Abend feierten wir meinen Geburtstag im beliebten Hardrock Café. Roshnee hatte die Freunde mitgebracht, die ich zuvor in Kochi kennengelernt hatte. Wie es der Zufall wollte, waren neben Matt auch noch die Australierin Jerry und ein weiterer Reisekumpan aus England in Mumbai und feierten mit mir meinen Ehrentag. Obwohl ich alleine in Indien unterwegs war, feierte ich also mit einer Gruppe von 8 Personen in der größten Stadt Indiens. Verrückt! Auch die Bar bekam Wind von meinem Geburtstag. Alle (20!) Angestellten tanzten und sangen ein Geburtstagslied für mich und reichten mir einen Kuchen, der natürlich am Ende in meinem Gesicht landete. Die ganze Bar feierte mit und nachdem wir in einem alten VW-Bulli in einen anderen Club gefahren waren, torkelte ich am Ende mit einem gigantischen Mexikanerhut nach Hause. Woher der stammte? Ich hatte keine Ahnung.

Noch zwei weitere Tage verbrachte ich in der Großstadt. Das Auto mal stehen zu lassen und mit den öffentlichen Verkehrsmitteln die Stadt zu entdecken, machte mir unglaublich viel Spaß. Am meisten liebte ich es, in den offenen Türen der Metrozüge zu stehen und den angenehmen Fahrtwind in den Haaren zu spüren. Ich traf Reva und Praannay in ihrem Künstlerviertel und Roshnee zeigte mir ein Restaurant, in dem man das leckerste Thali bekam, das ich in meinem Leben gegessen habe (*18°57'14.0"N 72°48'53.0"E*). Thali ist eine Zusammenstellung verschiedener regionaler Gerichte, Chutneys und Currys in kleinen Blechschälchen, die zusammen mit Brot und unterschiedlichen Soßen auf einem runden Tablett serviert werden. An dieses Essen könnte ich mich nur zu gern gewöhnen. Am letzten Abend in Mumbai zeigte ich meinen Gastgebern Fotos von meiner Reise und war fast etwas traurig, dass ich morgen schon wieder weiterfahren musste. So vieles gab es in dieser Stadt, das noch entdeckt werden wollte. Aber der Weg nach Hause war weit und ich hatte nur noch drei Monate Reisezeit, um bis nach Dresden zu kommen. Mit den ersten Sonnenstrahlen des neuen Tages machte ich mich also wieder auf den Weg. Die Straßen waren mal wieder überraschend leer, denn der Großteil der Pendler war damit beschäftigt, in die Stadt zu fahren. Entgegen dem Strom fuhr ich weiter nach Norden.

Nächstes Ziel: Nashik. Bei einer Pause notierte ich mir noch folgende Verkehrsregel in mein Notizbuch:

29. Um größeres Verkehrschaos in den Megametropolen Indiens zu meiden, sollte man unbedingt antizyklisch rein oder rausfahren. Entgegen dem Strom ist zwar auch viel los, aber man ist wenigstens in Bewegung.

Teil 4 – Der Nordwesten

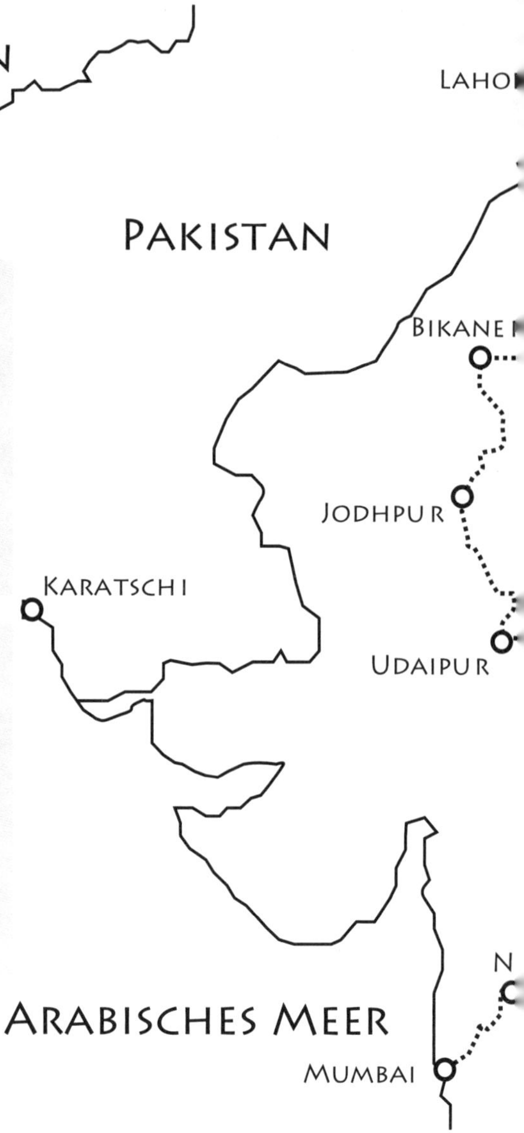

Mein Versuch, Indien zu verstehen:

- Die begabtesten Steinmetze kommen aus Indien!
- Wie verhalte ich mich bei einem Unfall?
- Die Kriegerkaste lebt in Rajasthan auf der Straße!
- Wo werden Ratten verehrt?
- Was kann man beim Radwechsel verkehrt machen?
- In Amritsar steht der schönste Tempel der Welt!

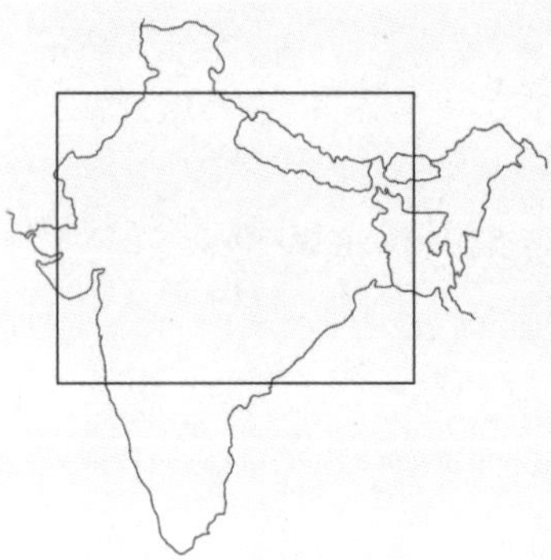

MRITSAR
RISHIKES H
CHINA
NEPAL
DELHI
HKA R
KATHMANDU
AGRA
RANTHAMBHORE
NATIONAL PARK
VARANASI
MANDU
INDIEN
AJANTA
ELLORA
PURI
GOLF VON
BENGALEN

Kapitel 12

Bilder | Videos | Karten

Zwischen Ellora und Ajanta
Die Pracht altertümlicher Baukunst

Ein langgezogenes »Oooommmmm« schallte durch den Raum, begleitet von einem beständigen Tropfen. Es roch modrig. Nur wenig Licht drang in die Höhle. Mit Mühe und mit Unterstützung der Taschenlampe konnten wir in den Basalt geschlagene Säulen und Buddha-Figuren erkennen. Der Raum war keine zwei Meter hoch, dafür bestimmt 200 Quadratmeter groß. Kaum zu glauben, dass all das von Menschen geschaffen worden war. Mit simplen Werkzeugen, vor hunderten von Jahren aus dem Fels geschlagen. Erneut ließ Pratik ein langes »Om« durch die Halle summen. Eine mystische Atmosphäre. Von außen war der Ort unscheinbar, ein karger, dunkelgrauer Felsen am Rande der indischen Stadt Nashik. Die wenigen Pflanzen am Felsen waren vertrocknet und wie der Boden von Staub bedeckt. Ein einzelner Baum blühte jedoch in voller weißer Pracht, und eben dort offenbarte der Felsen sein anderes Gesicht. Kunstvolle Reliefs, Säulen, Figuren und verschiedene Muster waren in den Stein geschlagen. Und im Inneren lag die große Halle, in der langsam das »Om« verhallte. »Gefällt es dir?«, fragte mich Pratik, dem mein Staunen nicht entgangen war. »Ich bringe öfter Ausländer hierher. Das ist ein wunderschöner Ort«, berichtete er mir stolz.

Der Ort Nashik hatte zunächst nicht auf meiner Route gelegen. Doch in Auroville hatte mir der Inder Gaurav während unserer gemeinsamen Arbeit im Jugendzentrum von seiner Heimat vorgeschwärmt und mich nach Nashik eingeladen. Doch als ich ihm aus Mumbai schrieb, dass ich in wenigen Tagen in seiner Geburtsstadt sein würde, antwortete er mir enttäuscht, dass er noch in Auroville sei, aber ich könne mich an seinen besten Freund Pratik wenden, einen Landschaftsfotografen, der Besuchern gerne die Umgebung von Nashik zeige. Ich nahm das Angebot dankend an. Nach den letzten Wochen in den stark touristisch geprägten Regionen freute ich mich, mal wieder etwas Zeit mit Indern zu verbringen. Zudem hatte ich ein gutes Gefühl, das mich mal wieder nicht täuschen sollte. Pratik empfing mich in einem ruhigen Stadtteil, in dem er mit seiner Mutter und seinem Bruder lebte. Die Häuser waren durchgehend zweigeschossig und von gepflegten Gärten umgeben. »Leider haben wir kein Gästezimmer, aber Gaurav erzählte mir, dass du auch in deinem Auto schlafen kannst. Ansonsten habe ich aber auch noch einen Freund in der Innenstadt, der dich aufnehmen kann«, gestand mir mein Gastgeber etwas verlegen. Für mich war das natürlich kein Problem, aber Pratik war mit der Situation nicht ganz zufrieden. Später erklärte er mir, dass seine Mutter etwas skeptisch gegenüber Fremden sei. Als ich sie dann kennenlernte, kam ich aber sofort sehr gut mit ihr zurecht – auch ohne dieselbe Sprache zu sprechen. Bevor ich mich nach dem ersten Abend ins Autobett schlich, kam sie neugierig mit ihrem Sohn vorbei. »Meine Mutter würde gern in dein Auto schauen. Ich habe ihr oft erzählt, dass auch ich gern mit dem Auto durch ganz Indien fahren würde. Aber sie sagt immer, dass das unmöglich sei und keiner in Indien so etwas machen würde.« Das war natürlich eine Steilvorlage und ich zeigte der Mutter geduldig jeden Winkel meines kleinen Wohnmobils. Pratik übersetzte und seine Mutter gab Laute des Staunens von sich. Am nächsten Tag fuhr mich Pratik mit dem Kleinwagen seiner Mutter durch die Stadt und wollte mich seinen Freunden vorstellen. Während der Fahrt erklärte er mir, dass seine Mutter besonders von meiner kleinen Einbauküche begeistert sei. »Jetzt hat sie keine Argumente gegen meine Reisepläne mehr!«, freute sich Pratik und ergänzte: »Jetzt muss ich nur noch meinen Führerschein machen.«

Pratiks Freunde hatten interessante Freizeitbeschäftigungen. Einer war Dichter, ein anderer Filmemacher und eine Freundin war Model. Ich fühlte mich sofort wohl in der Gruppe kreativer, moderner, aber auch bodenständiger junger Inder. »Nashik ist einer der vier Orte, wo die größte religiöse Versammlung der Welt stattfindet – die Kumbh Mela«, erklärte mir der Filmemacher Sudam. »Der Legende nach sind bei einem Götterstreit vier Tropfen des Unsterblichkeitsnektars auf die Erde gefallen. Eine der Stellen ist demnach Nashik. Wenn Jupiter, Sonne und Mond in einer bestimmten Konstellation zueinander stehen, kommt der Saft der Unsterblichkeit in den Flüssen, die die heiligen Städte durchfließen, zur Geltung. Millionen von Pilgern machen sich dann in die Wallfahrtsorte auf, um ein Bad in der Unsterblichkeit zu nehmen.« Das Model Snehal ergänzte: »Die Kumbh Melas finden immer abwechselnd in Prayagraj, in Hardiwar, in Uikain oder in Nashik statt. Die letzte in Nashik war erst vor zwei und die nächste ist erst wieder in zehn Jahren. Der Hauptzweck der Pilgerfahrt ist die rituelle Waschung an einem besonders heiligen Ort zu einem besonders heiligen Zeitpunkt. Die Ufer von unserem Fluss, dem Godavari, sind dann voll mit Pilgern.« Ich war also zwei Jahre zu spät, aber wenn ich ehrlich war, wollte ich an so einem Ereignis auch gar nicht teilhaben. Kaum auszumalen, wie es sein muss, wenn Millionen Pilger alle gleichzeitig ein Bad im Fluss nehmen. Zumal der gerade gar nicht so viel Wasser führte. »Weißt du was, Mathias? Lass uns doch nach Trimbak fahren!« Pratik holte mich aus meinen Gedanken zurück. »Das Dorf liegt nur eine halbe Stunde von hier. Dort entspringt der Godavari. Es ist ein besonders heiliger Ort!« Auch Sudam fand die Idee super und nur wenig später knatterten Sudam und ich mit Pratik als Fahrer, der keinen Führerschein hatte, im Kleinwagen nach Timbrak. Mich erinnerte der Ort sofort an Varanasi. Die Luft war geschwängert von Spiritualität. In Gruppen zogen die Menschen mit weißen oder orangefarbenen Gewändern zu verschiedenen Tempeln, um im Tempelteich ihre rituellen Waschungen vorzunehmen. Bettler fragten nach Almosen und Sadhus mit aschebedeckter Haut und Rastalocken zogen durch die Menge. Im Unterschied zu Varanasi ging es in Trimbak allerdings überraschend ruhig zu und es waren bei weitem nicht so viele Menschen auf der Straße wie in der Stadt am Ganges. So konnten wir gemütlich das spirituelle Treiben auf den Straßen beobachten. »Schade, dass ich morgen wieder arbeiten muss. Es gibt noch sehr viel in der Umgebung zu sehen«, bedauerte Pratik. Ich nahm seine Worte kaum wahr, so vertieft war ich in die Klänge einer Zeremonie, die gerade begonnen hatte. Dieses Land zog mich immer mehr in seinen Bann.

Mein Weg sollte weiter in Richtung Rajasthan gehen. Vorher wollte ich aber noch unbedingt die Höhlenanlagen von Ellora und Ajanta besichtigen. »Das wird dich umhauen!«, meinte Pratik nur zu mir. Der Abschied fiel mir schwer. In den zwei Tagen in Nashik hatte ich mich schon heimisch gefühlt. Mit Pratik bin ich noch heute in Kontakt. Er hat mit seiner Kamera tatsächlich schon halb Indien besucht. Allerdings war er unterwegs mit Bus und Bahn, denn einen Führerschein hat er bis heute nicht.

Es waren nur 200 Kilometer bis zu den Ellora-Höhlen. Für indische Verhältnisse ein Katzensprung. Und Pratik hatte Recht. Der Besuch der Höhlenanlage war wirklich einprägsam. Worte und selbst Bilder können nur schwer beschreiben, was Menschen dort vor Jahrhunderten geleistet haben. In der Gegend um Ellora entstanden vor 1.800 Jahren erste Felsenhöhlen. Zu dieser Zeit war ein Großteil der Bevölkerung dem Buddhismus zugewandt und viele Mönche pilgerten durch das Land. Um sich vor den anhaltenden Regenfällen des Monsuns und vor wilden Tieren wie Tigern zu schützen, wurden Höhlen in das Basaltgestein geschlagen, das im nordwestlichen Teil des Hochlands von Dekkan vorrangig die Gebirge prägt. Aus den kleinen Einsiedlerhöhlen wurden im Laufe der Jahrhunderte große Meditationshallen, Gebetstempel und gigantische Kultstätten. Heute zählen die Felsenhöhlen der Region zu den außergewöhnlichsten religiösen Monumenten Asiens. Schon im 4. Jahrhundert n. Chr. entstanden in Ellora die ersten Höhlenklöster. Zu dieser Zeit verlief eine wichtige Handelsroute durch die Gegend. Der Handel brachte viel Geld und das ermutigte Händler und Herrscher, in den Bau von religiösen Anlagen zu investieren. In den nächsten 400 Jahren entstanden 12 buddhistische Höhlentempel. Es sind richtige Räume und große Hallen mit Verzierungen und angebundenen Kammern. Alles wurde mit Hammer und Meißel mühsam aus dem harten Gestein geschlagen. Zudem finden sich in den Anlagen zahlreiche Buddha-Figuren unterschiedlicher Größe. Alle wurden, wie die Säulen und Kammern, die sie umgeben, aus dem Felsen geschlagen. Die Bildhauer lieferten sich mit der Zeit eine Art Wettstreit. Denn die nächste Höhle musste noch außergewöhnlicher werden. Im 6. Jahrhundert setzte sich der Hinduismus in der Region immer mehr durch. Es entstanden neue Felsenhöhlen, die nun Shiva oder Vishnu gewidmet wurden statt Buddha. Damit veränderte sich auch die Architektur der Kunstwerke. Buddha-Figuren wurden durch lange Felsreliefs abgelöst, die Bildnisse der vielfältigen Götterwelt zeigten. Das wohl imposanteste Bauwerk entstand dann im 8. Jahrhundert – der Kailash-Tempel.

Anders als bei den Nachbarbauwerken wurde nicht nur ein Kammersystem in den Basalt geschlagen, sondern ein ganzes Gebäude mit vier Außenfassaden »herauspräpariert«. So entstand in 100 Jahren Bauzeit ein freistehender Felsentempel, der mit prunkvollen Mustern, Reliefs und Figuren verziert ist – alles aus einem Stück. Der Tempel hat einen mit Stufen versehenen Innenhof sowie Gebetshallen und Kammern auf verschiedenen Stockwerken. Überlebensgroße Elefantenfiguren stehen rechts und links des Tempels. Man schätzt, dass 250 Tausend Tonnen Basalt abgetragen wurden, um dieses Bauwerk entstehen zu lassen. Ein Projekt der Superlative. Kaum vorzustellen, dass Menschen vor 1.300 Jahren dazu imstande waren. Der Tempel wurde zu Ehren Shivas Kailash-Tempel getauft, der Ort, an dem Shiva zuhause ist. Gläubige Hindus umwandern den Tempel im Uhrzeigersinn. Genauso wie den Kailash-Berg in Tibet, den ich ein halbes Jahr zuvor auf meiner Reise umrundet hatte. Insgesamt entstanden auf dem Komplex in Ellora in 700 Jahren 34 Felsenanlagen. Dann drangen islamische Eroberer in die Region vor. Während Buddhisten, Hindus und Jains friedlich miteinander gelebt und neue Felsenhöhlen neben den schon vorhandenen errichtet hatten, zerstörten die Invasoren mit Hammer und Meißel die Darstellungen der Buddhas, Götter und Tiere. Denn je nach Auslegung des Korans und anderer Schriften der islamischen Rechtsprechung sind solche Darstellungen verwerflich oder verboten. Aufgrund ihrer enormen Größe und des harten Basaltgesteins, aus dem sie bestehen, sind trotzdem viele Bildnisse erhalten geblieben. Und wenn in 1.000 Jahren nur noch wenig von den Gebäuden übrig ist, die heute unsere Städte prägen, werden die Felsenhöhlen von Ellora noch so aussehen wie heute.

Die Kunst, natürliche Felsen in Höhlentempel zu verwandeln, hat ihren Ursprung in dem drei Autostunden entfernten Ajanta, wo bereits 600 Jahre vor den ersten Arbeiten in Ellora Basalt bearbeitet wurde. Hier waren es ausschließlich die Buddhisten, die mit jeder in den Felsen geschlagenen Höhle ihre handwerklichen Fähigkeiten verbesserten. Der günstigen Lage ist es zu verdanken, dass der staunende Besucher eine weitaus besser erhaltene historische Stätte vorfindet als in dem benachbarten Ellora. Die Gegend wurde vom Monsun oft verschont und das trockenere Klima konservierte die Malereien in den Höhlen. Zudem wurde die Anlage im 6. Jahrhundert verlassen und Pflanzen überwucherten die Felshänge. So blieben die Kunstwerke den muslimischen Invasoren verborgen und erst ein britischer Jagdtrupp machte im 18. Jahrhundert einen der größten archäologischen Funde der Geschichte. Etwa 300 Jahre später stand ich an der Kante dieser hufeisenförmigen Schlucht und blickte auf die vor mir liegende und mittlerweile freigelegte Felswand. Es war außergewöhnlich. Kaum auszumalen, wie es damals für die Entdecker gewesen sein muss, als sie die Felshänge von den Pflanzen befreiten und dahinter Räume fanden, die den Anschein machten, erst am Tag zuvor verlassen worden zu sein. Selbst viele Malereien sind ausgesprochen gut erhalten. Einige der ältesten buddhistischen Wandzeichnungen wurden hier gefunden. Als ich am späten Nachmittag anreiste, hatte ich das Glück, die Anlage fast für mich allein zu haben. Während die letzten Besucher des Tages langsam ihre Fahrzeuge zum Ausgang lenkten, suchte ich mir einen besonders schönen Stellplatz mit Blick über die Schlucht und fragte den Wachmann, ob ich die Nacht auf dem Parkplatz verbringen dürfte (20°33'05.0"N 75°42'10.0"E). Dieser freute sich über etwas Gesellschaft und willigte ein. Als die Sonne blutrot hinter der beeindruckenden Hufeisenschlucht unterging, war ich ganz allein auf dem Gelände. Nur eine Gruppe Affen tollte in einem Baum und genoss mit mir den Sonnenuntergang. Aber irgendetwas war anders an diesem Abend. Es dauerte eine Weile, bis ich bemerkte, was es war: Ruhe. Es war still. Nur den Wind und ein paar Vögel konnte man hören. Nichts weiter. Keinen Motorlärm, kein Hupen, keine Tempellautsprecher, keine Menschenrufe. Nichts. Es war der mit Abstand ruhigste Abend meiner Indien-Reise. Es war die Ruhe vor dem Sturm, der mich am nächsten Tag erwartete.

Nachdem ich am nächsten Morgen die Felsenhöhlen von Ajanta besichtigt hatte, sprang ich ins Auto und fuhr erst einmal mit dem Finger über die Landkarte. Wie weit würde ich heute noch kommen? Mein nächstes Ziel sollte Udaipur in Rajasthan sein. Das war eine Strecke von fast 700 Kilometern und daher nicht mehr an diesem Tag zu schaffen. Ich war von der Besichtigung und von den vielen Eindrücken schon etwas müde und entschloss mich, nur noch ein paar Stunden zu fahren und mir auf der Strecke einen schönen Übernachtungsplatz zu suchen. Ich war etwa eine Stunde unterwegs, dann passierte das, wovor ich mich seit dem ersten Tag meiner Reise gefürchtet hatte. Ich verließ, auf der Landstraße fahrend, gerade ein Dorf, als mir in einer Rechtskurve ein Motorrad entgegenkam. Der Fahrer war viel zu schnell unterwegs, was er auch merkte, als er mich sah. Er bremste, kam ins Schlingern und fuhr direkt auf mich zu. Ich legte eine Vollbremsung ein und kam zum Stehen. Der Motorradfahrer schaffte es allerdings nicht und krachte frontal in den Pajero, glücklicherweise nicht mehr mit vollem Tempo. Der Fahrer stieg über den Lenker ab und landete auf meiner Motorhaube. Mit großen Augen blickte er in mein verschrecktes Gesicht, rutschte langsam von der Haube auf den Boden und hielt sich seinen Arm. Ich war geschockt. Alles ging so schnell! Noch bevor ich aussteigen konnte, um nach dem Verletzten zu sehen, war ich schon von geschätzt 20 Dorfbewohnern umzingelt, die nach dem Knall herbeigeeilt waren. Ich hatte unglaubliche Angst. Genau so etwas hatte ich unbedingt vermeiden wollen. Ich hatte für Indien keine Haftpflichtversicherung für das Auto abgeschlossen, weil ich kein Versicherungsbüro gefunden hatte, das Versicherungen für Fahrzeuge mit ausländischen Kennzeichen ausstellte. Ein Unfall mit Personenschaden ist das Schlimmste, was passieren kann. Unabhängig davon hatte ich zuvor schon einige Schauergeschichten gehört. Es kam nicht selten vor, dass sich nach einem Unfall ein Mob bildete und kurzerhand Selbstjustiz übte. Es war zwar offensichtlich, dass der Motorradfahrer der Unfallverursacher war, schließlich war er ja auf meine Fahrbahn gekommen. Doch ich war der Ausländer. Wäre ich nicht hier gewesen, wäre der Unfall nicht passiert, so häufig die Logik. Da die Bewohner eher besorgt als wütend aussahen, stieg ich vorsichtig aus dem Auto und schaute nach dem Motorradfahrer. Er hatte keine äußerlichen Verletzungen, doch er hielt sich seinen Arm. Sein Motorrad war arg in Mitleidenschaft gezogen. Das Rad verbeult und die Feder gebrochen. Bei mir war lediglich die Stoßstange eingebeult und das Blinkerlicht zerbrochen. Was sollte ich jetzt nur tun? Ich hatte Angst vor der Polizei, die mich wegen Fahrens ohne Versicherung bestrafen würde. Aus der Gruppe kam ein Mann auf mich zu und zeigte in Richtung Straßenrand. Ich deutete dies als Hinweis, dass es besser sei, das Auto zur Seite zu fahren, um die Straße freizumachen. Ich stieg also zurück ins Auto, fuhr den Pajero von der Straße und lief wieder zum Verletzten, der gerade von anderen Bewohnern ausgeschimpft wurde. Der Mann, der mich angesprochen hatte, kam offenbar überrascht zu mir und fragte mich in gebrochenem Englisch »Was möchtest du? Geld? Wie viel?« Jetzt verstand ich, was er vorher gemeint hatte. Er wollte, dass ich weiterfuhr. Jetzt dachte er, dass ich eine Entschädigung verlangen wollte. Klar, es musste nun einiges am Auto geradegebogen werden, aber der arme Inder auf dem Motorrad hatte viel größere Probleme. Die Kosten für die Reparatur seines Gefährts würden ihn einige Monatslöhne kosten. Zudem musste er seine Verletzung auskurieren und konnte bestimmt eine Weile nicht arbeiten. Ihm jetzt noch Geld abzunehmen, das er sich womöglich leihen müsste, kam überhaupt nicht in Frage. »No problem«, sagte ich, stieg ins Auto und fuhr davon. Meine Gedanken schlugen Purzelbäume und mein Adrenalinspiegel war bis zum Maximum gestiegen. Nach zehn Minuten musste ich anhalten und erst einmal durchatmen. Zudem stank es unheimlich im Auto. Als ich nach dem Unfall das Auto am Straßenrand geparkt hatte, musste ich in einen Hundehaufen getreten sein und der Kot klebte nun an meiner Sohle und am Kupplungspedal. Es kam also mal wieder alles zusammen. Während ich mit einem Stock und einem Taschentuch den Hundekot entfernte, durchfuhr mich ein anderer Gedanke. Was war ich nur für ein Idiot! Warum hatte ich kein Foto vom Unfallort gemacht?! Darauf hätte man ganz genau erkennen können, dass ich nicht schuld am Unfall war. Wenn jetzt die Dorfgemeinschaft die Polizei ruft und angibt, ein silberner Geländewagen mit ausländischem Nummernschild hätte ein Motorrad umgefahren und anschließend Fahrerflucht begangen, wem würde die Polizei dann glauben? 20 Indern oder einem Ausländer, der eigentlich gar nicht hier sein dürfte? Mir trieb es die Magensäure nach oben und ich begann zu schwitzen. Das war gar nicht gut! Was sollte ich jetzt tun? Zurückfahren? Nein, auf gar keinen Fall! Ich musste weiter. Noch drei Stunden waren es bis zum nächsten Bundesstaat Madhya Pradesh. Ich sprang zurück ins Auto und düste davon. Auf der Strecke begegnete ich zweimal einem Polizeiwagen und jedes Mal stockte mir der Atem. Ich beobachtete angespannt den Rückspiegel, bis ich sicher sein konnte, dass die Polizei nicht umkehren und mich verfolgen würde. Völlig paranoid fuhr ich ohne anzuhalten weiter, bis ich total erschöpft in der Geisterstadt Mandu ankam. Erst hier kam ich etwas zur Ruhe. Ich war mit einem tiefblauen Auge davongekommen und notierte in meine Liste zum Autofahren in Indien:

30. Auch wenn es schwierig bis unmöglich ist: Besorge unbedingt eine indische Haftpflichtversicherung für dein Auto. Im Falle eines schweren Personenschadens kann es sonst richtig ungemütlich werden.
31. Wenn sich nach einem Unfall ein Pulk um dein Auto bildet, bleibe ruhig. Wenn sich die Menge aggressiv verhält, verriegele das Auto. Verlasse zur Not mit dem Auto den Unfallort.
32. Wenn dir nach dem Unfall empfohlen wird, weiterzufahren, dann nutze die Möglichkeit. Die Polizei macht es oftmals nur noch schlimmer.
33. Unbedingt den Unfall fotografisch dokumentieren! Oder eine sogenannte Dash-Cam im Auto installieren, die während der Fahrt ununterbrochen das Geschehen vor dem Auto filmt und Videos abspeichert. Mit dem Videobeweis ist man im Falle einer polizeilichen Auseinandersetzung auf der sicheren Seite.
34. Wenn du nach dem Unfall in einen Hundehaufen getreten bist, dann bringt das Glück.

Kapitel 13

Bilder | Videos | Karten

Mit dem Auto durch Rajasthan
Indisches Temperament

Vor mir lag ein weites trockenes Tal, das an seinen Rändern von Tafelbergen flankiert war. Vereinzelt schauten einige grüne Baumwipfel aus der sonst ockerfarbenen Landschaft heraus. Die untergehende Sonne verlieh der Umgebung einen noch intensiveren Gelbton. Ich hatte den Pajero nach Stunden zum Stehen gebracht und atmete durch. Hier am Rande des Narmada-Tals liegt die Geisterstadt Mandu. Als die islamischen Eroberer im 10. Jahrhundert vom Westen kommend ins Hindureich eindrangen, brachten sie nicht nur den islamischen Glauben mit, sondern eine ganze Kultur mit eigener Tradition und Architektur. Im Laufe der Zeit formten sich kleine unabhängige Reiche, die Sultanate. Mandu wurde Ende des 14. Jahrhunderts als Hauptstadt des Sultanats Malwa auserkoren und mit islamischen Prachtbauten bestückt. Doch das Sultanat existierte nur für kurze Zeit. Nach nur 70 Jahren wurde Malwa in das mächtige Mogulreich eingegliedert. Damit endete auch die kurze Blütezeit Mandus. Allerdings sind in diesen wenigen Jahren einige der großartigsten islamischen Bauwerke Asiens entstanden. Auf einem überschaubaren Areal tummeln sich Moscheen, Mausoleen, Paläste, Zisternen und andere beeindruckende Gebäude. Dazwischen liegen mittelalterliche Wasserbecken und weite Wiesen. Woanders wäre so eine Anlage ein großer Besuchermagnet. Nicht so in Mandu. Nur wenige Touristen verirren sich hierher. Und so hatte ich die Paläste im Sonnenuntergangs- und im Sonnenaufgangslicht fast ganz für mich allein. Das war eine ordentliche Entschädigung für den großen Schrecken des Unfalls, und es machte mir Mut, das Land weiter zu erkunden. Denn diese Architektur war ein Vorgeschmack auf die Städte und Bauwerke, die ich in den nächsten Wochen besuchen würde: Udaipur, Jodhpur, Jaipur, Dehli, Aggra. So wunderte es mich nicht, dass die prachtvollen Bauten von Mandu als Vorlage für den Bau des weltberühmten Taj Mahal in Aggra gedient hatten.

»Willkommen in der romantischsten Stadt Indiens!«, pries ein Schild am Straßenrand die Stadt Udaipur. »Eher die Stadt mit den verrücktesten Autofahrern«, dachte ich mir. Ich war mal wieder vom indischen Verkehr genervt. Der Schock des Unfalls steckte mir noch in den Gliedern, als ich mit den schlimmsten und vor allem aggressivsten Autofahrern Indiens konfrontiert wurde. Es wurde gedrängelt, gehupt, geschnitten, als würde es um Leben und Tod gehen. Das Hupkonzert auf meinen letzten Metern in die Stadt war unerträglich und in dieser Form hatte ich das auch noch nicht erlebt. Genervt erreichte ich das Zentrum. Für wenige Rupien durfte ich im Auto im Hinterhof eines Hotels übernachten und dafür sogar Bad und Dusche nutzen. Die romantische Ausstrahlung erhält Udaipur durch die malerische Lage am Pichola-See mit den angrenzenden grünen Bergen, aus denen hier und da die weißen Türme von Tempeln und Palästen hervorleuchten. Udaipur war meine erste Station im Bundesstaat Rajasthan, der eine lange und turbulente Geschichte hat. Nach zahlreichen gewalttätigen Auseinandersetzungen im 6. und 7. Jahrhundert n. Chr. hatte sich die kriegerische Sippe der Rajputen durchgesetzt. Über Jahrhunderte regierten die Rajputen, was soviel wie »Königssöhne« bedeutet, über die Fürstentümer der Region und leisteten erbitterten Widerstand gegen die einfallenden islamischen Eroberer. Als im 16. Jahrhundert das mächtige Mogulreich entstand, erkannte der damalige Herrscher Akbar, dass die Rajputen nicht durch Kriege zu unterwerfen waren. Er wählte den gewaltfreien Weg und heiratete eine Prinzessin aus einer Rajputen-Familie. Damit fanden die Rajputen einen Zugang zum Mogulreich und brachten vor allem Kunst, Kultur und Architektur in ihre Fürstentümer ein. Es gibt kaum eine Stadt in Rajasthan, die nicht einen opulenten Palast oder eine prachtvolle Moschee hat, die in dieser Zeit entstanden sind. Erst mit der Gründung Indiens schlossen sich die Fürstentümer der Rajputen zu einem eigenen Verwaltungsgebilde zusammen und es entstand Rajasthan. Heute dürfen die Städte Jaipur, Jodhpur oder Udaipur auf keinem touristischen Plan fehlen. Trotz großer Beliebtheit bei ausländischen Touristen spielt aber auch in Rajsathan der Tourismus wirtschaftlich nur eine untergeordnete Rolle.

In Udaipur musste ich feststellen, dass es langsam deutlich wärmer wurde. Mittlerweile knackte das Thermometer schon vor der Mittagszeit die 40-Grad-Marke. Das bedeutete für mich in der nächsten Zeit, möglichst früh aufzustehen und mich ab der Mittagszeit bis kurz vor Sonnenuntergang in kühlere Gegenden zurückzuziehen. Ich stand also schon kurz nach Sonnaufgang auf und erkundete die Stadt. Vielleicht sah ich etwas gerädert aus, denn ein Saftverkäufer sprach mich mit den Worten an: »Oh Mann, du siehst ja sehr müde aus!« Schönen Dank aber auch. Mit dem Fotoapparat schlenderte ich durch die Straßen, fing die Morgenstimmung ein, lauschte den Tempellautsprechern und beobachtete das Treiben in der Stadt, die langsam erwachte. Rund um den Stadtpalast von Udaipur war es noch komplett leer. Vor fast 500 Jahren errichtet, ist er der größte königliche Palast Rajasthans. Während die unteren Etagen schmuck- und fensterlos sind, trumpfen die oberen mit zahlreichen Türmchen, reich verzierten Balkonen und orientalischen Fenstern auf. Von den oberen Balkonen muss man einen herrlichen Blick auf den See haben, dachte ich. Aber um den Palast zu besichtigen, war ich zu früh dran. Mit einer deutlichen Handbewegung schickte mich der Wachsoldat der Palastanlage vom Gelände. Den Pichola-See konnte ich dann aber noch in aller Ruhe von den zahlreichen Treppen (Ghats) begutachten, die zum Zwecke ritueller Waschungen auch hier ans Gewässer führen. Inmitten des Sees lag ein prunkvoller, weißer Palast, der gerade von der Morgensonne angestrahlt wurde. Er wurde nicht etwa auf einer Insel erbaut, der Palast ist die Insel. »Der See-Palast ist wunderschön, oder? Der Jag Niwa-Palast ist größer als die Insel, auf der er erbaut wurde. Aber leider kann man ihn nicht mehr so einfach besuchen. Heute ist der Palast ein Hotel und seit den Anschlägen in Mumbai 2008 ist er nur für angemeldete Hotelgäste zugänglich.« Ein älterer Inder, wahrscheinlich Mitte 60, hatte mich beobachtet und sprach mich an. Er war nur mit einem weißen Unterhemd und einem Lungi bekleidet, einem typisch indischen Wickelrock, der traditionell von Männern getragen wird. Sein Gesicht war frisch rasiert und die Haut lag in Falten. Das graue Haar war nur noch im hinteren Kopfbereich vorhanden. Seine Augenbrauen waren hingegen noch tiefschwarz und buschig. Dazwischen war ein Tika zu erkennen, das hinduistische Segenszeichen, das den Gläubigen mit roter Farbe am Ende einer Zeremonie mitten auf die Stirn gezeichnet wird. Dort soll sich das Energiezentrum des Körpers befinden, auch das dritte Auge genannt, das durch das Tika geschützt wird. Der alte Mann konnte recht gut Englisch und ich kam mit ihm ins Gespräch. Er hieß Santosh und war lange Zeit Taxifahrer gewesen. Er kannte sich sehr gut aus und fuhr noch heute Touristen zu beliebten Stellen. Santosh war von meiner Geschichte sehr beeindruckt und fragte nach meiner geplanten Route. »Wenn du nach Jodhpur fährst, musst du unbedingt die Festung Kumbalgarh und den Jain-Tempel in Ranakpur besuchen. Beides liegt auf dem Weg.« Insider-Tipps von Einheimischen hatte ich schon immer gern angenommen und baute beide Stopps auf meiner Strecke nach Jodhpur ein – und beide verfehlten ihre Wirkung nicht.

Kumbalgarh – bei der Anfahrt auf das Fort, etwa 85 Kilometer von Udaipur entfernt, bekam ich allerdings einen richtig großen Schrecken. Schon auf der Zufahrtsstraße konnte ich die imposanten Mauern der Wehranlage erkennen. Das Fort erinnerte mich an das Bauwerk aus dem Indiana-Jones-Film »Tempel des Todes« und tatsächlich befand sich der Drehort, der Amber Palace, auch in Rajasthan, allerdings am Rande der Stadt Jaipur. Den Blick mehr auf die Festung gerichtet als auf die Straße und an den Indiana-Jones-Film denkend, erkannte ich den großen Kuhfladen in der Mitte der Fahrbahn zu spät. Da ich mir in Südindien ein Ameisennest in den Radkasten geschleudert hatte, als ich durch einen Kuhfladen gefahren war, wich ich dem heiligen Exkrement aus und nahm es zwischen die Räder. Kurz davor angekommen, bewegte sich der Haufen auf einmal. Es war ein kleiner Hundewelpe, der auf der Straße schlief! Ich konnte nicht mehr bremsen, es war zu spät. Ich hörte es hinter mir aufjaulen und sofort sprangen Straßenhunde aus allen Richtungen auf, um mir zu folgen. Ich war am Boden zerstört. Ich hatte wahrscheinlich gerade einen kleinen Hund überfahren. Im Rückspiegel konnte ich ihn zwar noch zur Seite humpeln sehen, aber er war bestimmt verletzt. Anhalten und nach ihm sehen, konnte ich nicht, zu groß war die Gefahr, von den anderen Hunden angefallen zu werden. Was für ein Unglück! Warum musste der Welpe aber auch mitten auf der Fahrbahn schlafen? Die gewaltige Festungsanlage, die über den Bergen Rajasthans thronte, konnte ich nicht mehr genießen. Ich versuchte daher, meine Seele im Jain-Tempel in Ranakpur zu reinigen, der zu einer Religionsgemeinschaft gehört, die wie keine andere gegen das Töten und Verletzen von Tieren ist. Der Großteil der etwa 4 Millionen Anhänger des Jainismus lebt in Indien. Ohne es zu wissen, steuerte ich einen der bedeutendsten Tempel der Religionsgemeinschaft an – den Adinath-Tempel. Der Jainismus entstand etwa zur selben Zeit wie der Buddhismus und weist mit dessen Geschichte und Philosophie einige Parallelen auf. Das oberste Ideal ist die Nichtverletzung oder -tötung von Lebewesen. Manche Mönche fegen vor sich den Weg frei, bevor sie darauf gehen, um möglichst keine Insekten zu zerdrücken. Andere tragen einen Mundschutz, um nicht aus Versehen eine Fliege zu verschlucken. Die Ernährungsweise ist vegetarisch, oft auch vegan. Kleidung, die tierische Bestandteile enthält, wie Leder, Federn oder Fell, findet man nicht im Kleiderschrank von Jainisten. Wegen ihrer rigorosen Prinzipien können sie nicht alle Berufe ausüben. In der Landwirtschaft könnten beim Pflügen Lebewesen verletzt werden und das Kriegshandwerk ist selbstverständlich völlig ausgeschlossen. Trotzdem konnten selbst die islamischen Invasoren die Jains nicht auslöschen, da ihre asketische Lebensweise und Selbstdisziplin eine hohe Widerstandskraft gegenüber äußeren Einflüssen mit sich brachten. Für die Berührung mit dem Göttlichen haben auch im Jainismus Tempel eine wichtige Bedeutung. Der Tempel in Ranakpur besteht fast vollständig aus Marmor, sein Bau wurde im 15. Jahrhundert von einem Geschäftsmann beauftragt, dem der Tempel, so die Legende, im Traum erschienen war. Beim Bau müssen die besten Bildhauer des Landes mitgewirkt haben, anders lassen sich die kunstvollen Portale, Deckenverzierungen, Kuppeln und Reliefs nicht erklären. Zudem musste der Architekt ein Zahlennarr gewesen sein, denn das Alter, in dem der Gründervater der Religion Nirwana erlangte, ist überall im Grundriss des Tempels zu finden. Das Konstrukt wird von 20 mal 72 einzigartig verzierten Säulen getragen und enthält 72 Schreine. Nachdem ich die Felsentempel von Ellora und Adjanta besucht hatte, glaubte ich nicht daran, dass noch kunstfertigere Sakralbauten existierten. Hier wurde ich eines Besseren belehrt. Das Erlebte ließ sich zudem besonders gut verdauen, da in der belebten Tempelküche neben dem Gebäude für nicht einmal umgerechnet 50 Cent ein köstliches vegetarisches Thali gereicht wurde. Umwege erweitern die Ortskenntnis und dieser hatte sich mehr als gelohnt. Den Hundewelpen konnte ich trotzdem einige Tage nicht vergessen.

Jodphur – die sagenumwobene blaue Stadt am Rande der Wüste Thar. Viele Legenden handelten von dieser Stadt, die mich, wie andere Städte Indiens, bei meiner Ankunft erst einmal verschluckt hatte. Aufgrund der zunehmenden Hitze suchte ich mir nun regelmäßig Unterkünfte. Im Auto zu schlafen, war kaum mehr möglich. Ich fand im Internet eine zentrumsnahe Bleibe, die ich nach dem langen erlebnisreichen Tag ansteuerte. Die Straßen wurden immer schmaler. Passanten halfen mir, Mopeds zur Seite zu schieben, die in den Gassen abgestellt waren, damit ich vorbeifahren konnte. Wie ein Stöpsel verstopfte ich die Straßen. Ungeduldige Mopedfahrer hinter mir stupsten regelmäßig meine Stoßstange an, um mich durch die Gassen zu schieben. Ein genervter Fahrer aus der Gegenrichtung schrie mir zu »Du Idiot, die Straße ist nicht für Autos!« Doch so ein Schild hatte ich nicht gesehen. Zudem konnte ich hier nirgendwo das Auto abstellen und zu Fuß nach der Unterkunft suchen. Es musste also irgendwie gehen. Es war zum Teil Millimeterarbeit und mit Sicherheit nichts für schwache Nerven. So langsam wurde ich aber eins mit dem indischen Verkehr und schob mich mit einer Engelsgeduld durch die schmalen Gassen. Das andauernde Hupkonzert, das vorrangig mir galt, nahm ich gar nicht mehr wahr. Zudem war auf das Navi Verlass, es lotste mich zielsicher auf den Hof meiner Unterkunft, wo mich der Gasthausbesitzer mit seinen bellenden Hunden schon erwartete (*26°17'19.9"N 73°01'10.9"E*). Ich parkte mein Gefährt unter Palmen und ließ mich erschöpft im kühlen Innenhof des Homestays auf einen Gartenstuhl fallen. Mein Gastgeber Modu lud mich gleich zu einem kalten und äußerst süßen Zuckerrohrsaft ein und ich notierte in mein Notizbuch meine ersten Verkehrsbeobachtungen in Rajasthan.

35. Der Verkehr in Indien ist verrückt und chaotisch. Aber der Verkehr in Rajasthan ist noch schlimmer.
36. Die Abstammung der Rajputen von einem Kriegervolk ist bei den Autofahrern deutlich erkennbar. Auf den Straßen werden längst vergangene Kriege weiter ausgetragen.
37. Kuhfladen auf der Straße können sich auch als schlafende Tiere entpuppen. Immer mit größter Vorsicht nähern.
38. Eine Straße ist erst zu eng, wenn du selbst mit eingeklappten Spiegeln nicht hindurch passt. Bis dahin ist alles »no problem!«
39. Alles, was in engen Gassen im Weg steht und bewegbar ist, kann getrost zur Seite geschoben werden. Freundliche Einwohner helfen hier gern.
40. Wenn du trotz gewaltigen Hupkonzerts kaum Geräusche wahrnimmst, bist du entweder taub (der überwiegende Teil indischer LKW-Fahrer hat tatsächlich einen Gehörschaden durch den Dauereinsatz der Hupe) oder du bist auf dem besten Weg, ein Meister des indischen Straßenverkehrs zu werden.
41. Kleine Berührungen an der Stoßstange sind normal und zeigen an, dass jemand hinter dir ist und du die Dauerhupe nicht mehr wahrnimmst.

Die Wettervorhersage kündigte stolze 43 Grad für den Nachmittag an. Also war wieder Frühaufstehen angesagt. Da das Homestay schon ein stolzes Alter erreicht hatte, war es noch so gebaut, dass man es an heißen Tagen auch ohne Klimaanlage im Inneren aushalten konnte. Die Nacht war sehr angenehm. Ausgeruht erkundete ich in den folgenden Tagen überwiegend morgens und am späten Nachmittag die blaue Stadt, wobei sich ein Spaziergang am frühen Abend durch die Stadt schnell in ein waghalsiges Unterfangen verwandeln konnte. In einem Affenzahn brausten Jugendliche auf ihren Motorrädern durch die viel zu schmalen Gassen, mit der Hupe im Dauereinsatz. Ständig musste ich auf der Hut sein, und einige Male konnte ich mich nur durch einen beherzten Sprung zur Seite vor dem sofortigen Unfalltod durch Kollision mit einem Kamikaze-Inder retten. Dass Jodhpur ihrem Zweitnamen »die blaue Stadt« alle Ehre macht, konnte ich am besten von der gewaltigen Meherangarh-Festung aus sehen. Angeblich sollte die blaue Farbe vieler Fassaden und Wände die Moskitos fernhalten. Andere sagen, dass sie die Zugehörigkeit zur Brahmanen-Kaste bedeute und mein Gasthausbesitzer meinte, dass es das Haus kühler mache und die Hitze draußen halte. Wie auch immer – vielleicht war es auch ein gewiefter Farbenhändler, der das blauäugige Stadtvolk mit passenden Argumenten davon überzeugte, seine Überschüsse an blauer Farbe zu kaufen. Aus der Vogelperspektive muss die Stadt gewaltig aussehen. Hunderte von Greifvögeln, die über der Festung ihre Runden drehen, haben täglich diese beeindruckende Aussicht. Doch dafür haben sie kein Auge übrig. Sie erwarten die Ankunft eines Mannes, der jeden Tag mit einem Sack voll Fleisch die oberen Etagen des Forts erklimmt. Majestätisch stellt er sich dann auf die Festungsmauer und wirft Fleischstücke in die Luft. Die Greifvögel stürzen sich hinab und noch bevor das Fleisch den Boden berührt, landet es in den Krallen der hungrigen Vögel. Mein Gastgeber hatte mir von ihm erzählt und mir die Zeit verraten, wann man ihn antreffen würde. Der Mann gehört einer Familie an, die schon seit 200 Jahren diese Tradition pflegt. Erst als ich die Festung schon verlassen hatte, sah ich ihn hoch oben die Vögel füttern. Er bemerkte mein mit der Kamera bekundetes Interesse und winkte mir zu, zu ihm hochzukommen. Diese Chance wollte ich nutzen, ich rannte unter dem Vorwand, etwas vergessen zu haben, an den Wachsoldaten vorbei. Oben angekommen, lief ich in einen für Besucher verbotenen Bereich. Ein Mann rief mich noch zurück, doch ich ignorierte ihn, sprang über einen Zaun und war kurze Zeit später neben dem Vogelliebhaber. Er saß in einem kleinen Verschlag und kratzte die letzten Fleischreste für seine Greifvögel zusammen. Ich war ganz aufgeregt, eine solche Tradition aus nächster Nähe mitverfolgen zu können und richtete meine Kamera auf die Tiere. Doch leider war das Spektakel schnell vorbei. Ich war ihm trotzdem sehr dankbar, dass ich es so nah miterleben konnte. »Bleib doch noch etwas hier und wir unterhalten uns«, bat mich der junge Mann mit einem freundlichen Lächeln. Ich willigte ein. Wir kauerten nebeneinander in dem Verschlag und nach ein wenig Smalltalk streichelte der junge Inder über meinen Arm und fand Gefallen an meiner blonden Armbeharrung. »Sind die Haare in deinem Intimbereich auch blond?«, fragte mich mein Gegenüber unverfroren. Erschrocken und irritiert wich ich zurück. Was ging hier gerade vor? Hastig wich ich seiner Frage aus und erzählte ihm, dass ich noch eine wichtige Verabredung hätte. Er wackelte freundlich mit seinem Kopf und wünschte mir noch einen schönen Tag. Noch heute bin ich mir nicht sicher, ob dies reine Neugier war, oder ob mir der junge Vogelfreund zugeneigt war und von mir Bestätigung erwartete. Schon oft hatte ich in der Öffentlichkeit eine starke körperliche Nähe zwischen jungen Männern beobachtet. Händchenhalten, Umarmungen und umschlungenes Aneinanderkleben ist in Indien allerdings nicht gleich ein Zeichen für Homosexualität. Es ist ein Verhalten, an das sie seit der Kindheit gewöhnt sind und das sie als gute Freunde praktizieren. Über 150 Jahre wurde Homosexualität in Indien als Verbrechen angesehen, auf das bis zu 10 Jahre Zuchthaus standen. Erst 2018 wurde dieses Verbot aufgehoben und trotzdem werden in dem sozial konservativen Indien mit althergebrachten Moralvorstellungen Homosexuelle weiter diskriminiert. Ich fühlte mich in der Situation auf dem Dach der Festung sehr unwohl und überrumpelt. Vielleicht war es auch gar nicht so gemeint, aber ich wollte es nicht darauf anlegen, es herauszufinden.

Da es mir in Jodhpur noch »zu mild« war, wollte ich noch tiefer in die Wüste Thar vordringen. Ich steuerte die Wüstenstadt Bikaner an. Hier hatte ich einen studierten Zoologen ausgemacht, der ein Gästehaus besaß und Führungen in die Wüste anbot. In aller

Frühe verließ ich Jodhpur. Die Straßen waren leer und ich konnte problemlos, ohne ein einziges Hupen wahrzunehmen, die Stadt verlassen. Normalerweise wurden die Straßen im Laufe des Tages deutlich voller, doch inmitten der Wüste war auch außerhalb der Morgenstunden wenig los. Aber ich war ja in Rajasthan, da muss man auf den Straßen immer etwas aufmerksamer sein. Aus der Ferne erkannte ich einen Bus, der vollbesetzt war, nicht nur im Innenraum, auch auf dem Dach befanden sich Menschen. Natürlich begegneten wir uns an der Stelle der Landstraße, die eine vom Wind verwehte Sanddüne verengt hatte. Ich hatte noch geglaubt, es vor dem Bus zu schaffen, doch am Ende wollte ich es nicht darauf anlegen und machte eine Vollbremsung. Der Bus hätte für mich bestimmt nicht die Geschwindigkeit reduziert. Der Busfahrer war vielmehr auf sein Handy fixiert, das er am Ohr hatte. Die Fahrgäste auf dem Dach johlten mir zu. Das war mal wieder knapp gewesen. Wenig später wurde ich Zeuge, wie ein Traktor vor mir beinahe ein Kamel rammte, das auf die Straße gerannt war. Nur mit viel Glück konnte der Fahrer dem Tier ausweichen. »Aufmerksam sein, Mathi!«, sagte ich mir immer wieder. Selbst in der Wüste mit dünner Besiedelung kann es zu Unfällen kommen, und wenig später war es dann soweit: Ich musste eine Umleitung durch ein Dorf fahren, da auf der Hauptstraße gebaut wurde. Als ich um eine Ecke bog, kam mir ein Motorrad entgegen, streifte leicht meinen vorderen rechten Kotflügel und fuhr direkt in den Graben. Der Fahrer stieg über den Lenker ab, sammelte sich und schwang die Fäuste. Ich ärgerte mich über die Fahrweise des Motorradfahrers. Der hatte mich doch kommen sehen! Um nicht wieder in eine unangenehme Situation zu geraten, fuhr ich nach kurzem Zögern genervt weiter und sah, wie der Fahrer sein Moped zurück auf die Straße schob. »Jetzt fahre ich wirklich schon wie ein Inder…«, dachte ich mir, als ich um die nächste Ecke bog.

In der hinduistischen Götterwelt gibt es unendlich viele Geschichten und Traditionen und tausende Gottheiten. Eine der populärsten ist die Göttin Durga, die in ihrer Vielschichtigkeit Kraft, Wissen, Handeln und Weisheit verkörpert. Sie wird von vielen Hindus verehrt, unter anderem von den Mitgliedern der Musikerkaste der Charans, einer in Rajasthan lebenden Gemeinschaft. Sie glauben daran, dass die Göttin von Zeit zu Zeit unter ihnen auftauche. Eine ihrer Verkörperungen war Karni Mata, die im 14. Jahrhundert in einem kleinen Dorf in der Wüste Thar lebte. Ihr wurde nachgesagt, dass sie zahlreiche Wunder vollbrachte, wie das Auffinden von Wasservorräten im trockenen Wüstenboden oder die Wiedererweckung von Toten. Das sprach sich in den Städten der Wüste herum und eines Tages kam eine Frau zu Karni Mata mit der Bitte, ihren im Sterben liegenden Sohn zu retten. Als die Inkarnation der Göttin Durga zum Sohn der Frau kam, war dieser schon gestorben. Also machte sie sich zum Gott der Unterwelt auf, um den Sohn zurückzuholen. Doch der Gott weigerte sich, den Jungen auszuhändigen. Karni Mata wollte in Zukunft solch ein Unglück von ihrer Gemeinschaft abwenden. Sie wusste, dass von allen Lebewesen nur die Ratten vor dem Zugriff des Gottes der Unterwelt geschützt waren. Also bestimmte sie, dass alle Charans als Ratten wiedergeboren werden. Karni Mata wurde unweit von Bikaner in der Stadt Deshnok ein Tempel geweiht. Er wird seit seiner Errichtung von den verlorenen Seelen bewohnt, die vor dem Zorn des Totengottes geschützt waren – von Ratten. Menschen mit einer Rattenphobie werden hier von ihrer Angst geheilt oder sie machen einen riesigen Bogen um den Tempel. Da ich keine Angst vor den kleinen Nagetierchen hatte, stattete ich dem Tempel einen Besuch ab, das wollte ich mir ansehen. Wie bei jedem Tempelbesuch muss man die Schuhe ausziehen, was die Sache für Menschen, die sich vor Ratten ekeln, nicht einfacher macht. Die Gläubigen jedoch sehen das anders. Sie bringen Essen für die Nager mit, denn der Verzehr eines Lebensmittels, das zuvor von einer Tempelratte angenagt wurde, gilt als glücksbringend. Auch gilt es als gutes Omen, wenn dir eine Ratte über den Fuß läuft. Bloß drauftreten sollte man nicht. Und das war gar nicht so einfach, denn der Tempel war voll von Ratten. An großen Schalen mit Milch versammelten sich die Nager zum Trinken, liefen kreuz und quer durch den Tempel und kletterten auf den Bildnissen der Gottheiten umher. Und schwupps, huschte mir eine Ratte über die Füße. Mein Tag war gerettet!

»Mathias, du hast es geschafft!«, freute sich Jitu. »Willkommen in meinem Gästehaus! Fühl dich hier wie zuhause!« Das Angebot nahm ich gerne an. Draußen war es noch immer unerträglich heiß und Jitu gab mir ein Zimmer mit Klimaanlage, die gleich auf höchster Stufe lief. Ich hatte gerade die Füße auf dem Bett ausgestreckt, da klopfte es an der Tür. »Mathias, darf ich dir meinen Freund Ashish vorstellen? Ich habe ihm schon viel über dich und deine verrückte Reise erzählt. Er möchte dich unglaublich gern kennenlernen!« Die Bitte meines Gastgebers konnte ich natürlich unmöglich ausschlagen, obwohl ich mich viel lieber vom Reisetag erholt hätte. Ashish fragte nach allen Details meiner Reise, machte noch ein Foto mit mir vor meinem Auto und machte sich dann genauso schnell wieder aus dem Staub, wie er aufgetaucht war. Endlich Ruhe. Jitus Frau zauberte mir ein köstliches Abendessen, das ich unter dem beständigen Schnarchen des Familien-Mopses genoss. Situ war sogleich dabei, mir alle Attraktionen aufzuzählen, die ich in seiner Wüstenstadt besichtigen konnte. Ich war an der geführten Wüstentour interessiert und Situ hatte die passende Idee. »Ich bin leider morgen Abend verabredet, aber wenn du möchtest, frage ich meinen Schwager, ob er mit dir in die Wüste fahren kann. Ich war schon oft mit ihm unterwegs und er weiß, wo man Antilopen und Wüstenfüchse finden kann.« Das Angebot nahm ich gerne an, zumal es für mich etwas günstiger wurde, da ich ja das Auto stellte. Dann hatte Situ noch eine prima Idee. »Morgen heiratet eine Cousine von mir. Hast du nicht Lust, dabei zu sein?« Zum zweiten Mal wurde ich zu einer Hochzeit eingeladen. Während ich es mir unmöglich einrichten konnte, vom anderen Ende Indiens zu Arvins Hochzeit nach Varanasi zu reisen, wollte ich diese Einladung annehmen. Ich sagte zu. »Prima, dann hole ich dich morgen um 11 Uhr ab.«

Die wenigen Sehenswürdigkeiten von Bikaner schaute ich mir noch vor dem Frühstück zur gewohnten Sonnenaufgangszeit an: das aus dem späten 16. Jahrhundert stammende Fort Junagarh, den etwa ebenso alten Bhandasar-Jain-Tempel und einige »Haveli« genannte Kaufmannspaläste. Die Straßenhunde der Stadt hielten mich mit meiner Kameratasche für einen Bettler und verscheuchten mich mit lautem Gebell aus ihrem Revier. Einer zwickte mich sogar ins Bein, glücklicherweise drangen seine Zähne nicht durch meine Jeans. Zurück im Gästehaus wurden mir zum Frühstück Kaffee, Omelett und Jogurt gereicht. Perfekt für einen ordentlichen Start in den Tag. Auf dem Tisch lag eine indische Zeitung, die ich beim Kaffeetrinken durchblätterte. Mich interessierten mehr die Bilder, denn die Schriftzeichen konnte ich sowieso nicht lesen. Eine einheitliche Sprache gibt es in Indien nicht. In dem Land werden über 1.600 Sprachen und Dialekte gesprochen. Neben den offiziellen Sprachen Englisch und Hindi gibt es noch 21 weitere regionale Amtssprachen. Die Schriftzeichen sehen aus wie von einem anderen Planeten. Kein Wunder, dass nur so wenig Menschen lesen und schreiben können, dachte ich mir, nahm einen großen Schluck Kaffee und schlug eine neue Seite in der Zeitung auf. Fast hätte ich meinen Kaffee vor Überraschung wieder ausgespuckt. War das etwa ich in der Zeitung?! Da stand ich – stolz posierend vor meinem Auto. Jetzt machte alles einen Sinn. Na klar! Ashish, der Freund von Situ, musste bei der Zeitung arbeiten. Sonst hätte er nicht all diese Fragen gestellt. »Na prima«, dachte ich mir. »Gestern hast du einen Unfall mit Fahrerflucht begangen und heute stehst du stolz wie Bolle mit einem Bild von dir und dem Unfallfahrzeug in der Zeitung und wahrscheinlich steht auch drin, wo du gerade untergekommen bist...«

Die Hochzeit war eine gelungene Abwechslung. Ich warf mich in das beste Gewand, das mein Gepäckfach hergab: Eine graue Stoffhose und ein zerknittertes weißes Hemd. In einem Land, in dem manchmal sogar Achtjährige verheiratet werden, zählt das Hochzeitsfest zu den enorm wichtigen Ereignissen. Hochzeiten führen aber auch in Indien dazu, dass sich Menschen verschulden und das betrifft nicht nur das Hochzeitspaar. Denn von den Gästen wird erwartet, dass man sich finanziell an der Feier beteiligt. Es schickt sich für die Gäste, dem Brautpaar neben dem Hochzeitsgeschenk auch reichlich viele Rupien zu überreichen. Bei mehreren Hochzeitseinladungen im Jahr kann das für eine Familie eine ordentliche Belastung sein. Für Dienstleister, die in diesem Bereich für die Mittel- und Oberschicht tätig sind, handelt es sich um eine enorme Einnahmequelle, und insgesamt hat sich der Heiratssektor zu einem wichtigen Wirtschaftszweig entwickelt. Vor allem Superreiche lassen es besonders krachen. Jährlich werden mehrere Milliarden Euro für Hochzeiten ausgegeben. Ganz so opulent ging es bei der Hochzeit in Rajasthan nicht zu. Ich bekam auch nur einen Teil der Hochzeitsgesellschaft zu Gesicht, nämlich die Frauen. Ich war als »Fotograf« eingeladen und zählte neben den Musikanten zu den wenigen Männern, die an diesem Teil der Zeremonie teilnahmen. Etwa 20 Frauen, die sich allesamt in bunte Saris hüllten, waren geladen. Die Braut war vielleicht Mitte 20 und durch einen blumenverzierten Schmuck zu erkennen, den sie auf ihrem Kopf balancierte und stets mit einer Hand absicherte. Die anderen Frauen tanzten zu der Musik um die Braut herum und hielten Rupien-Scheine in die Luft, die von einer anderen Frau eingesammelt wurden. Für die Familie der Braut bedeutet die Hochzeit eine besondere finanzielle Belastung. In Indien wird für die Frau eine Mitgift fällig. Schließlich wird sie jetzt in die Familie des Mannes aufgenommen, die sich fortan auch finanziell um sie kümmern muss. Manche Familien haben noch nicht einmal genügend Geld fürs eigene Essen und müssen trotzdem eine Mitgift bezahlen, die umgerechnet schnell ein paar Tausend Euro umfassen kann. Die Geburt eines Kindes weiblichen Geschlechts wird daher noch heute in vielen Landesteilen als Enttäuschung angesehen, bedeutet es doch, dass man von nun an Geld für die Mitgift zur Seite legen muss. Da wundert es nicht, dass die Abtreibungsquote in Indien erschreckend hoch ist. Tausende Frauen sterben zudem jedes

Jahr durch unsachgemäß vorgenommene Abtreibungen. Letztlich führt all dies dazu, dass die Verteilung von Frauen und Männern in Indien aus dem Gleichgewicht geraten ist. Berechnungen von 2018 zufolge fehlen in Indien 63 Millionen Frauen, um ein Gleichgewicht herzustellen. Bei 1,4 Milliarden Einwohnern fällt das vielleicht nicht so ins Gewicht. Aber vor allem in ländlichen Gebieten ist der Unterschied stark zu spüren. Junge Männer finden plötzlich keine Frauen mehr. Die Beschränkungen auf Kaste und sozialen Status machen es noch schwieriger, die passende Braut zu finden.

Nachdem die Hochzeitsgesellschaft tanzend durch die Straßen und in einen Park gezogen war, ging es wieder zurück zum Haus der Braut. Während sich die Frauen auf den Teppich setzten und wild durcheinander plauderten, zündete die Mutter der Braut eine Kerze auf dem reich geschmückten Familienaltar an. Ich verabschiedete mich von den Damen und zog mich aus dieser doch intimen Runde zurück. Was die Frauen wohl von mir hielten? Ein wildfremder Reisender, eingeladen von einem Cousin, kommt zur Hochzeitszeremonie, fotografiert und geht wieder. Es ist unmöglich, sich ein ähnliches Szenario in unserer heimischen Kultur vorzustellen. Trotzdem war ich sehr dankbar, dass ich an einem so wichtigen Ereignis teilhaben und einen Einblick in die große Welt der Familientraditionen bekommen konnte. Als ich in die Unterkunft zurückkehrte, wartete schon mein Guide für die Wüstentour auf mich. Namo konnte zwar nur wenig Englisch, dafür wusste er ganz genau, wo man Antilopen, Wüstenfüchse, Echsen, Geier und Adler aufspüren konnte. Am Rande einer großen Sanddüne schlugen wir unser Nachtlager auf und verspeisten unsere Lunchpakete. Am Horizont lief eine Horde Kamele in den Sonnenuntergang. Ein Bauer in weißem Gewand, mit orangefarbenem Turban auf dem Kopf, kam an unserem Lager vorbei und wechselte ein paar Worte mit Namo. Das war wieder eine komplett andere Welt. Nach den vielen Tagen in der Stadt genoss ich diese Abgeschiedenheit. Noch lange saßen wir stumm am Lagerfeuer und lauschten der Stille der Wüste (*27°43'06.0"N 73°11'06.0"E*). Über uns war die Milchstraße zu sehen. Namo rollte seine Schlafmatte neben dem Pajero aus und schaute zufrieden in den Himmel, während ich die weitere Route plante.

Mein Weg führte mich nun in die für Hindus heilige Stadt Pushkar. Nach einer Legende ließ der Schöpfergott Brahma eine Lotusblüte fallen, und dort, wo sie den Boden berührte, entstand auf wundersame Weise ein See mitten in der Wüste. Um genau diesen herum befinden sich heute unzählige Tempel und Terrassen nahe dem Wasser, wo gläubige Hindus vor allem morgens ihre rituellen Waschungen durchführen. Ich fand es wieder einmal faszinierend, die vielen Facetten dieser fremden und komplexen Kultur zu beobachten. Der Ort hatte sich zum Mekka für Hippies und Sinnsuchende entwickelt, die sich abends am See trafen, um zu musizieren, Kunststücke aufzuführen und zu tanzen. Zusammen mit den gläubigen Hindus ergab dies eine sehr interessante Mischung. Es war einer dieser Orte, an denen man wieder einige Tage bleiben konnte. Doch langsam ging meine Zeit in Indien zu Ende. Schon in 5 Tagen wollte ich Tina aus Dresden in Delhi treffen, um zusammen mit ihr durch Pakistan und China bis nach Kirgistan zu fahren. Bei meiner Routenplanung in der Wüstennacht bei Bikaner hatte ich mir aber noch zwei ganz besondere Ziele ausgesucht: die rosarote Stadt Jaipur und den Ranthanbhore-Nationalpark.

In der Stadt Jaipur erlebte ich erneut ein Beispiel indischer Gastfreundschaft. Eigentlich wollte ich nur kurz zentrumsnah mein Auto abstellen, um die rosarote Stadt anzuschauen. Anlässlich eines Prinzenbesuchs waren einst alle Gebäude der Innenstadt neu gestrichen worden, um die schlechte Qualität der Bausubstanz zu übertünchen. Die in der Sonne pink leuchtende Farbe gab der Stadt ihren Spitznamen. Als ich gerade aus dem Auto stieg, sprach mich ein Mann an und fragte, ob er sich kurz mit mir unterhalten könne, denn er habe nur selten die Möglichkeit, mit Ausländern zu sprechen. Kurze Zeit später saß ich in seinem Laden und trank Tee.

Der Besitzer reichte mir Gebäck, das seine Frau kürzlich gebacken hatte und besorgte weitere Snacks. Nach meinem Stadtrundgang lud mich der Bruder des Ladenbesitzers zu sich nach Hause ein. Er wohnte am Stadtrand und bot mir an, dass ich in seinem Garten im Auto übernachten könnte. Das Angebot nahm ich gerne an. Er stellte mich seiner gesamten Familie vor, die mich mit Köstlichkeiten bekochte. Nur wenige in seiner Familie konnten Englisch, es kamen also keine richtigen Gespräche zustande, doch der Schwager des Ladenbesitzers nutze seine wenigen Vokabeln, um die Feindschaft zum Nachbarland Pakistan deutlich zu machen. Zuvor hatte ich den staunenden Familienmitgliedern meine geplante Route zurück nach Deutschland geschildert. »In Pakistan sind 80 Prozent der Einwohner Terroristen«, polterte der Schwager. »Das haben sie im Fernsehen gesagt und im Internet steht das auch.« Zustimmendes Kopfnicken in der Runde. »Man sollte eine große Bombe auf das Land werfen, das würde sämtliche Probleme lösen!« Auch dieser Vorschlag wurde von den Familienmitgliedern unterstützt. »Aber ihr wart doch mal ein Volk! Warum hasst ihr euch so?«, fragte ich den Schwager. Er ging nicht auf die Frage ein, vielmehr richtete er einen dringenden Appell an mich. »Fahr nicht nach Pakistan, Mathias. Du wirst mit hoher Wahrscheinlichkeit umgebracht. Mach das nicht!« Jahrtausendelang waren die Völker der heutigen Länder Pakistan und Nordwestindien eins. Noch heute vereint sie eine gemeinsame Mentalität, Volkskultur, Küche und Poesie – und eine gemeinsame Sprache, das Hindustani. Dessen Varietät Urdu, die in Pakistan gesprochen wird, unterscheidet sich nur hinsichtlich des Alphabetes und des religiösen Wortschatzes von der indischen Varietät Hindi. Doch der Stachel der Teilung sitzt tief. Ein Großteil der 2.900 Kilometer langen gemeinsamen Grenze ist noch immer nicht vertraglich festgelegt und wird als »Line of Control« bezeichnet. Während Indien mit dem Status quo gut leben kann, erhebt Pakistan Anspruch auf bestimmte Gebiete, vor allem auf die Region Kaschmir. Immer wieder gibt es dort entlang der »Grenze« Scharmützel zwischen den Armeen. Fünf Kriege gab es seit der

Teilung 1947 in dieser Region und allein in den letzten 30 Jahren kamen in dem indischen Bundesstaat »Jammu und Kaschmir« fast 50.000 Menschen aufgrund von terroristischer Gewalt ums Leben. Der Bundesstaat war vor der Teilung 1947 ein indischer Fürstenstaat, der von einem Maharadscha geführt wurde. Großbritannien ließ die Fürstenstaaten entlang der geplanten Grenze entscheiden, ob sie sich lieber Pakistan oder Indien anschließen wollten. Obwohl Jammu und Kaschmir mehrheitlich muslimische Einwohner hatten, entschied sich der Maharadscha für den Anschluss an Indien. Pakistan erkennt bis heute diese Entscheidung nicht an. Zuletzt hatte Indien 2019 Salz in die Wunde gestreut, indem es dem Bundesstaat die Sonderrechte entzogen hatte, die nach der Teilung zugestanden worden waren, um eine Integration in den indischen Staat zu erleichtern. Pakistan sieht das als Affront und hat daraufhin sämtliche diplomatischen Beziehungen abgebrochen. Ein Ende des Konflikts ist nicht abzusehen. Um als Inder nach Pakistan zu kommen oder als Pakistaner nach Indien, müssen enorme bürokratische Hürden genommen werden. Wie sollen da die beiden Länder überhaupt zusammenkommen?

Auf meinem Weg zum Ranthambore-Nationalpark gab es einen lauten Knall und mein hinterer Reifen war platt. Da es nicht mein erster Platten war, ging ich routiniert zum Reserverad, um es von der Halterung abzuschrauben. Es dauerte nur zwei Minuten, dann waren schon drei Inder da und wollten den Reifenwechsel übernehmen. »No Problem, Mister! Wir können das machen. Waschen Sie doch dort am Haus ihre guten Hände. Sie müssen sie doch nicht schmutzig machen«, wandten die fleißigen Helfer ein. Beim Radwechsel kann man ja nicht viel verkehrt machen, dachte ich mir und machte mich zum Händewaschen auf, als sie gerade das Ersatzrad festschraubten. Ich gab den Helfern ein paar Rupien und fuhr mit sauberen Händen weiter. Doch etwas stimmte nicht. Es irritierte mich, dass ich plötzlich meinen Hinterreifen im Rückspiegel sehen konnte. Oder war das schon immer so gewesen und ich lenkte nur zu viel Aufmerksamkeit auf den Reifen? Um auf Nummer sicher zu gehen, hielt ich an und überprüfte die Radmuttern. Geschockt musste ich feststellen, dass alle Radmuttern lose waren. Die indischen Helfer hatten vergessen, sie festzuziehen. Es fehlte nicht viel, dann hätte ich mein Rad verloren, was zu einem großen Schaden am Auto geführt hätte. Kopfschüttelnd schrieb ich in mein Notizheft:

42. Man kann sehr wohl beim Reifenwechsel etwas falsch machen. Unbedingt sollte man in Indien Arbeiten am Auto überwachen und überprüfen, um keine großen Überraschungen zu erleben.

Im Nationalpark angekommen, durfte ich ein weiteres Mal einen äußerst kompetenten Inder kennenlernen. Der Morgen begann schon chaotisch. Meine Unterkunft bot Tigersafaris an, aber, um mir die drei Euro Service-Gebühr zu sparen, lief ich selber zum Ticketoffice des Nationalparks, um mir die Karten zu organisieren. Dazu musste ich schon um 5 Uhr am Schalter stehen. Mein Plan war, schnell das Ticket zu besorgen, dann gemütlich zu frühstücken und um 7 Uhr zur Safari aufzubrechen. Doch das ging mächtig in die Hose. Ich wurde zu den verschiedensten Schaltern geschickt, musste verschiedene Leute bezahlen und dann saß ich ganz plötzlich schon im Jeep. Der Fahrer sammelte fünf weitere Mitfahrer an den entferntesten Stellen ein, um 90 Minuten später wieder am Ticketoffice vorbeizufahren. Adieu Frühstück. Allerdings hatten wir gleich bei der Einfahrt in den Nationalpark Glück und entdeckten einen gewaltigen männlichen Tiger, der genau vor uns über den Torbogen einer alten Festung lief. Der Tiger war bei den britischen Kolonialherren eine beliebte Jagdtrophäe. Hunderte Tiger wurden jedes Jahr aus Spaß geschossen, bis Indien, nach dem Abzug der Engländer, die Tiere unter Schutz stellte und Reservate und Nationalparks gründete. Diese majestätischen Tiere sind heute fast ausschließlich in diesen Gebieten zu sehen. Und selbst da braucht man noch eine Portion Glück – die wir an diesem Morgen gleich hatten. Doch das

Glück war nur von kurzer Dauer. Beim Versuch, dem Tiger hinterherzufahren, zerstörte der Fahrer, einen unangenehmen Gummigeruch verursachend, die Kupplung des Jeeps. Die Weiterfahrt war unmöglich und wir saßen eine Stunde im Jagdrevier des Tigers fest – in einem offenen Jeep. Es war strengstens verboten, den Jeep zu verlassen, denn sonst hätte ja ein Tiger angreifen können. Der hätte aber auch kein Problem gehabt, in den Cabrio-Jeep zu springen. Nach einer gefühlten Ewigkeit sammelte uns dann ein Ersatzjeep ein, der uns allerdings direkt zurück zum Parkausgang fuhr. »Die Zeit zur Besichtigung des Parks ist vorbei«, stellte der Nationalparkwächter am Büro fest. Meine Mitfahrer fanden das, wie auch ich, gar nicht so schön und forderten ihr Geld zurück. »Warum wollen Sie denn ihr Geld zurück? Sie haben doch einen Tiger gesehen!«, blaffte der Ranger zurück. Damit waren uns alle Argumente genommen.

Allerdings durfte man andere Teile des Nationalparks auch ohne Führer besuchen, was ich als eine angemessene Entschädigung für die mäßige Tigersafari ansah. An den Flanken eines steilen Felsens erstreckt sich die teilweise vom Dschungel überwucherte Festung Rathambhor. Als ich durch die Anlage schlich, wurde gleich wieder mein Abenteurer-Gen aktiv. Der Ausblick von der etwa 200 Meter hohen felsigen Anhöhe war fantastisch. Unten am See grasten Rehe, ein Pfau lief stolz über den Weg und Affen lümmelten sich gemütlich an einer Mauer und waren mit gegenseitiger Fellpflege beschäftigt. Und kurz bevor ich zum Auto zurückkehrte, entdecke ich in sicherer Entfernung einen schlafenden Tiger im Gebüsch. Das überraschte mich etwas, denn ich nahm an, dass die Anlage nicht zum Revier eines Tigers gehörte. Schließlich laufen hier ja täglich zahlreiche Besucher an den Festungsmauern entlang. Bei uns zu Hause wäre das natürlich unmöglich, hier in Indien allerdings »no problem«. Erwarte das Unerwartbare – Indien hatte sein Motto an diesem Tag perfekt in Szene gesetzt.

Kapitel 14

Bilder | Videos | Karten

Delhi und Agra
Auf den Spuren der Maharadschas

Acht Stunden Fahrt lagen noch vor mir, bis ich die Hauptstadt Indiens erreichte. Nördlicher war ich in diesem Land zuvor noch nie gewesen. Kaum vorzustellen, dass ich anderthalb Monate und 5.000 Kilometer zuvor noch am südlichsten Ende Indiens gewesen war. Ich fühlte mich schon beinahe wie ein Fernfahrer, mein linker Arm hatte schon die typische Trucker-Bräune angenommen. 182.750 zeigte der Kilometerzähler des Pajero an. Damit war ich schon 40.000 Kilometer gefahren, seit ich 9 Monate zuvor mein Elternhaus in Dresden verlassen hatte. Ich hielt am Straßenrand an und schrieb stolz eine 40.000 auf die staubige Heckscheibe. Wie viele Kilometer würden wohl noch folgen? In etwas mehr als 2 Monaten wollte ich schon wieder in Dresden sein. Zunächst schauderte es mich davor, die nächste indische Großstadt anzufahren. Ich legte eine Pause in einer Kleinstadt ein, die auf der Hälfte der Strecke lag und deren Stadtpalast in meinem Reiseführer angepriesen wurde. An diesem Tag war aber auch eine indische Schulklasse zum Besuch des Stadtpalastes ausgerückt und verfolgte mich mit dem Wunsch, ein gemeinsames Selfie zu machen. Das war keine Seltenheit auf meiner Reise, immer wieder wurde ich von Einheimischen angesprochen und meistens kam ich dem Wunsch, für ein Bild herzuhalten, nach. Wahrscheinlich wurde das Bild dann an alle Freunde geschickt und stolz verkündet, dass man einen neuen »Freund aus Deutschland« hätte. Denn die Frage »Whereareyoufrom?« kam direkt nach der Frage »Selfie?«. An diesem Tag trieben es die Schüler aber auf die Spitze. Als ich mit einigen für ein Foto posiert hatte, fühlten sich gleich andere ermutigt, ein Bild mit mir aufzunehmen. In kürzester Zeit bekam ich über 30 Fotoanfragen und irgendwann wurde es mir zu viel. Ich kam mir vor wie ein Tier, das man im Zoo fotografiert. Genervt sah ich von der Fortsetzung meines Stadtpalastbesuchs ab und schlug mich in die Straßen der Kleinstadt auf der Suche nach meinem Auto. In Gedanken vertieft, hatte ich mir nicht gemerkt, wo genau ich es abgestellt hatte. Ich folgte der lauten Musik, die ich am Ende der Straße wahrnahm, und stieß direkt auf einen Straßenumzug. In fast unerträglicher Lautstärke drang Hindi-Musik aus einem gigantischen Lautsprecher, der auf einem Anhänger platziert war, der wiederum von einem Traktor gezogen wurde. Figuren auf anderen LKW-Anhängern zeigten Szenen der hinduistischen Götterwelt und wurden von Frauen und Männern begleitet, die ihre feinsten Saris und Umhänge zur Schau trugen. Dazwischen drehten sich tanzende mit Asche überschüttete Sadhus so energisch im Kreis, dass ihre langen Rastahaare weit umherwirbelten und sich die Asche auf die Zuschauer verteilte. Die Pferde und Kamele, die den Umzug begleiteten, waren mit klimpernden Ketten und edlen Stoffen geschmückt. Was hier gefeiert wurde, konnte ich zwar nicht in Erfahrung bringen, dafür war ich mir aber sicher, dass die Tänzer hinter dem Traktor mit dem Lautsprecher einen Hörschaden bekommen würden. Als der Umzug den Straßenzug passiert hatte, tauchte an dessen Ende der Parkplatz auf, wo ich mein Gefährt in sichere Obhut gegeben hatte. Es konnte also weitergehen – nach Delhi, der Hauptstadt der Luftverschmutzung.

Laut einem Wissenschaftsmagazin starben 2019 fast 18.000 Menschen in der 17-Millionen-Metropole an den Folgen der Luftverschmutzung. An manchen Tagen ist der Smog so stark, dass man fast nicht mehr die Hand vor dem Gesicht erkennen kann. Regelmäßig werden dann Schulen geschlossen und das öffentliche Leben heruntergefahren. Zu Beginn des Winters werden von den Bauern in der Umgebung die Erntereste auf den Feldern abgebrannt. Der Rauch bildet dann zusammen mit den Abgasen von Millionen von Fahrzeugen und zahlreichen Fabriken ein gefährliches Gemisch. Ein Luftqualitätsindex bis 50 gilt als gut und ist europaweit die Norm, die Skala geht bis zum Wert von 300+, der als gesundheitsgefährdend gilt. In Delhi liegt der Wert oft bei 800. Als ich in Delhi einfuhr, war die Luft überraschend klar, trotzdem ließ ich die Fenster lieber zu. Der Gestank einer mächtigen Müllkippe zog über die Straße. Auf den Müllbergen konnte ich Kinder erkennen, die nach Verwertbarem suchten. 9.500 Tonnen Müll werden pro Tag in Delhi produziert. Bis der Unrat hier auf der Müllkippe landet, wird er von Armen gesammelt und durchforstet, in der Hoffnung, etwas zu finden, was sich noch zu Geld machen lässt. Auf den Müllkippen wird dann weitergesucht, und oft sind es Kinder, die dieser gefährlichen Aufgabe nachkommen und barfuß über die Deponie wandern. 44 Prozent der Einwohner Indiens leben unter der Armutsgrenze und müssen mit weniger als einem US-Dollar pro

Tag auskommen. In Delhi wird man beinahe ständig mit der extremen Armut konfrontiert. Als ich an einer Ampel wartete, klopfte es an der Autotür. Ein Mann hielt mir die Hand hin und erwartete ein paar Rupien. Sein gesamter Unterkörper fehlte, der obere Teil balancierte auf einem Brett mit Rollen. Ich erschrak bei diesem Anblick. Der erschöpfte Blick des Mannes ging mir durch Mark und Bein. Genervt schob er sich mit seinen Händen an und rollte zum Fahrzeug vor mir. Der Fahrer ließ einen Rupienschein auf die Straße fallen und der Bettler zog damit zufrieden weiter. Bettler, darunter viele Kinder, sieht man vor allem in Großstädten. Gerade die Kinder sind oft Teil einer Bande und müssen ihr erbetteltes Geld an ihre Chefs abgeben. Einige Bettler verkrüppeln sich selbst, um mehr Geld erbetteln zu können. Es war verstörend und beängstigend zugleich, was ich alles auf dem Weg in die Stadt zu Gesicht bekam. Mächtige Slums erstreckten sich am Fahrbahnrand und wechselten sich mit prachtvollen Hochhäusern und Villen ab. Arm und Reich lebten hier ganz nah beieinander.

Es war schon dunkel, als ich mein Ziel in Delhi erreichte. Am Ende war ich doch in einen anstrengenden Stau geraten, der mich daran hinderte, vor Einbruch der Dunkelheit anzukommen. Mal wieder musste ich genervt in das Fernlicht hunderter Autos blicken, die mir entgegenkamen. Dafür wurde ich bei meiner Ankunft mit einem leckeren Essen belohnt. Heiner und Anna, die ich zuvor in Goa getroffen hatte, warteten schon auf mich und hatten ein leckeres Curry gekocht. Ich hatte mich mit den beiden auf dem Parkplatz einer gepflegten Parkanlage verabredet, den sie seit einigen Tagen als Stellplatz nutzten (*28°35'37.0"N 77°11'34.0"E*). Nach dem Essen zauberte Heiner noch ein kaltes Bier aus seinem Kühlschrank – die Rettung des Tages. Lange tauschten wir unsere Indienerfahrungen aus. Anna und Heiner waren froh, Indien bald zu verlassen. »So langsam bin ich ziemlich genervt. Dieser Verkehr, dieser Lärm und überall und ständig so viele Menschen«, ächzte Anna. »Mich nervt diese unglaubliche Bürokratie in diesem Land. Wir mussten unser

Visum verlängern und brauchten dafür drei Tage. Am Ende mussten wir sogar einen Beamten bestechen, damit es schneller ging«, brummte Heiner. Die Korruption ist ein fester Bestandteil der indischen Gesellschaft. Unternehmer sind nur erfolgreich, wenn sie mit einem bestimmten Geldbetrag die staatliche Bürokratie dazu bringen, Augen und Ohren vor eventuellen Gesetzesverstößen zu verschließen. Schmiergeldzahlungen sind in Indien ein Kavaliersdelikt und in allen Bereichen und Gesellschaftsklassen üblich. Auch die ärmeren Menschen sind davon nicht ausgeschlossen. Die zahlreichen Straßenverkäufer, die eigentlich illegal den öffentlichen Grund nutzen, zahlen ein Schmiergeld an die Polizei. Um in bestimmten Bereichen betteln zu können, muss eine gewisse Summe entrichtet werden. Und Verkehrsverstöße werden natürlich auch ohne Quittung an Ort und Stelle bezahlt. Ich wusste schon, warum ich an Verkehrspolizisten vorbeifuhr, wenn sie versuchten, mich anzuhalten. »Sei froh, dass nach deinem Unfall nicht die Polizei gekommen ist«, meinte Heiner. »Mit hoher Wahrscheinlichkeit wärst du erstmal eine Menge Bargeld losgeworden. Und der Verursacher hätte wahrscheinlich von der Polizei Prügel bezogen.«

Anna und Heiner planten, am nächsten Tag nach Pakistan zu reisen. Wir besprachen letzte Details unseres geplanten China-Transits und verabredeten uns für ein erneutes Treffen in Pakistan, um gemeinsam den Karakorum-Highway zu fahren. Da die beiden bereits eine Menge Pakistan-Erfahrung gesammelt hatten, beruhigte mich das ein wenig. Denn nach dem Gespräch mit der Familie in Jaipur hatte ich gleich wieder ein schlechtes Bauchgefühl. Als ich am nächsten Morgen gähnend aus dem Auto stieg, waren die beiden schon längst unterwegs. Sie wollten den Verkehr in der Metropole wohl möglichst schnell hinter sich lassen.

Der Park war bereits gut besucht. Zahlreiche Expats, also Ausländer, die in Indien arbeiten, nutzten den Park für die morgendliche Sporteinheit. Sie fuhren mit ihrem SUV auf den Parkplatz oder wurden von einem Fahrer gebracht. Mit modischem Sportoutfit und Kopfhörern im Ohr wurde dann Runde um Runde gedreht.

Amüsiert beobachtete ich das Treiben, während ich am Auto mein Rührei zubereitete. Mein Stellplatz war perfekt. Gleich nebenan gab es ein Waschhaus mit gefiltertem Wasser und westlichen Toiletten. Der Parkplatz lag mitten im Zentrum Neu-Delhis – dem modernen Stadtteil mit breiten, von Bäumen gesäumten Prachtstraßen, Kolonialbauten und dem Sitz der Zentralregierung – und doch abseits großer Verkehrswege, deshalb war er relativ ruhig. Ich heuerte einen Rikschafahrer an, der mich mit seinem für Delhi typischen grün-gelben, motorisierten Gefährt einen ganzen Tag umherfuhr. Ich hatte einen guten Tag erwischt, die Luft war verhältnismäßig klar und sauber. Für einen Mittwoch war überraschend wenig los in der Stadt und ich genoss es sehr, selbst einmal umhergefahren zu werden. Der Fahrtwind sorgte für die notwendige Frische. Dazu erzählte mir der Rikscha-Wallah allerlei über seine Stadt und zeigte sich enttäuscht darüber, dass ich dafür gerade einmal einen Tag eingeplant hatte. Aber auch ich war etwas müde von Indien und dachte an das Gespräch mit Anna und Heiner zurück. Es gab keinen Tag, an dem mich dieses Land nicht herausforderte. Auch ich sehnte mich nach Neuem. Aber vor allem freute ich mich auf die Berge des Karakorums und auf ruhige Momente.

Mein Fahrer hatte sich als letzte Station für den Tag den Lodi-Park aufgehoben. Zahlreiche Baudenkmäler aus dem 15. und 16. Jahrhundert waren in dem ausgesprochen gut gepflegten Park verteilt. Die islamischen Grabmale erinnerten an die Zeit, als Delhi noch ein Sultanat war und von Maharadschas regiert wurde. Als ich nach meinem Parkrundgang zum Rikscha-Wallah zurückkehrte, träumte er wahrscheinlich gerade von jener Zeit, denn er hatte es sich auf der Rückbank bequem gemacht und schlummerte friedlich und tief. Den Lärm auf dem Parkplatz nahm er überhaupt nicht wahr und schreckte auf, als ich ihn anstupste. »Driving home?«, fragte er mich. Schließlich war ja mein Auto auch mein Zuhause.

Ich hatte eine sehr kurze Nacht, denn der Flieger von Tina landete um 3 Uhr früh. Um diese Uhrzeit waren die Straßen wie leergefegt und nur auf dem Flughafenzubringer war einiges los. Im Flughafengebäude fanden wir uns ohne Probleme und dann steuerten wir gleich ein echtes Indien-Highlight an. Auch Tina war keine große Freundin von Großstädten und nahm den Vorschlag an, gleich vom Flughafen aus nach Agra zu fahren, um dort das legendäre Taj Mahal zu besichtigen. Zusammen brausten wir über eine Autobahn, die genauso gut im entlegendsten Teil Brandenburgs hätte liegen können. Auf dem Delhi-Agra-Expressway fallen für indische Verhältnisse extrem hohe Mautgebühren an und deshalb ist die dreispurige Autobahn so leer, dass man locker darauf Fußball spielen könnte. »Was schimpfst du denn immer so über den Verkehr?«, flachste Tina. »So schlimm ist es hier doch gar nicht!«. – Drei Tage später dachte sie schon anders.

Das Taj Mahal ist wahrscheinlich Indiens beliebtestes Fotomotiv und wird jährlich von Millionen Touristen aus aller Welt besucht. Und das zu Recht. Neben dem riesigen Marmorgrabmal erscheinen die Besucher wie kleine herumwuselnde Ameisen. Ein Schah ließ es Mitte des 16. Jahrhunderts für seine Lieblingsfrau errichten, die bei der Geburt ihres 14. Kindes gestorben war. Für die Errichtung wurden 20.000 Arbeiter aus ganz Asien angestellt. Materialien und Edelsteine aus Persien, Russland, Afghanistan, Tibet und China wurden verbaut. Der Marmor kam aus Rajasthans Steinbrüchen. 20 Jahre dauerte es bis zur Fertigstellung. Der Schah hatte eines der denkwürdigsten Gebäude der Welt errichten lassen, bei dessen Anblick man aus dem Staunen nicht mehr herauskommt. Er selbst wurde nach seinem Tod an der Seite seiner Frau begraben.

Vor dem Besuch des Taj Mahals hatten wir unser Gefährt auf einem Parkplatz zurückgelassen, dessen Parkgebühr eine Autowäsche umfasste. Herrlich glänzte der Pajero, als wir ihn in Empfang nahmen und dann schraubten wir erst einmal das neue Nummernschild an. Tina hatte in Deutschland eins besorgt. Es hatte zwar kein offizielles Siegel, aber darauf würde sowieso keiner achten. Meine indische Kopie würde zuhause einen Ehrenplatz bekommen, auch wenn es durch den Unfall mit dem Motorrad etwas in Mitleidenschaft gezogen worden war. So gut hatte es mich durch das Land gebracht. Wir tauschten den Pajero gegen eine Rikscha und ließen uns noch etwas durch Agra fahren. In der ehemaligen Hauptstadt des Mogulreiches sind noch zahlreiche Bauwerke erhalten, die an die glorreiche Zeit erinnern. Das Highlight blieb aber das Taj Mahal, das wir von einem ruhigen Park auf der anderen Flussseite aus – im Lichte der untergehenden Sonne – noch einmal bewundern konnten. »Das ist wirklich ein richtig toller Auftakt meiner Reise«, flüsterte Tina. Und plötzlich war ich wieder etwas traurig darüber, dass ich Indien bald verlassen würde.

Kapitel 15

Rishikesh
Zurück zum Ursprung

Es war noch dunkel, als wir Agra in Richtung Rishikesh verließen. Unser Ticket für die Nutzung des Delhi-Agra-Expressways galt 24 Stunden, und um nicht nochmal die saftige Straßennutzungsgebühr zu zahlen, machten wir uns kurzerhand etwas früher auf den Weg. Schließlich lagen noch 430 Kilometer indische Straße vor uns. Und schnell lernte Tina, dass die Zustände, die wir auf dem Expressway vorgefunden hatten, eher die absolute Ausnahme waren. Am Rand von Delhi gerieten wir in einen anstrengenden Stau, der eine Menge Zeit fraß. Kaum hatten wir die letzten Vororte der Hauptstadt hinter uns gelassen, nahmen Kuhherden die Straße in Beschlag. Schweine kämpften sich durch Müllberge am Wegesrand. LKW und Rikschas zeigten ihre gewohnten Kamikaze-Einsätze. Auf dem Beifahrersitz wurde es ruhig. Was wohl in Tina gerade vorging?

Wir durchquerten nun Uttarakhand, das »nördliche Land«, den zweitjüngsten Bundesstaat Indiens, der ganz im Norden an China und Nepal grenzt. Erst im Jahr 2000 wurde er als Abspaltung von Uttar Pradesh gegründet. Auf seinem Territorium liegt der Nanda Devi, mit 7.816 Metern Höhe der höchste Berg Indiens. An der südlichen Grenze Uttarakhands stößt das indische Tiefland an den mächtigen Himalaya, der hier eine der schönsten Bergregionen Indiens hervorbringt. Durch die zahlreichen tiefen Schluchten haben sich einige beeindruckende hinduistische und buddhistische Mikro-Zivilisationen gebildet. Das Tor zu diesem beeindruckenden Bundesstaat bildet die Pilgerstadt Haridwar, deren Name übersetzt »Tor Gottes« bedeutet. Hier windet sich der Ganges durch die letzten Täler der Berge, um sich dann seinen Weg durch die Ebene zum Golf von Bengalen zu suchen. Die Bedeutung der Pilgerstadt wird durch eine gigantische 30 Meter hohe Shiva-Figur unterstrichen, die am Ortseingang die Pilger empfängt. Wie drei weitere heilige Städte ist auch Haridwar Austragungsort der Kumbh Mela, des größten hinduistischen Festes, und empfängt alle 12 Jahre Millionen von Pilgern, die ihre rituellen Waschungen im heiligsten aller Flüsse vollziehen, dem Ganges. Wir fuhren noch einige Kilometer flussaufwärts und erreichten nach einem anstrengenden Fahrtag die Hauptstadt des Yogas – Rishikesch. Zahlreiche kleine und große Meditationszentren sind in und nahe der Kleinstadt am Ganges verteilt. International bekannt wurde der Ort, als 1968 die Beatles in einem der Ashrams die Erleuchtung suchten. Der Yogi für transzendentale Meditation ließ eigens dafür luxuriöse Bungalows errichten, die heute gegen ein saftiges Eintrittsgeld besucht werden können und immer noch Beatles-Fans aus aller Welt anlocken. An die 40 zum Teil legendäre Kompositionen sind in dieser Zeit entstanden und auf dem »Weißen Album« zu finden.

Etwas abgelegen vom Trubel der 70.000-Einwohnerstadt fanden wir einen ruhigen Parkplatz bei einer Pension, die gerade renoviert wurde (*30°08'06.0"N 78°19'02.0"E*). Der Besitzer hatte nichts dagegen, dass wir dort nächtigten, und ließ uns sogar kostenlos die sanitären Einrichtungen benutzen. Die Anfahrt war allerdings nichts für schwache Nerven. Es war steil und an einer Stelle so eng, dass wir beide Spiegel einklappen mussten. Mit dem kostenlosen und geräumigen Stellplatz wurden wir dafür aber mehr als belohnt. Keine 15 Minuten zu Fuß entfernt, fanden wir einen herrlichen Wasserfall mit glasklarem Wasser und somit die beste Duschgelegenheit, die es überhaupt geben konnte. Zur Stadt mussten wir zwar einen kleinen Fußmarsch absolvieren, dafür hatten wir aber auf dem Berg unsere Ruhe.

Rishikesh liegt an steilen Hängen auf beiden Seiten des Ganges. Im Zentrum verbindet eine große Hängebrücke die Stadtteile beidseits der Ufer. Sie kann allerdings von Autos nicht genutzt werden. Dafür findet sich alles andere auf der Brücke: Kühe, Affen, Fahrradfahrer, Mopeds, Menschen. Stets herrscht reges Treiben auf und unter der Brücke. Unten lassen sich die Rafting-Boote zahlreicher Tourenanbieter den Ganges hinuntertreiben. Neben dem Yoga und dem heiligen Ganges gehören auch weltliche Aktivitäten wie Wildwasserfahrten und Trekking zu der Region. Ich konnte es kaum glauben, dass dies derselbe Fluss war, den ich einige Monate zuvor noch in Varanasi mit einer Spur von Ekel betrachtet hatte. Das Wasser war kalt und klar, und ich nutzte hier die Gelegenheit, um meine Füße in den heiligen Fluss zu halten. In Varanasi wäre ich nie auf diese Idee gekommen. Ungefährlich ist das Badevergnügen jedoch nicht.

Zur Schneeschmelze im Frühling verwandelt sich der gerade noch ruhige Fluss in einen reißenden Strom. Auf einem Schild stand der entsprechende Hinweis in Hindi-Englisch: »Dontbathhere. Water ist verrydip. Order by: Police«. Dahinter nahmen zahlreiche Inder vergnügt ein Bad im Wasser und ließen sich jauchzend von der Strömung flussabwärts treiben. Am Ufer waren zwei Jungbullen damit beschäftigt, einen Kampf untereinander auszufechten. Sie versuchten, sich mit ihren Hörnern gegenseitig wegzuschieben.

In drei Tagen würde ich Indien verlassen und bis dahin müsste ich es noch schaffen, keine Kuh auf der Straße zu verletzen. Bei einem Unfall mit einer Kuh kann es schnell ungemütlich werden. Kühe haben in Indien immer Vorfahrt und wenn man sie im Straßenverkehr verletzt, droht eine empfindliche Strafe. In manchen Bundesstaaten muss man bei einem Unfall, bei dem ein Tier tödlich verletzt wird, sogar einige Tage ins Gefängnis. Die Kuh ist in Indien ein Symbol für Mütterlichkeit, Fürsorge und Sanftheit. Sie spendet den Menschen vier lebenswichtige Gaben: das Butterschmalz zur Zubereitung von Speisen, als Opferbeigabe und als Brennmaterial für die Feuerbestattungen; den Mist, der als Bau- und Brennmaterial verwendet wird; den Urin, der als Heilmittel gilt, und die Milch, die ein notwendiger Eiweißlieferant ist. Das Fleisch wird jedoch nicht angetastet. Das musste auch der Fast-Food-Riese McDonald's herausfinden, als erste Filialen in Indien eröffneten. Burger haben daher keine Rindfleisch-Patties. Schweinefleisch ist wegen der Muslime auch keine Option, daher gibt es vielerorts nur vegetarische Burger. Bei uns kaum vorstellbar.

Bald ließen die Bullen vor dieser malerischen Kulisse vom Kampf ab und legten sich träge in den Sand. Im Hintergrund der rauschende Ganges und Rishikesh mit seinem knallig bunten und 13 Stockwerke hohen Kailash-Niketan-Tempel und der roten Hängebrücke, die gerade wieder von einer Horde Affen besiedelt war. Die Affen waren schlau. Sie wussten, dass die Brücke den Flaschenhals für alle darstellte, die hier den Ganges überqueren wollten. Und sie wussten, dass sich in den Rucksäcken und Taschen immer etwas

Leckeres finden ließ. Auch wir mussten diese Erfahrung machen. Auf einem kleinen Markt hatten wir uns etwas Obst für das Frühstück gekauft. Vergnügt spazierten wir über die Brücke und merkten nicht, wie wir von einem Affen verfolgt wurden. Dieser warf mit einem gezielten Griff seine Finger in die Plastiktüte, zog eine Mango heraus und rannte davon. Eilig verstauten wir das restliche Obst im Rucksack und rannten von der Brücke. Obwohl die Äffchen immer recht süß aussehen, sind sie nicht ungefährlich. Nicht selten kommt es vor, dass Affen bei einem Angriff den Tollwüterreger auf den Menschen übertragen. Jedes Jahr sterben in Indien geschätzt 20.000 Menschen an Tollwut. Das ist ein Drittel der weltweiten Tollwut-Todesfälle. Zwar kann man sich gegen die Viruskrankheit impfen lassen, doch das ist für die meisten Einwohner zu aufwändig und zu teuer. Ist das Virus einmal bis zum Gehirn vorgedrungen, gibt es keine Hilfe mehr. Ein ungeimpfter Mensch ist dann dem Tode geweiht. Wir waren zwar entsprechend abgesichert, aber Tollwut ist nicht die einzige von Affen übertragbare Krankheit. Daher machten wir uns schnell aus dem Staub.

Am nächsten Tag mussten wir erneut die Brücke überqueren, da wir uns eine kleine Wanderroute ausgesucht hatten. Unseren Proviant hatten wir tief im Rucksack versteckt, aber trotzdem fühlten wir den Röntgenblick der aggressiven Affen und waren froh, die Brücke ohne Zwischenfall überquert zu haben. Dafür verliefen wir uns jedoch bei unserer Wanderung. Die Wege waren nicht ausgeschildert, und mittels Handy-App versuchten wird den richtigen Pfad auszumachen. Anfangs ging das noch problemlos und wir wurden mit herrlichen Ausblicken von einem Felsvorsprung auf Rishikesh belohnt. Doch oben auf dem Berg angekommen, war der Pfad im hohen Gras überhaupt nicht mehr zu erkennen. Immer wieder versuchten wir einen neuen Weg und gaben nach einer Weile genervt auf. Zudem wussten wir auch nicht, welches Getier sich in dem hüfthohen Gras aufhielt. Unbeschadet schafften wir es zurück zur Unterkunft. Dort mussten wir uns vom Gasthausbesitzer eine

Standpauke anhören, als wir ihm von unserer Wanderung erzählten. »Es ist sehr gefährlich, in den Bergen ohne Führer wandern zu gehen. Es gibt viele Elefanten und auch Raubüberfälle hat es in der Gegend schon gegeben.« Wie gut, dass wir nicht vorher davon erfahren hatten, allerdings fragte ich mich auch, wie ein Führer uns davor bewahrt hätte.

Am Abend suchten wir uns ein gemütliches kleines Restaurant am Ganges. Während der heilige Fluss beständig rauschte, huschte ein bunt gemischte Gruppe aus Einheimischen, den Rishikeshs, aus Pilgern, Sadhus und westlichen Touristen im Hippie-Look vorbei. Gerade diese Mischung machte Rishikesh zu einem besonderen und friedlichen Ort und ich konnte mir gut vorstellen, wie die Beatles damals ihre Inspiration gefunden hatten.

Kapitel 16

Bilder | Videos | Karten

Amritsar
Goldener Abschied von Indien

Rums! Ein gewaltiges Krachen leitete meine letzte Etappe in Indien ein. Mit den ersten Sonnenstrahlen hatten wir Rishikesh verlassen und steuerten Amritsar an. Von da aus sind es nur noch 30 Kilometer bis zur pakistanischen Grenze. Zunächst lagen aber noch neun Stunden indische Straße vor uns, die uns mit einem lauten Krachen daran erinnerte, dass man immer und jederzeit hellwach sein muss. Was war passiert? Ich war gerade in ein Gespräch mit Tina vertieft, als eine Fahrbahnschwelle auf der Straße auftauchte. Diese Hügel, in Indien auch »schlafender Polizist« genannt, kann ich auf den Tod nicht ausstehen, vor allem wenn sie nicht angekündigt werden. Kein Schild, keine farbliche Hervorhebung. Oft konnte ich die Fahrbahnschwellen noch im letzten Augenblick erkennen und abbremsen. An diesem Tag aber kam die Schwelle unerwartet. Mit Tempo 80 knallten wir über die Barriere, die plötzlich zur Sprungschanze wurde. Filmreif flogen wir durch die Luft und krachten zurück auf den Boden. »Was zur Hölle…« Ich schaute Tina entsetzt an und brachte das Auto zum Stehen. Im Hintergrund lachte mich die Temposchwelle hämisch an. Ich beugte mich unter das Auto und prüfte, ob noch alles in Ordnung war. Noch einmal Glück gehabt! »Sei wachsam!«, rief ich mir auf der weiteren Fahrt immer wieder ins Gedächtnis. Der Tag sollte noch einige Überraschungen parat haben.

Nach der Hälfte der Strecke bogen wir auf die mautpflichtige indische Autobahn ein. Die Kosten sind überschaubar, halten aber schon einen Großteil der Verkehrsteilnehmer von der Straße fern. Oder sie biegen kurz hinter der Mautstelle von einem Feldweg kommend ein. Autobahn ist ja auch relativ. Denn es gibt hier alles, was eigentlich auf einer Autobahn nichts zu suchen hat: Radfahrer, Menschen, Tiere. Zuhause würden die Verkehrswarnungen im Radio kein Ende mehr finden. »Achtung Autofahrer auf der AH1 in Richtung Amritsar. Zwischen Ambala und Lughiana spielen Kinder Cricket auf dem Seitenstreifen. Kurz hinter Rajpura versucht ein Mann seine Ziegenherde einzufangen…« Wir wurden wenig später von einem indischen Kleinwagen überholt, der mit einer Gruppe junger Männer völlig überbesetzt war. Als sie Tina auf der vermeintlichen Fahrerseite erblickten und dann auch noch feststellten, dass das Lenkrad auf der falschen Seite war, rasteten sie kollektiv aus. Das ganze Auto wippte und Handys wurden für ein Foto gezückt. Immer wieder überholten sie uns, fuhren so langsam, dass wir sie wieder überholten. Der ganze Spaß dauerte eine halbe

Stunde, bis ich entnervt anhielt, um eine kurze Pause einzulegen. Glücklicherweise fuhr der Kleinwagen weiter. Doch wir sollten uns bald wiedersehen.
Kurz vor Amritsar nahm der Verkehr auf der mittlerweile dreispurigen Autobahn zu. Plötzlich geriet vor uns ein Kleinwagen auf der äußersten Überholspur langsam von der Fahrbahn ab, krachte gegen die rechte Leitplanke, wurde zurück auf die Fahrbahn geschleudert, überschlug sich auf der mittleren Spur und bleib auf dem Dach liegen. Das alles passierte keine 100 Meter vor uns bei Tempo 80. Ich drückte das Bremspedal durch, die Räder quietschten und wir schlitterten im Abstand von einem halben Meter an dem Unfallauto vorbei. Wie durch ein Wunder war die Mittelfahrbahn gerade nicht befahren. Ich beobachtete den Verkehr im Rückspiegel, auch um zu sehen, ob das Auto hinter uns rechtzeitig bremste. Doch der Fahrer war glücklicherweise aufmerksam und kam in Höhe des Unfallwagens zum Stehen. Langsam rollte ich aus und verfolgte wie im Film das Geschehen hinter uns. Durch das kaputte Fenster kletterten die ersten Insassen des Kleinwagens nach draußen. Der Fahrer des Autos hinter uns sprang auf die Straße und zog eilig zusammen mit dem Fahrer des Unfallwagens die letzte Person heraus. Dahinter kam der Verkehr kurzzeitig zum Stehen und es bildete sich eine Menschentraube um den verunglückten Wagen, dessen Räder sich noch drehten. Erst jetzt merkte ich, dass mein Puls gerade im roten Bereich war. Ich brachte nur ein »Das war knapp« heraus und blickte zu Tina herüber, die kreidebleich geworden war. »Lass uns erstmal ein Stück weiterfahren und dann eine Pause einlegen«, schlug ich vor. »Das hätte richtig schiefgehen können.« Tina nickte still. Spätestens jetzt war auch sie in Indien angekommen. Mit zitternden Händen schrieb ich in unserer Pause in mein Notizbuch:

43. Geschwindigkeitshügel können überall lauern und sind nur selten markiert. Abrupt bremsende Fahrzeuge oder kleine Verkaufsstände unmittelbar an der Straße können ein Indiz dafür sein, dass ein schlafender Polizist dich mächtig durchrütteln wird.

44. Tempo 80 auf indischen Straßen birgt ungefähr so viel Gefahr wie Tempo 250 auf deutschen Autobahnen.
45. Der Begriff Autobahn kann eigentlich nicht für indische Schnellstraßen gelten und sollte nicht dazu animieren, schnell zu fahren.
46. Sei immer wachsam. Am Ende brauchst du trotzdem eine Portion Glück.

In Zentralasien gibt es die Seidenstraße und in Indien die »Grand Trunk Road«. Von Kabul bis nach Kalkutta führte diese 2.500 Jahre alte Fernhandelsstraße. An ihr entstanden Siedlungen wie Lahore, Delhi, Agra oder Amritsar. Mit der Zeit wurden die Straßenabschnitte immer weiter ausgebaut und Schnellstraßen entstanden. Auf diesem historischen Straßenabschnitt fuhren wir also in die Millionenstadt Amritsar ein und steuerten gleich das oberste Heiligtum der Stadt an: den goldenen Tempel der Sikh. Im 15. Jahrhundert entstand der Sikhismus in Nordindien. Die monotheistische Religion verehrt einen gestaltlosen Schöpfergott. In Gegensatz zu den großen Weltreligionen orientieren sich die Anhänger dieser Religion nicht an der Einhaltung religiöser Verhaltensregeln, vielmehr nutzen sie religiöse Weisheiten, um den Alltag nutzbar und praktisch zu gestalten. Vor allem die männlichen Sikhs sind eindeutig zu erkennen. Sie tragen einen kunstvoll gebunden Turban und oft einen gepflegten Vollbart. An der Hose ist oft ein Dolch zu erkennen, als Zeichen, dass der Träger bereit ist, schwache und unschuldige Menschen zu verteidigen. In Mumbai hatte ich bereits einen Sikh kennenlernen können, als ich das teuerste Bier meiner Reise getrunken hatte. Nun war ich in der Hauptstadt der Sikhs angelangt – in Amritsar. Anfang des 19. Jahrhunderts hatten die Sikhs sogar 50 Jahre lang ein eigenes Reich, das aber gegen die britische Kolonialmacht keine Chance hatte zu bestehen. Der Glaube ging durch die Kolonisierung nicht verloren. Das religiöse Zentrum ist noch heute Amritsar mit dem Harmandir Sahib – dem goldenen Tempel. 1984 hatten es radikale Sikhs erneut versucht, ihren eigenen Staat zu gründen. Doch die indische Armee ging scharf gegen die Separatisten vor, die sich im Inneren der Anlage des goldenen Tempels verschanzt hatten. Bei der »Operation Blue Star« wurden der Führer der Unabhängigkeitsbewegung und viele seiner Anhänger getötet. Auch zahlreiche zivile Opfer waren zu beklagen. Die Berichte über die Anzahl der Getöteten variierten. So sprach die indische Regierung von knapp 500 Toten. Sikhistische Quellen gehen von einer 10-fachen Opferzahl aus. Der Tempel wurde bei der Stürmung in Mitleidenschaft gezogen; das hat sich tief in das kollektive Gedächtnis der Sikhs eingebrannt. Der Angriff blieb nicht ohne Folgen. Keine fünf Monate später wurde die indische Premierministerin Indira Gandhi von ihrem sikhistischen Leibwächter erschossen. Sie hatte den Befehl zum Angriff gegeben. Die Operation *Blue Star* rief den Einwohnern von Amritsar ein weiteres trauriges Kapitel der Stadtgeschichte in Erinnerung. Im Jahr 1919 waren viele Anhänger Gandhis seinem Aufruf gefolgt, gewaltlosen Widerstand gegen die britischen Besatzungsmächte zu leisten. Die friedlichen Demonstrationen arteten vielerorts aber in Gewalt aus, so auch in Amritsar. In der Folge wurden keine Menschenansammlungen mehr erlaubt. Eine Menschengruppe von etwa 2.000 Männern, Frauen und Kindern widersetzte sich jedoch dieser Regel und versammelte sich friedlich in einem von Mauern umgebenen Park. Daraufhin versperrten britische Soldaten den einzigen Fluchtweg und begannen umgehend mit dem Beschuss der Demonstranten. 380 Menschen starben, 1.200 wurden verletzt. Die genaue Zahl der Opfer ist bis heute ungeklärt. Sicher ist jedoch, dass noch mehr Menschen gestorben wären, wenn der für den Einsatz vorgesehene Panzerwagen mit Maschinengewehren durch das Tor zum Park gepasst hätte. Das Massaker wurde weltweit einhellig verurteilt. Nur das britische Oberhaus sah dies anders und zeichnete sogar den General aus, der den Befehl zum Morden erteilt hatte. In ganz Indien jedoch provozierte das Ereignis einen kollektiven Zorn auf die Besatzer. Bei Unruhen und Aufständen kamen viele weitere Menschen ums Leben. Der schuldige General, den viele Briten als Held ansahen, der für Recht und Ordnung gesorgt hatte, wurde 21 Jahre später von einem Sikh in London erschossen. Der in Indien gefeierte Nationalheld wurde drei Monate nach dem Mord in London gehängt.

Die Geschichten von so viel Leid und Tod passten nicht zu dem Bild der Stadt und schon gar nicht zum goldenen Tempel. Um in die Tempelanlage zu gelangen, mussten wir in einem großen Vorraum unsere Schuhe ablegen. Der Tempel war an diesem Nachmittag sehr gut besucht und wir fragten uns, ob wir jemals unsere Schuhe wiederfinden würden. Es war zudem vorgeschrieben, eine Kopfbedeckung zu tragen und so formte ich mir aus meinem Halstuch einen kleinen Turban. Am Eingang wurden wir auf Waffen kontrolliert, wahrscheinlich eine Folge des weltweiten religiösen Radikalismus. Erst dann durften wir die Anlage betreten, die allen Menschen unabhängig von ihrer Religionszugehörigkeit offensteht. Es war beeindruckend. Mein erster Blick fiel sofort auf den kleinen Tempel mit vergoldeter Kuppel in der Mitte der Anlage. Er war umgeben von einem Wasserbecken und nur über einen Steg erreichbar. Um das Becken herum wanderten hunderte Pilger mit Turbanen in den buntesten Farben. Umrandet wurde der Komplex von Mauern aus weißem Marmor, der so sauber und hell war, dass er in der Sonne blendete. Wir spürten sofort die Energie und die Spiritualität dieses heiligen Platzes. Beseelt und in Gebete vertieft, spazierten die Gläubigen um das Wasserbecken herum. In kleinen Gruppen saßen sie am Rand des Beckens, warfen ab und zu Brotkrumen hinein, um die darin lebenden Fische zu füttern und bewunderten die goldene Fassade des Tempels in der Mitte. Das größte Gedränge herrschte auf dem überdachten Zugangsweg. Geduldig warteten die Pilger darauf, Zugang zum Allerheiligsten zu bekommen. In den überdachten Gängen der äußeren Ummauerung der Tempelanlage musizierten kleine Gruppen und stimmten den Gesang der Pilger an. Es waren magische Momente, die wir am letzten Tag in Indien erlebten. Wir machten es uns am Rand des Beckens gemütlich, bewunderten die Szenerie und erholten uns von der anstrengenden Fahrt. Ein Sikh mit rotem Turban, rot kariertem Hemd und einem silbernen Dolch am Gürtel setzte sich mit seiner in gelbe Seide gehüllten Frau neben uns ans Becken. »Beindruckend, oder?« Der Mann suchte gleich das Gespräch. Sein Gesicht war freundlich und glücklich. »Ich war schon oft hier und jedes Mal berührt es mich aufs Neue. Wisst ihr, dass ein Sikh mindestens einmal im Leben diesen Tempel besuchen muss?« Wir kamen ins Gespräch und ich erzählte ihm von meiner Reise und dass es nach vier sehr intensiven Monaten mein letzter Tag in Indien sei. »Da hast du dir den richtigen Ort ausgesucht. Spürst du den Frieden, der von diesem Ort ausgeht?« Er hatte recht. Der ganze Trubel um uns herum war kaum wahrzunehmen, so intensiv wirkte die Szenerie. Der Mann wusste viel über den Tempel und erklärte uns, dass allein in seiner vergoldeten Kuppel über 100 Kilogramm Blattgold verbaut sind und dass er die Form einer umgedrehten Lotusblüte hat. »Das symbolisiert die Sorge der Sikh sowohl um weltliche, als auch spirituelle Belange. Im Inneren ist der Tempel mit Gold und Silber verziert und mit Mosaiken aus Holz und Elfenbein bestückt. Aber ihr müsst schon etwas Zeit mitbringen. Bei dieser Menschenmasse braucht ihr zwei Stunden, um reinzukommen.« Tina und ich schüttelten den Kopf. Nach diesem Tag würden wir sehr gern darauf verzichten. Zudem knurrte mein Magen so laut, dass es auch dem Mann nicht entging. »Du musst sicherlich hungrig sein! Wisst ihr, im Tempel gibt es eine riesige Gemeinschaftskantine. Dort könnt ihr sehr leckere Speisen einnehmen. Und das Beste daran ist: Es ist kostenfrei und nicht nur für Sikhs. Denn jeder Mensch ist für uns gleich.« Das ließen wir uns nicht zweimal sagen. Der Mann begleitete uns noch zur Schlange, die sich vor der Kantine gebildet hatte. Mit den Worten »Genießt den letzten Tag in unserem schönen Indien!«, verschwand der Mann mit seiner Frau im Tempelgetümmel. Die wartenden Menschen wurden in großen Gruppen zum Essen gelassen. Eilig führten uns Helfer in einen Raum, wo wir in einer Reihe vor Blechtellern und Schüsseln Platz nehmen sollten. Dann wurde das für Indien typische Chapati-Brot gereicht, zusammen mit einem Dhal-Gericht aus Linsen. In die Schüsseln wurde Wasser eingeschenkt.

Eilig verschlungen die Pilger ihr Mahl und kaum war der Teller leergegessen, wurde er auch schon eingesammelt. Die nächsten Pilger standen schon an. Beim Verlassen der Tempelkantine liefen wir an der »Küche« vorbei. Hunderte Freiwillige schälten Zwiebeln und Tomaten, formten Teigfladen und wuschen Teller ab. Ein jeder hatte einen glücklichen Gesichtsausdruck. Als wir wieder in den Tempelhof kamen, steuerte eine Gruppe junger Männer zielgerichtet auf uns zu. »Ihr seid es, oder? Wir haben euch heute auf dem Highway gesehen! Ihr seid mit einem Geländewagen unterwegs, oder?« Überrascht schaute ich in sieben aufgeregte Augenpaare. »Wir haben euch mit unserem Wagen überholt. Ihr habt ja das Lenkrad auf der falschen Seite! Wo kommt ihr her? Ist das deine Frau? Habt ihr Kinder?« Jetzt dämmerte es mir. Es war die Gruppe junger Männer, die uns auf dem Weg nach Amritsar andauernd mit ihrem Kleinwagen überholt hatte. Geduldig antworten wir auf ihre Fragen. »Lasst uns noch ein Selfie machen, ja?«, fragte einer der Männer und holte wie selbstverständlich sein Handy hervor. Mit letzter Kraft zauberten wir noch ein Selfie-Lächeln aufs Gesicht und machten uns dann aus dem Staub. Mittlerweile war es dunkel geworden und die einsetzende blaue Stunde verzauberte die beleuchtete Tempelanlage in eine wunderschöne Szenerie. »Irgendwie fühlt es sich merkwürdig an, Indien morgen zu verlassen«, sagte ich gedankenversunken zu Tina. »Indien war in den letzten Monaten eine echte Belastungsprobe für mich. Wie sehr habe ich mich nach Ruhe und Ordnung gesehnt. Und jetzt bin ich traurig, dass es morgen schon wieder weitergeht.«

Kapitel 17

Bilder | Videos | Karten

Reise zurück nach Deutschland

An der Grenze zu Pakistan war für mich natürlich nicht Schluss. Zehn Wochen hatte ich noch vor mir, um wieder zurück nach Dresden zu kommen. Aber zunächst musste ich durch ein Land, vor dem mich alle gewarnt hatten: Pakistan. Dass Pakistan und Indien einst ein Land gewesen waren, konnte man sofort erkennen. Die Häuser waren ähnlich, die Autos, Rikschas und Ochsenkarren waren ebenso auf indischen Straßen vorzufinden wie hier, die Gesichter der Menschen waren ähnlich und vor allem das Essen wurde in ähnlicher Art auch in Indien zubereitet. Kaum zu glauben, dass sich heute die Menschen, die jahrhundertelang friedlich zusammengelebt haben, nun abgrundtief hassen. Hass entsteht oft aus Angst und Angst aus Unwissenheit. Die Menschen beider Länder können immer noch nicht ohne Weiteres die Grenze überqueren. Somit weiß keiner, wie es auf der anderen Seite aussieht. Hätten die Menschen die Möglichkeit, das andere Land kennenzulernen, so wie ich, würden sie feststellen, dass sie immer noch Brüder und Schwestern sind. Sie sind zum Spielball politischer Gruppierungen und religiöser Hardliner geworden, die aus dem Konflikt bis heute Kraft ziehen. Liegen in Indien die Umfragewerte einer Partei im Keller, steigen diese, sobald das Thema Pakistan angesprochen wird. Doch auch bei uns zuhause hat es Pakistan schwer, obwohl es jahrzehntelang ein beliebtes Ziel von Bergsteigern und Höhenwanderern gewesen ist. Aber es gibt Tage, da entscheidet sich das Schicksal eines ganzen Landes. Als am 11. September 2001 zwei Flugzeuge in die Twin Towers des World Trade Centers flogen, brachten sie nicht nur die Türme, sondern auch eine ganze Region zum Einsturz. Die Taliban wurden als Drahtzieher des Terrorakts bekannt. Die Folge war ein blutiger Krieg in Afghanistan und weltweiter Terror. Neben Afghanistan wurde Pakistan besonders schwer getroffen. Die Zeiten änderten sich.

Rückblick. Nach der Abspaltung von Indien setzte in Pakistan ein enormes Bevölkerungswachstum ein. 1969 lebten 46 Millionen Menschen in der neu entstandenen islamischen Republik. 35 Jahre später waren es schon 148 Millionen. Der Streit und das Wettrüsten mit Indien erforderten enorme Ausgaben im militärischen Sektor. Nur ein sehr geringer Teil des BIP wurde in die Bildung investiert. Eine landesweite Schul- oder Bildungspflicht gibt es bis heute nicht. Diese Lücke wurde von Islamschulen geschlossen, die seit 1980 wie Pilze aus dem Boden schossen. Diese sogenannten Madrasas wurden oft durch Scheichs aus Saudi-Arabien finanziert und boten einer breiten Bevölkerungsschicht mitunter den einzigen Zugang zu Bildung. Die Islamschulen unterlagen keinerlei politischer Kontrolle, die Gestaltung des Lehrplans oblag dem Willen des Stifters. Und so wurden neben den für Madrasas typischen islamischen Rechtwissenschaften und Koranexegesen auch radikale Weltanschauungen gelehrt. Absolventen pakistanischer Madrasas werden »Talib« genannt, abgeleitet vom persischen Begriff für Schüler. Einige Absolventen nordpakistanischer Islamschulen waren bei der Errichtung des afghanischen Taliban-Regimes beteiligt und spielten eine Rolle bei der Entwicklung des islamistischen Terrorismus. Das Problem der Madrasas wurde der Weltöffentlichkeit nach den Anschlägen des 11. September bekannt, als das US-Regime Druck auf die pakistanische Regierung ausübte und ihr eine Teilschuld an den Terroranschlägen gab. Im Zuge des Afghanistankrieges zogen sich viele Taliban-Kämpfer weit in die pakistanische Grenzregion zurück. Für ganz Pakistan wurden Reisewarnungen ausgegeben. Der Tourismus kam zum Stillstand. Als im Juni 2013 zehn Bergsteiger am Nanga Parbat von den Taliban getötet wurden, mieden auch Touristen den sonst so friedlichen äußersten Nordosten Pakistans. Keine vier Jahre später wollte ich nun das Land durchqueren. Das Ziel: der Khunjerab-Pass am Ende des Karakorum-Highways und damit die Grenze zu China.

Mit gemischten Gefühlen fuhr ich nun mit Tina, meiner Reisebegleitung aus Dresden, über die indisch-pakistanische Grenze. Ich hatte aufgrund der Reisewarnungen und Sorgen meiner Freunde und meiner Familie daheim zwar auch etwas Angst, aber mittlerweile freute ich mich auch schon riesig auf dieses Land. Viel hatte ich in den letzten Wochen über Pakistan gelesen und die Einschätzung von vielen Reisenden, die erst kürzlich aus der Islamrepublik gekommen waren, stärkten meinen Entschluss und verringerten meine Angst. Und tatsächlich, in den ersten Stunden in Pakistan waren alle Menschen, die uns begegneten, ausnahmslos sehr freundlich und empfingen uns ausgesprochen herzlich. Sie freuten sich offensichtlich über jeden Touristen, der wieder nach Pakistan kam.

Schnell ließen wir die Großstädte Lahore und Islamabad hinter uns und steuerten auf die Bergregion zu. Wenn ich fremde Bergregionen bereist hatte, war mir schon häufig aufgefallen, dass mich die einheimische Bevölkerung als Neuankömmling recht kritisch betrachtet hatte und es eine Weile gedauert hatte, bis das Eis gebrochen war. Nicht so in Pakistan. Vom ersten Bergdorf an lachten uns die Einwohner an, winkten und versuchten mit uns zu sprechen. Es fühlte sich so an, als hätten alle auf uns gewartet. Spätestens jetzt war von Angst keine Spur mehr. Wir fühlten uns schon nach zwei Tagen in Pakistan einfach richtig wohl, wären da nicht die lästigen Polizeicheckpoints gewesen.

Auf den ersten trafen wir, als wir gerade auf den reißenden Fluss Indus gestoßen waren, der seine braune Brühe in wilden Stromschnellen in Richtung Indusebene trieb. Nach einer kurzen Kontrolle unserer Dokumente wurde uns sogleich eine Polizeieskorte angeboten. Seit dem tragischen Vorfall 2013 am Nanga Parbat hatte man die Sicherheitsvorkehrungen landesweit drastisch verschärft. Vor allem Touristen wurden besonders geschützt, oft auch etwas zu sehr. Unter allen Umständen sollte vermieden werden, dass Ausländer in irgendeiner Weise zu Schaden kommen und dies Pakistan durch die Kraft der Medien Nachteile brachte. Der Norden Pakistans wurde selbst vom Auswärtigen Amt als sicher eingeschätzt und viele Individualreisende beklagten, die Polizeieskorte sei eher ein lästiger Anhang. Daher lehnten wir diese freundlich aber bestimmt ab und fuhren eilig davon. Eigentlich wollten wir uns einen Platz zum Wildcampen suchen, doch immer wieder tauchte ein Polizeiwagen auf und hielt uns an. Die Officers beschrieben die Gegend als unsicher, wir sollten doch weiterfahren. Kurz vor Einbruch der Dunkelheit wollten wir es noch mal wissen. Wir bogen in eine Nebenstraße ein, doch wieder wurden wir beobachtet. Eilig raste uns ein Polizei-Pickup hinterher. Ich erklärte den Beamten, dass wir gerne im Auto übernachten wollten und einen Stellplatz suchten. »No problem, Sir. Hier in der Gegend ist es nicht möglich, aber bei uns im Dorf können Sie sich vor dem Polizeirevier hinstellen. Dort sind Sie sicher.« Etwas übermüdet willigten wir ein und folgten unserer Eskorte, die uns zielstrebig in den Hof der Polizeistation leitete und hinter uns das Tor verschloss (*35°15'57.0"N 73°13'24.0"E*). Davor zu stehen, wäre uns lieber gewesen und so stiegen wir überrascht aus dem Auto. »Willkommen in unserem Dorf. Von nun an seid ihr frei!«, verkündete uns stolz der Polizeichef. Wir hatten keine Wahl und einen sichereren Stellplatz würde es nun wirklich nicht geben. Um uns etwas die Beine zu vertreten, wollten wir das Dorf erkunden und auf dem Markt unseren Proviant ergänzen. Als wir das Tor öffnen wollten, pfiff uns der Polizeichef zurück. »Nein, nein! Ihr müsst hierbleiben. Draußen ist es unsicher!« Eine interessante Definition von Freiheit. Später fanden wir heraus, dass es in dieser Region auf einem circa 100 Kilometer langen Abschnitt des Karakorum Highway ab und zu Raubüberfälle gegeben hatte. So war es doch gut, dass wir im Polizeirevier übernachten konnten, wenn auch ein Spaziergang ins Dorf bestimmt absolut problemlos gewesen wäre. Wir waren aber zu müde, um zu diskutieren, und kochten uns ein fades Abendessen aus Tütensuppen, machten es uns auf unseren Campingstühlen gemütlich und starrten auf die Mauern der Polizeistation. Zugegeben: Es gab schon bessere Stellplätze. Das Tor der Station öffnete sich nach einer Weile und sieben Männer in weißen Kaftanen traten heran. Zielstrebig kamen sie auf mich zu, begrüßten mich freundlich und baten um ein Gespräch im Gebäude der Polizeistation. Tina wurde komplett ignoriert. »Ist schon okay, ich bleib hier am Auto«, ermutigte sie mich. Im Gebäude angekommen, baten mich die Männer, Platz zu nehmen, und ein Polizist brachte Tee und Kekse. »Wir kommen aus dem Dorf, um euch zu sehen. Ein Polizist hat in der Moschee von dem Besuch erzählt und uns neugierig gemacht. Wir wollten euch auch gerne ein Gastgeschenk mitbringen, doch leider hatte der Markt schon geschlossen. Also haben wir Bananen mitgebracht, ich hoffe, die können euch auf der anstrengenden Reise nützen.« Sie wussten bestimmt nicht, dass man früher in Ostdeutschland nur schwer an Bananen kam. Ich freute mich ehrlich. Es war eine unglaublich freundliche Geste. Ich stellte mir vor, wie wir wohl in Deutschland zwei Pakistaner auf Reisen in einem kleinen Dorf begrüßen würden. Hier, in einem Land, das so viele fürchten, stellte ich fest, dass wir einiges von diesen Menschen lernen können. Die Männer waren sehr neugierig, fragten mich alles Mögliche über Deutschland und wie es sei, dort zu leben. Auch ich nutzte die Gelegenheit und erkundigte mich bei den Männern, warum in Dörfern auf den Straßen fast ausschließlich Männer zu sehen waren. Die Antwort war sehr umfangreich, als hätten sie auf die Frage schon gewartet. »Du musst wissen, dass in unserer Kultur der Mann alle wichtigen Aufgaben übernimmt, somit auch alle Aufgaben in der Gesellschaft. Handel, Politik, Abstimmungen und Konflikte. Das sind Aufgaben des Mannes, der sich auch um seine Frau und Familie kümmern muss. Die Frauen sind von diesen Aufgaben befreit, also müssen sie auch nicht auf die Straße. Das hat nichts mit unserer Religion zu tun, was viele denken. Der Islam ist die eine Sache, die Kultur und Traditionen sind eine andere.« Schnell wechselten die Männer das Thema. Sie bewunderten meinen schwarzen vollen Bart, obwohl ich blonde Haare hatte. Sie erkundigten sich nach meiner Familie, fragten, wie lange ich mit meiner Frau schon verheiratet sei und wie viele Kinder wir hatten. Ich log, dass wir erst geheiratet hatten. Das hatte ich zuvor mit Tina vereinbart, um nicht komische Nachfragen zu erhalten. Das letzte Thema des Abends war Musik. »Was für Musik hört ihr in Deutschland? Kannst du uns ein deutsches Lied vorsingen?« Zwar singe ich sehr gern, auch mal unter der Dusche, allerdings weiß ich, dass ich damit meinen Mitmenschen nicht wirklich einen Gefallen tue. Also holte ich mein Handy heraus und durchsuchte meine Musikbibliothek. Und so erklang wahrscheinlich das erste Mal in diesem kleinen pakistanischen Bergdorf »Santa Maria« von Roland Kaiser.

Kaum hatten wir am nächsten Tag das Polizeirevier verlassen, stieg an einem weiteren Checkpoint ein bewaffneter Polizist ins Auto. Unser Sicherheitsbeauftragter saß auf dem Beifahrersitz, die

Kalaschnikow zwischen den Beinen. Der Lauf schwenkte manchmal stark in meine Richtung. Ich konzentrierte mich auf die Straße, nicht, dass eine Bodenwelle einen Schuss auslösen konnte. Am nächsten Checkpoint stieg der Polizist aus und erklärte uns »Wartet hier kurz, ich hol den Kollegen, der den nächsten Abschnitt mit euch fährt.« Als er um die Ecke gebogen war, kam Tina von hinten vorgekrochen und flüsterte leise: »Los! Fahr los!« Ich ließ das Auto langsam an- und dann stetig weiterrollen. Keine Reaktion. Schnell weg. Denn die unsichere Gegend lag hinter uns und heute wollten wir mit Blick auf den Nanga Parbat campen. Die Polizei hätte bestimmt etwas dagegen gehabt. Erleichtert stellten wir fest, dass uns niemand folgte. Jetzt waren wir wirklich frei.

Nach einer Weile trafen wir Anna und Heiner aus Deutschland wieder. Sie hatten bereits eine gute Stelle ausgekundschaftet (*35°44'56.0 N 74°37'19.0 E*). Und da ich gesehen hatte, dass bisher alle 8.000er Berge auf dem Weg wolkenfrei gewesen waren, brach nach unserer Ankunft auch am Stellplatz die dichte Wolkendecke auf und der neunthöchste Berg der Welt lag wolkenfrei im Sonnenuntergangslicht vor uns. Von nun an verbrachten wir die Zeit in Pakistan in der Gesellschaft von Anna und Heiner. Zusammen erkundeten wir spektakuläre Seitentäler und übernachteten auf beeindruckenden Stellplätzen mit phänomenalen Aussichten. Wir wanderten über einen schneebedeckten Gletscher zu einem 4.300 Meter hochgelegenen Punkt, von dem aus wir sogar den Gipfel des K2 sehen konnten, dem zweithöchsten Berge der Erde. Bei Skardu übernachteten wir in einer Sandwüste, die von mächtigen Bergen umgeben war, die allesamt jenseits der 6.000er Marke waren (*35°18'15.0"N 75°35'18.0"E*). Auf dem Weg zurück zum Karakorum Highway kamen wir in einen Regen, der häufige Steinschläge auslöste. Ein Stein erwischte uns auf dem Dach und wie durch ein Wunder knallte er auf einen der leeren Benzinkanister und nicht auf das Solarpanel. Dann trafen wir auf den Rest unserer China-Transit-Gruppe: Josephine und David aus Holland mit ihrem Landrover Defender, Rhan aus Singapur mit seinem BMW-Motorrad und Bert und Cathrina aus Schweden, die einen Saab mit Wohnmobilaufbau ihr Eigen nennen durften. Die letzten Kilometer waren wir also schon im Konvoi unterwegs und kämpften uns zusammen die Passstraße hinauf, die uns China immer näherbrachte.

Die Ausreiseformalitäten hatten wir in der letzten pakistanischen Ortschaft schon hinter uns gebracht und so steuerten wir den Khunjerab-Pass an. Wir sollten die Ersten sein, die 2017 den Grenzpass überqueren würden. Der langanhaltende Winter hatte eine Befahrung unmöglich gemacht. Die Straße war vom Winter gezeichnet. Viele Steine lagen noch auf der Fahrbahn und der letzte Abschnitt war stellenweise komplett verschneit. Doch wir schafften es, auch wenn wir das Motorrad auf den letzten Metern zu viert durch den Schnee ziehen mussten. Wehmütig ließen wir Pakistan hinter uns und waren gespannt, welche Hürden uns der viertägige China-Transit stellen würde. Nach meiner letzten China-Erfahrung war ich eher pessimistisch gestimmt.

Während wir warteten, dass die Grenze auf chinesischer Seite ihre Tore für uns öffnete, dachte ich an die zwei Wochen der Pakistandurchquerung zurück. Abgesehen von den ersten zwei Stunden im Land, hatte ich mich zu keiner Zeit unsicher gefühlt. Von den »80% Terroristen«, vor denen ich noch in Rajsathan gewarnt wurde, fehlte jede Spur. Die Menschen, die wir kennenlernen durften oder die uns begegneten, waren ausnahmslos sehr freundlich, und das auf eine äußerst ehrliche Art und Weise. Zudem gab es keinen Einzigen, der sich negativ über die indischen Nachbarn äußerte. Ganz im Gegenteil. Viele waren traurig, dass sie nicht nach Indien reisen durften. Einige hatten noch Verwandte im Nachbarland und beklagten, dass ein Besuch fast unmöglich sei. Mir ist Pakistan in sehr positiver Erinnerung geblieben. Die Berge des Karakorum-Gebirges, die an ihrem Fuß von blühenden Mandelbäumen gesäumt waren, werde ich nie vergessen. Ich hoffe, dass ich diese Region in meinem Leben noch ein weiteres Mal bereisen kann.

Noch bevor wir einen Fuß nach China gesetzt hatten, mussten wir schon warten. Warten – ein Zustand, in dem wir uns die meiste Zeit in China befinden würden. Das Grenztor war verschlossen. Mittagspause. Langsam zogen Wolken auf, die nach und nach etwas Schnee zur Erde schickten. Nach einer Stunde konnten wir endlich die Grenze passieren und gleich die Uhr um drei Stunden nach vorne stellen. In China gibt es nur eine Zeitzone: Beijing Time! Und plötzlich war es schon 17 Uhr. Was uns nun bevorstand, war eine pure Machtdemonstration. Einige Kilometer hinter der Grenze lag der erste chinesische Militärposten. Hier mussten wir so lange im Auto warten, bis die Passagiere des vorangefahrenen Fahrzeuges abgefertigt waren. Verließen wir das Fahrzeug, wurden wir von einem wütenden Soldaten zusammengeschrien. Ein Minibus von Pakistanern hatte sich vorgedrängelt und so mussten wir warten, bis wir endlich an der Reihe waren. Dann wurde das Gepäck durchwühlt, Bilder auf Handys und Laptops angeschaut und plump kommentiert. Schließlich wurde das Fahrzeug durch einen Röntgen-Scanner geschickt. Bis endlich alle vier Autos und das eine Motorrad den Checkpoint passiert hatten, waren schon fünf Stunden vergangen. Das Thermometer zeigte -5° C, und seit einiger Zeit schneite es. Bei dünner Luft auf circa 4.500 Metern lagen unsere Nerven blank. Noch waren es 180 Kilometer bis Tashkurgan, die wir nun im Dunklen zurücklegen mussten. Draußen herrschte ein eisiger Schneesturm.

Rhan aus Singapur konnte nicht mehr. Er zeigte Anzeichen der Höhenkrankheit und konnte sein Motorrad nicht mehr steuern. Der Schwede Bert zeigte sich von dem Wetter unbeeindruckt und fuhr das Zweirad sicher bis in die Stadt, wo wir unseren Guide treffen sollten. Es war ein Uhr nachts, als wir dort eintrafen und unsere Einreisestempel abholen konnten. Unser Guide war etwas sauer auf uns, weil er den halben Tag auf uns gewartet hatte. Doch daran hatten wir nun wirklich keinen Anteil. Die Zollabfertigung wurde also auf den nächsten Tag verschoben. An der Grenzstation schickte man uns von einer Ecke zur nächsten. China zeigte sich mal wieder von der besten Seite. Das Auto mussten wir am Zoll zurücklassen. Mit dem Taxi fuhren wir nach einem sehr anstrengenden Tag ins Hotel.

Der nächste Tag begann, wie der letzte Tag aufgehört hatte. Zunächst liefen wir auf Anraten unseres Guides die drei Kilometer vom Hotel zum Zoll, um dort nach einer weiteren Stunde des Wartens zu erfahren, dass unsere Abfertigungspapiere noch nicht fertig seien und wir nach der Mittagspause wieder kommen könnten. Die Mittagspause in China dauert nicht wie überall auf der Welt von 12 bis 13:00 Uhr, nein sie dauert von 13:00 – 16:30 Uhr. Wer zum Teufel macht denn 3 ½ Stunden Mittagspause? Nach der Pause mussten wir wieder eine Stunde warten, bis die Fahrzeuge gewogen und zum Fahrzeugscanner geschickt wurden. Echt jetzt? Nochmal durch das Gerät? Das mussten wir doch gestern schon. Egal, schnell durch. Doch nach zwei Fahrzeugen ging der Scanner kaputt. Mehrmals mussten wir durchfahren, dann bat uns der Zollchef, noch eine Stunde zu warten, damit das Gerät repariert werden konnte. Außerdem sei zudem gerade eine Essenpause angesetzt. Alles Protestieren nützte nichts. Wieder mussten wir warten. Und um 21:30 Uhr fuhren wir endlich vom Zollplatz herunter. Vier Autos und ein Motorrad durch den Zoll zu schicken, hatte in China also einen ganzen Tag gedauert.

Nach einem Tag Kashgar und zwei ganzen Tagen in China hieß es schon: Aufbruch zur chinesisch-kirgisischen Grenze. Und wieder lief alles schief, was schieflaufen konnte. Bis 14:00 Uhr wollten wir die Passformalitäten und den Zoll absolviert haben. Danach war wieder die lange Mittagspause und dann wäre es bald unmöglich gewesen, wegen des zweistündigen Zeitunterschieds die 80 Kilometer vom Zoll entfernte Grenze zu Kirgistan zu überqueren, ein weiterer Tag China wäre notwendig gewesen. Unsere Genehmigung, die Grenzregion zu befahren, galt aber nur für einen Tag. Viel Arbeit, hohe Strafkosten und womöglich mehr Zeit in China wären die Folge gewesen. Wir waren schon zu spät aufgebrochen, weil ein für die Ausreise wichtiger Zettel aus dem Pass des Schweden verschwunden war. Unsere Pässe hatten wir beim Einchecken an der Rezeption hinterlegen müssen. Die Angestellten durchsuchten aufgeregt alle möglichen Stellen, bis nach einer Weile der wichtige Zettel in einem anderen Pass gefunden wurde. Dann fuhren wir auf Umwegen aus der Stadt. Zu allem Überfluss meldete der Motorradfahrer, dringend tanken zu müssen. Nach einer neuen Regelung darf nur ein Auto allein in eine militärisch schwer bewachte Tankstelle fahren. Nachdem wir eine halbe Stunde davor gewartet hatten, hieß es auf einmal, dass kein Benzin an Motorräder ausgegeben werde. Also weiter zur nächsten Tankstelle, wieder anstellen, wieder warten. Dort wollte ich meinen Tank auch gleich auffüllen, doch der Mitarbeiter schickte mich mit meinem Diesel zielstrebig zur Benzinzapfsäule. Die dreimal gestellte Frage »Diesel?« wurde mit einem Kopfnicken bejaht. Kurz bevor der Tankstutzen im Auto steckte, fragte ich nochmals unseren Guide, ob es sich wirklich um die Dieselzapfsäule handelte. »Ach, du brauchst Diesel! Nein, das ist da drüben«, war seine Antwort. Da platze auch mir der Kragen. Wozu hat man denn den Guide bitteschön? Beinahe wäre ich überhaupt nicht mehr vom Fleck gekommen. Mir blieb eine solche Panne erspart, aber nicht Anna und Heiner. Ihre Wegfahrsperre funktionierte mal wieder nicht und das Auto sprang nicht an. Sie kannten das Problem schon. Normalerweise sollte es sich nach einer Wartezeit von 10 Minuten von selbst erledigen. Wir anderen fuhren also schon mal voraus und hatten schon fast 10 Kilometer zurückgelegt, als wir über Walkie-Talkie erfuhren, dass es diesmal nicht klappte. Anna und Heiner hatten auch keinen chinesischen Autofahrer gefunden, der sie die 10 Kilometer abschleppen wollte. So fuhr ich zurück, aufgrund der ungünstigen Autobahnabfahrten eine Strecke von 30 Kilometern. Dann schnell Abschleppseil dran und probieren, ob das Auto mit einem Kickstart anspringt, was es dann tatsächlich tat. Unser Guide war indes einem Herzinfarkt nahe, denn er würde viel Ärger bekommen, wenn wir es nicht pünktlich über die Grenze schafften. Die Straße war frei und wir düsten zur

Zollstation. Es war 12:30 Uhr. Die Wahrscheinlichkeit, noch pünktlich zu sein, war gering, und es wurde nicht besser, als wir kurz vor dem Zoll wegen eines Militärcheckpoints noch mal in einen Stau gerieten. Frech wie wir waren, überholten wir den Stau und drängelten uns vor. Um 13:30 Uhr standen wir vor dem Tor der Migrations- und Zollbehörde. Unser Guide bettelte den Soldaten an, das Tor zu öffnen. Der jedoch zögerte. Wir sahen uns schon einen Tag länger in China bleiben, als sich das Tor doch öffnete. Dann ging alles für chinesische Verhältnisse sehr schnell und um 13:59 Uhr verließen wir die Stationen »Migration und Zoll« mit frischem Ausreisestempel. Im Rückspiegel sahen wir noch, wie die Wachsoldaten zur Mittagspause abzogen. Keine zwei Minuten später hätten wir die Grenzüberquerung an diesem Tag abschreiben können.
Endlich auf der kirgisischen Seite angekommen, fielen wir uns alle in die Arme. »Nie wieder fahre ich mit dem eigenen Auto durch China!«, seufzte ich. Das hatte ich acht Monate zuvor schon einmal gedacht. Aufgegangen war der Plan nicht.

Da wir nun nicht mehr an eine gemeinsame Strecke gebunden waren, fuhren alle ihrer eigenen Wege. Für meinen Weg hatte ich noch etwas Zeit für Kirgistan und Kasachstan eingeplant. Tina flog von Bischkek, der Hauptstadt Kirgistans wieder nach Hause. Ihren Platz nahm meine Mutti ein, die mich ein zweites Mal auf meiner Reise begleiten wollte. Gemeinsam erkundeten wir 10 Tage die unfassbar schönen Landschaften des zentralasiatischen Landes und ich stellte mal wieder fest, dass auch hier die Zeit viel zu knapp bemessen war, um das Land richtig erleben zu können. Ich genoss es aber, dass es auf den Straßen endlich wieder etwas ruhiger zuging. Es gab auch längst nicht so viele Verkehrsteilnehmer wie in Indien. Dafür war es in Zentralasien nicht so leicht, der Polizei zu entkommen. Meine Taktik mit dem Diplomatenwagen würde hier sicher nicht funktionieren. Dafür nutzte ich andere Vorgehensweisen. Am kirgisischen Issyk-Kul-See fuhr ich in eine Radarkontrolle. Der Polizist zeigte mir auf seiner Kamera, dass ich 20 km/h zu schnell unterwegs gewesen war und forderte meinen Führerschein. Bloß nicht die Originaldokumente herausgeben, war die Devise, denn dann haben die Polizisten ein Druckmittel. Um ein Schmiergeld kommt man dann nicht mehr herum. Also händigte ich ihnen meinen internationalen Führerschein aus, der zudem schon abgelaufen war. Der Polizist hatte noch nie so einen Führerschein gesehen und wirkte überrascht. Ich blieb freundlich und stellte mich dumm. Der Ordnungshüter machte mich auf mein Vergehen aufmerksam und forderte eine Strafe. Ich jedoch freute mich über das Blitzerfoto und sagte immer wieder die einzigen russischen Wörter auf, die ich kannte, nämlich »Auto gut«. Ein weiterer herbeigerufener Polizist fragte mich, ob ich Englisch sprechen könne. Ich sagte auf Deutsch, dass ich nur Deutsch könne und freute mich wieder über mein tolles Auto »Money, money!«, sagten sie genervt und zeigten mir einen Geldschein. Keine Chance. In der Zeit waren schon zwanzig andere Autos an uns vorbeigebraust. Genervt gaben sie mir meinen Lappen wieder. »Kirgis Police good«, sagten sie mir zum Abschied und ließen mich weiterfahren.

In Kirgistan ließ ich sämtliche Verschleißteile am Auto erneuern und bezahlte nur einen Bruchteil dessen, was es mich in Deutschland gekostet hätte. Bestens ausgerüstet ging es nun weiter nach Kasachstan. Den Platz meiner Mutti hatte Lydia eingenommen. Mal wieder war es ein fliegender Wechsel. Auch Kasachstan war ein echter landschaftlicher Leckerbissen, vor allem durch seine weitläufigen Steppen. Es umfasst aber auch beeindruckende Bergregionen, tiefe und rote Canyons und kleine Sandwüsten. Jeden Tag aufs Neue kamen wir aus dem Staunen nicht mehr heraus und fanden einen Stellplatz, der noch um einiges schöner war, als der vom Tag zuvor. Die wenigen Tage im Land reichten mir, um den Entschluss zu fassen, noch einmal – dann mit mehr Zeit – wiederzukommen. Natürlich wieder mit dem Auto.

Als wir nach den vielen Bergen, Schluchten und Sanddünen in die endlose Steppe eingebogen waren, bedeutete das auch, dass nun die Mücken unser größter Feind waren. Kaum vorzustellen, wie es hier im Sommer sein muss. Nachdem wir die imposanten

Prachtbauten der Hauptstadt Astana hinter uns gelassen hatten, die übrigens nur zwei Jahre später zu Ehren des langjährigen Herrschers Nursultan Nasarbajew in »Nur-Sultan« umbenannt wurden, näherten wir uns der Grenze zu Russland. Ich berichtete Lydia, wie stolz ich darauf war, dass uns in Kasachstan keine Polizei angehalten hatte. Die war berühmt für ihre hohen Geldstrafen, die wegen der kleinsten Verkehrsvergehen zu entrichten waren – natürlich in die Taschen der Ordnungshüter. Wenig später bereute ich es, darüber zu früh sinniert zu haben, denn 20 Kilometer vor der Grenze gerieten wir in eine Verkehrskontrolle und wurden rausgewunken. Doch irgendwie wollte sich kein Polizist mit uns beschäftigen. Als wir 15 Minuten vergebens auf dem Seitenstreifen darauf gewartet hatten, dass uns jemand kontrollierte, fuhr ich weiter. Wahrscheinlich hatte ich das Zeichen falsch verstanden. Es dauerte nicht lang, da sah ich Blaulicht im Rückspiegel. Ich hielt an und ließ das Fenster herunter. Der Polizist war sauer. In gebrochenem Englisch gab er mir zu verstehen, dass ich mich ohne Erlaubnis von der Verkehrskontrolle entfernt hatte, und forderte meine Dokumente. Ich gab ihm Kopien von Führerschein, Fahrzeugpapieren und Pass. »Original! Give me!«, war seine Antwort darauf. Jetzt machte es sich bezahlt, dass ich schon einige Monate mit dem Auto durch die Welt fuhr. Ich blieb gelassen und hielt die Originaldokumente in sicherer Entfernung. »Original here. You have copy.« Der Ordnungshüter war außer sich. Er zeigte auf seinen Polizeistern auf seiner Brust und gab mir zu verstehen, dass er das Sagen hatte. Ich wiederholte nur immer wieder meinen Satz. »Follow me«, fauchte er zurück und verschwand mit meinen Kopien in seinem Auto. Wir mussten zurück zum Checkpoint, wo ich ihm in einen Flachbau folgte. Dort ging er zu seinem Vorgesetzten und schilderte ihm die Situation. »Woher kommst du?«, fragte er mich. »Ah, aus Deutschland! Heil Hitler!« Dazu machte er einen Hitlergruß und lachte laut. Die Reaktion war mir nicht neu. Ich zwang mich zu einem Lächeln. »Wohin möchtest du?«, fragte er mich dann ernst, als er mit dem Lachen aufgehört hatte. »Nach Russland und dann nach

Hause«, antwortete ich knapp. »Na dann gute Fahrt!« Ich bekam die Kopien wieder und durfte weiterfahren. Das war noch mal gut ausgegangen.

Lydia flog dann von der russischen Stadt Perm aus wieder zurück nach Berlin und ich kämpfte mich nach langer Zeit mal wieder allein im Auto durchs Land. Und das wäre fast schiefgegangen. Von Perm wollte ich an einem Tag die 600 Kilometer nach Kasan fahren, der Hauptstadt der halbautonomen Republik Tatarstan. Doch nach zwei Dritteln der Strecke war die Fahrt zu Ende. Ich hatte mich schon gewundert, warum auf einmal so wenige Fahrzeuge auf der Straße unterwegs waren. Die Teerstraße wurde zur Schotterstraße und dann zur Matschpiste. Dann endete sie abrupt vor einem riesigen reißenden Fluss. Eine Brücke gab es hier nicht. Mächtige Pontons am Ufer machten mir unmissverständlich klar, dass hier eine Autofähre die Verbindung beider Seiten herstellte. Doch zu dieser Jahreszeit, als die Schneeschmelze den Fluss in einen reißenden Strom verwandelte, war eine Fährfahrt unmöglich (*56°35'45.0"N 50°42'55.0"E*). Ich verfluchte meine Navigationsapp auf dem Handy und konsultierte ein anderes Programm, um eine Alternativroute auszumachen. Ich konnte es nicht glauben. 250 Kilometer Umweg! Ich hatte mir für die Region eine detaillierte Offline-Karte heruntergeladen, die selbst kleine Feldwege anzeigte. Nachdem ich die Karten geduldig studiert hatte, stellte ich fest, dass es einen Weg geben musste, der für mich nur 100 zusätzliche Kilometer bedeutete. Eilig fuhr ich los, hatte ich in Kasan doch schon ein Zimmer gebucht. Doch auch dieser Weg endete bald an einer Stelle, wo ein Nebenfluss die Straße überflutet hatte. Als Krönung hatte ich mich auch noch im Schlamm festgefahren. Die nächste Siedlung war 20 Kilometer entfernt. In der Gegend sollte es Wölfe und Bären geben. Ich stieg aus, versank knöcheltief im Schlamm und schrie aus voller Kehle »So eine verdammte Scheiße!« in den Wald. Der Schall meines Fluchs wurde vom Rauschen des Wassers verschluckt. Ich sank zurück auf den Fahrersitz. »Jetzt ruhig bleiben, Mathi. Panik hilft dir nicht weiter.« Vorsichtig ließ ich das Auto vor und zurück wippen und befreite mich aus dem Schlamm. Zum Wenden gab es keine passende Stelle, also fuhr ich einen halben Kilometer rückwärts und drohte dabei immer wieder von der verschlammten Straße zu rutschen. Als der Untergrund fester wurde, wendete ich das Auto und studierte erneut die Karten. Neuer Versuch. Ohne Aussicht auf Erfolg fuhr ich über Wiesen und Äcker, Waldstücke und kleine Dörfer. Die Einwohner sahen mich mit großen Augen an und hoben ihren Arm zum Gruß. Mittlerweile hatte ich erkannt, dass es sich um ein weiteres Abenteuer handelte und lachte freundlich zurück. Noch erleichterter war ich dann, als ich endlich nach drei Stunden wilder Fahrt den Fluss auf einer echten Brücke überquerte. Ich war noch nie so glücklich gewesen, über eine Brücke fahren zu können. Und obwohl es erst um 22 Uhr dunkel wurde, erreichte ich Kasan bei Nacht. 14 Stunden war ich ohne Pause gefahren. »Jetzt nur noch ein Bierchen und dann ab ins Bett!«, dachte ich mir, als ich das Hotel gefunden hatte und es auch noch geöffnet war. Doch die Bar hatte geschlossen und Bier gab es nur im zwei Kilometer entfernten Zentrum. Ins Auto wollte ich an dem Tag nicht mehr steigen und auf einen nächtlichen Spaziergang hatte ich auch keine Lust. Genervt stieg ich ins Bett. Was für ein Tag!

In Moskau sammelte ich Reisebegleitung Nummer 17 ein. Mein Kumpel Bü aus Dresden wollte mich auf der letzten Etappe der Reise bis nach Hause begleiten. Über Sankt Petersburg und das Baltikum ging es nach Polen und von da aus zurück nach Dresden. An der Grenze zwischen Russland und Estland gab es jedoch ein Problem. Ein Zolldokument fehlte. An jeder Grenze sorgte ich immer dafür, dass ich alle mir ausgehändigten Dokumente ordentlich ablegte. Denn ich wusste nicht, welche davon für die Ausreise benötigt wurden. Bei meiner Einreise nach Russland hatte ich kein Dokument bekommen, da war ich mir sicher. Der Zollbeamte befragte mich nach meiner Reiseroute und erklärte mir, dass ich mit dem Grenzübertritt von China nach Kirgistan in die Eurasische Wirtschaftsunion gefahren sei. Dort sollte mir ein Dokument ausgehändigt worden sein, das jetzt für die Ausreise benötigt würde. Mir stockte der Atem. Wahrscheinlich hatte ich das bereits entsorgt. Ich berichtete dem Zollbeamten, dass ich das Dokument nicht mehr hatte. Er raunte »Problem« und lief mit unseren Pässen zurück ins Zollgebäude. Kurz drauf kam eine Frau zurück und bat mich erneut, nach dem Dokument zu suchen. Die Alternative bei Nichtauffinden waren (A) zurück zu der Grenze fahren, an der das Dokument ausgehändigt wurde (5.000 Kilometer), (B) eine ziemlich hohe Strafe zu zahlen oder (C) ohne Auto auszureisen (das Auto würde dann vom Zoll konfisziert werden). Erneut konnte ich nichts finden und die Beamtin ging mit den Worten »ach, Mathias…« zurück ins Gebäude. Wir saßen also fest. Um bei der Wartezeit nicht an zusätzliche 10.000 Kilometer zu denken, holte ich die Skatkarten raus und spielte mit Bü ein paar Runden Offiziersskat. Nach einer Stunde kam ein anderer Beamter zu uns. Ernst blickte er mir ins Gesicht. Dann holte er unsere Pässe aus seiner Tasche und entließ uns mit den Worten: »Du jetzt fahren nach Hause.« Ich hätte ihm um den Hals fallen können, aber das hätte wahrscheinlich für noch mehr Ärger gesorgt. Nun waren wir in der EU, es würde keine weiteren Grenzkontrollen mehr geben. Naja, fast. Als wir einige Tage später über die deutsch-polnische Grenze fuhren, wurde ich sofort von der Polizei rausgewunken. Den aufmerksamen Beamten war nicht entgangen, dass auf dem Nummernschild die Dresden-Plakette fehlte. Es war somit ungültig. Allerdings wurden wir auf dem Parkplatz von einem anderen Polizisten gleich wieder weitergeschickt, denn er hatte das nicht bemerkt. Auch da kamen wir nochmal mit einem blauen Auge davon. Das notwendige Zolldokument für die EU-Einreise fand ich übrigens ein Jahr später, als ich meine Kameratasche aufräumte. Es hatte sich in einer kleinen Seitentasche versteckt und grinste mich hämisch an, als ich es endlich fand.

Am 17. Juli bog ich zehn Minuten vor 12 Uhr auf die Straße ein, in der mein Elternhaus steht. Zuvor hatte ich meinen Kumpel zuhause abgeliefert und war nun allein auf den letzten Metern unterwegs.

55.869 Kilometer war ich gefahren, nachdem ich vor 340 Tagen auf dieser Straße gestartet war. 16 Mal war ich in eine andere Zeitzone gefahren, hatte 26 Länder besucht und 61 Stunden an Grenzen und 137 Nächte im Auto verbracht. Unzählige tolle Menschen hatte ich auf meiner Reise nach Indien und wieder zurück kennengelernt. Manche Freundschaften haben bis heute Bestand. In meinen Gedanken herrschte ein Gefühlschaos. Nur schwer konnte ich mich auf die Straße konzentrieren. Was war das nur für ein unglaublicher Roadtrip? Nie hätte ich es für möglich gehalten, so eine Reise alleine zu stemmen. Zudem war wirklich alles gutgegangen, von einigen kleinen Ausnahmen abgesehen, die aber als spannende oder witzige Reiseanekdoten herhalten können. Und plötzlich sollte alles vorbei sein? Ich überlegte kurz, ob ich nicht einfach weiterfahren und dieses unglaublich aufregende Abenteuerleben weiterführen sollte. Doch ich sehnte mich nach meiner Familie, meinen Freunden und meiner Heimat. Nein, es musste so sein. Die Reise war hier und jetzt zu Ende. Da ich etwas früher dran war und keiner damit rechnete, dass ich tatsächlich pünktlich ankommen würde (schließlich hatte ich meine Ankunftszeit angegeben, als ich am südlichsten Punkt Indiens gewesen war), gab es keinen, der mich daheim erwartete. Ich parkte das Auto in der Einfahrt, ließ noch kurz den Motor laufen und zog dann den Zündschlüssel. Dann brach es aus mir heraus. Große Tränen rollten über mein Gesicht. Es war eine Mischung aus Dankbarkeit, dass ich so eine Reise hatte machen können und gesund und um viele Erfahrungen reicher wiedergekommen war, und aus Wehmut, dass diese Zeit jetzt vorbei war. So saß ich einige Minuten da und ließ den Tränen freien Lauf. Dann trocknete ich mein Gesicht, schüttelte mich, stieg aus dem Auto und drückte auf den Klingelknopf an meinem Elternhaus. Ich war angekommen.

Nachwort

Am Tag meiner Ausreise aus Indien spürte ich Erleichterung. Vier intensive Monate lagen hinter mir. Das Erlebte konnte ich aber erst später richtig verarbeiten. Schließlich hielt der Weg in die Heimat noch einiges für mich bereit: Länder, die bereist, Abenteuer die erlebt und Geschichten, die erzählt werden sollten.

Angekommen in meiner vertrauten Umgebung, genoss ich es sehr, viel Zeit mit meiner Familie und meinen Freunden verbringen zu können. Es gab sogar am Tag meiner Ankunft eine kleine Überraschungsparty, mit der ich überhaupt nicht gerechnet hatte. Dann ging mein Leben langsam wieder in einen Alltagsmodus über. 40-Stunden-Woche, anstrengende Projekte, kleine Ausflüge am Wochenende. Mein neuer Arbeitsplatz im Büro war ein 40 Quadratmeter großer Raum im zweiten Stock, den ich mir mit 14 Kollegen teilte. Es gab eine Fensterfront, von der man genau auf die fensterlose Rückseite des Nachbargebäudes schauen konnte. Wenn die Sonne es schaffte, einige ihrer kostbaren Strahlen über die Dächer ins Büro zu schicken, wurden eilig die Jalousien zugezogen. Denn für Programmierer ist Sonne schlecht. Etwas wehmütig saß ich dann auf meinem Bürostuhl, eingeengt in diesem Betonklotz und dachte an das vergangene Jahr, in dem ich mich fast durchgehend außerhalb von Wohngebäuden aufgehalten hatte. Ich vermisste das Reiseleben. Ich vermisste die vielen Begegnungen, Abenteuer und Länder. Das musste schnell wieder aufleben!

Also begann ich das Erlebte zu verarbeiten. Für bestimmte Etappen der Reise gestaltete ich Reisevorträge, mit denen ich in Deutschland auf Tour ging. Ich veröffentlichte ein Buch, das den spannenden und langen Weg nach Indien beschreibt. Zwei weitere Jahre dauerte es, bis ich dann auch das in Indien Erlebte in einem Buch verarbeiten konnte. Und noch immer gibt es vieles, das nachwirkt.

Vier Jahre ist es nun her, dass ich Indien auf dem Landweg erreichte. Auch nur etwas später wäre solch eine Reise nicht mehr möglich gewesen. Ein neuartiges Virus verbreitete auf der ganzen Welt Angst und Schrecken. Aus Angst und aus Selbstschutz, manchmal aber auch aus politischem Interesse, begannen die Länder, ihre Grenzen zu schließen. Nie hätte ich es für möglich gehalten, dass selbst in Europa Überlandfahrten eine Zeit lang unmöglich waren. Lange hielten die Krisenzeiten an. Noch im Februar 2022 waren viele Grenzen geschlossen. Indien auf dem Landweg zu erreichen, war zu dieser Zeit kaum vorstellbar. Der Gedanke an diese Geschehnisse macht mir deutlich, was für ein Glück ich hatte. Hätte ich nur etwas länger gewartet, hätte ich dieses besondere Land nie auf meine Art und Weise kennenlernen dürfen. Wäre ich dann überhaupt jemals nach Indien gereist?

Die 12.000 Kilometer durch Indien haben mich nachhaltig geprägt. Dabei hatte ich lange Zeit nicht daran geglaubt, dass Indien eine so intensive Wirkung auf mich haben würde. Immer wieder rang ich auf meiner Reise mit mir. Es verging kein Tag, an dem ich mich nicht fragte, was mich dazu getrieben hatte, in dieses Land zu reisen. Mich nervten die Sturheit und die Bestechlichkeit des Beamtenapparats. Die Zustände auf den Straßen machten mich mürbe. Ich konnte mich kaum zurückziehen, denn nur selten gab es Orte, wo ich wirklich allein war. Der Umgang der Inder mit ihrer Umwelt, die sie doch so sehr liebten und verehrten, machte mich wütend. Der Umgang mit den Frauen in Indien machte mich fassungslos, und dass so viele Kinder keinen Zugang zur Bildung hatten, stimmte mich traurig.

Gleichzeitig liebte ich das Land und die Menschen. Die vielen leckeren indischen Gerichte zauberten mir stets ein Lachen auf das Gesicht und bei den zahlreichen Spaziergängen über die Märkte Indiens wurde ich von den vielen unterschiedlichen Gerüchen betört. Die Hingabe an die vielen Götter war bemerkenswert. Zudem gibt es auf der Welt wahrscheinlich kein anderes Volk, das so positiv eingestellt ist. Jedes Problem, sei es noch so schwerwiegend, ist für einen Inder für irgendetwas gut. Das Schicksal möchte es so und die eigene Pflicht sieht es vor, es anzunehmen und damit zu leben. Ein Lausbubenlachen ist in fast allen Gesichtern von jung bis alt zu erkennen. Besonders imponierte mir dabei die Gabe der Inder, Dinge zu akzeptieren, die man nicht ändern kann. Sei es auf der Straße (der LKW ist nun mal größer, also muss ich ausweichen), das Leben mit der eigenen Armut (es ist mein Dharma, also muss ich es gut bewältigen, damit ich es im nächsten Leben leichter habe) oder auch der Umgang mit dem Fremden (wenn es sein Leben ist, durch die Welt zu fahren und im Auto zu schlafen, dann ist es halt so).

Nur wenige Inder haben die Möglichkeit, so viel von ihrem Land zu sehen, wie ich es durfte. Der Großteil hat schlichtweg nicht die Mittel dazu. Das wenige erarbeitete Geld reicht oft nur zum Überleben. Zudem ist es für Inder sehr schwer, sich auch nur temporär von der Familie zu lösen. Kinder sind in Indien die Altersvorsorge. Sie haben die Pflicht, sich um die Eltern zu kümmern, wenn diese zu schwach zum Arbeiten sind. Viele lösen das Problem, indem sie monatlich Geld zu den Eltern schicken, wenn sie selbst woanders leben, um Geld zu verdienen. Eine Reise aus Spaß und Vergnügen, und das gleich über mehrere Monate, ist in einer traditionell lebenden Familie undenkbar. Sie würde es nicht erlauben. Die stetig wachsende Mittelschicht bricht diese Strukturen zwar etwas auf, aber viele der jungen Menschen reisen dann bloß, um Fotos im Internet zu teilen und um ein Bild ihres Landes zu zeigen, das von der Realität weit entfernt ist. Mir ist daher bewusst, dass es ein besonderes Privileg für mich war, auf diese intensive Art und Weise reisen zu dürfen. Es gehörte aber auch eine große Portion Mut dazu, so zu reisen. Mut, nicht aufzugeben oder nicht zu resignieren. Mut, über den eigenen Schatten zu springen und neue Situationen anzunehmen.

Schnell begann ich alte Strategien aufzugeben, die ich auf bisherigen Reisen verfolgt hatte, um ein neues Land zu verstehen zu können. Zuvor hatte ich immer versucht, meine Beobachtungen in

Bezug zu meiner Heimat zu bringen. »Anders als bei uns küssen sich Brasilianer bei der Begrüßung auf die Wange«. »Anders als bei uns sind Gebäude selten vollständig fertiggestellt.« Und so weiter. In Indien begriff ich, dass sämtliche Vergleiche zwecklos waren. Indien ist nicht nur ein anderes Land – es ist eine andere Welt. Wer nach Indien reist, um das Land zu verstehen, wird von einer gescheiterten Mission zurückkehren. Denn sehr vieles aus dem Alltag der Inder kann man sich als Westeuropäer weder erklären, noch kann man es verstehen. Es ist so, weil es so ist. Wir müssen es akzeptieren. Nur ein Beispiel: Inder sind sehr saubere Menschen. Sie achten genau auf ihre Körperhygiene und halten ihre Wohnung oder ihr Haus penibel sauber. Dafür entsorgen sie den Müll gerne direkt hinter der Grundstücksmauer oder leiten Abwässer ungefiltert in die Flüsse. Dies auf mangelnde Bildung zu schieben, wäre nur die halbe Wahrheit. Dahinter stehen eher Gedanken wie: Die Natur hat es seit Jahrtausenden geschafft, sich selbst zu regenerieren. Und wenn sie es nicht schafft, dann ist es halt so. Wir leben im Zeitalter Kalis, der Zerstörung. Es ist der Lauf der Dinge, dass die Menschen zugrunde gehen, doch dann wird wieder Neues entstehen. Darauf haben nur die Götter Einfluss. Sie werden bleiben, wenn die Menschen sterben. Schließlich war es schon immer so.

Inder sind von jeher ein sehr friedliches und tolerantes Volk. Viele hundert Jahre haben Menschen unterschiedlicher Hautfarbe und Religion friedlich miteinander gelebt. Das Kastensystem regelte die soziale Ordnung und jeder hatte es gleichermaßen akzeptiert. Doch vieles hat sich in den letzten Jahrzehnten geändert, bedenkt man die Millionen von Toten, die durch die Teilung Indiens 1947 zu beklagen sind. Heute regiert ein religiöser Hardliner das Land und Repressionen gegen Muslime nehmen täglich zu. Doch wenn man sich klar macht, dass vor 200 Jahren gerade mal 200 Millionen Menschen auf dem indischen Subkontinent gelebt haben und es heute weit über 1,2 Milliarden sind, dann ist es nicht verwunderlich, dass Konflikte zunehmen. Zudem wird die Welt immer komplexer und die Art und Weise, Wahrheiten zu erkennen, schwieriger. Angst ist ein gutes Mittel, um ein derart großes Volk zu kontrollieren. Und nachdem es nach 1947 lange Zeit verhältnismäßig ruhig war, werden heute wieder Falschinformationen in Umlauf gebracht und Angst gesät, damit politische Ziele erreicht werden können. Das passiert nicht nur in Indien, sondern überall auf der Welt.

Als Reisender bekam ich nur selten Spannungen zwischen unterschiedlichen Religionsgruppen zu spüren. Die meisten Meinungsverschiedenheiten ließen sich aus der Tageszeitung herauslesen. Die Menschen, die ich auf meiner Reise traf, waren – abgesehen von der Familie in Jaipur mit ihrem kruden Bild von Pakistan – gegenüber Menschen anderer Religion sehr offen und tolerant. Sie machten einen friedlichen Eindruck. Wenn sie jedoch in ein Fahrzeug stiegen, wurden aus den toleranten Pazifisten rücksichtslose Krieger. Der Kriegsschauplatz war die Straße und einzig die Kühe wurden verschont. Anpassung und Akzeptanz halfen mir jeden Tag aufs Neue, diesen Krieg schadlos zu überstehen. Sollte ich noch einmal mit dem Auto durch Indien reisen, werde ich vorher meine erstellte Liste der indischen Verkehrsregeln studieren. Unfälle sind damit zwar nicht ausgeschlossen, aber die Wahrscheinlichkeit, dass Mensch und Auto leiden, wird deutlich geringer sein.

Indien ist ein Land der Extreme. Aber auch ein Land der Wunder. Es herrscht Chaos, das wiederum für eine gewisse Ordnung sorgt. Aus meiner Sichtist es nicht ganz korrekt, wenn man Indien als Land bezeichnet, denn Indien ist mehr: Indien ist eine eigene Welt, die aus unterschiedlichen Ländern besteht. 121 Sprachen und unzählige Dialekte werden in dieser Welt gesprochen. Neben den großen Bevölkerungsgruppen der Indoarier, Draviden, Assamesen, Mongolen, Tibeter und Ladakhis gibt es noch weit über 700 Ureinwohnerstämme. Es gibt kaum atheistische Inder. In den Häusern hängen Bilder von Shiva, Jesus oder Buddha oder Symbole wie das Kreuz, der Halbmond oder das Hakenkreuz. Geordnet wird das soziale System durch Kasten, die über Grenzen der Religion, Sprache und

Ethnie hinweg wirken. Die Inder halten in großen Familienbanden zusammen und sind stets im Kollektiv. Nur so kann diese Welt als Land funktionieren.

Ich hatte das Glück, für eine Zeit in diese fremde Welt eintauchen zu dürfen. Ich ließ mich von ihr einnehmen und von einer unsichtbaren Kraft treiben. Ich probierte mich aus, indem ich Yoga machte und meditierte und hatte damit die Möglichkeit, mich intensiv mit mir selbst zu beschäftigen. Wer bin ich? Und was hat mich zu dem gemacht, der ich heute bin? Vorher hatte ich im Ausland viele Deutsche kennengelernt, die schlecht auf unsere Heimat zu sprechen waren. Auch ich ertappte mich oft dabei, dass ich schlecht über meine Heimat sprach. Aber meine Heimat, meine Familie und meine Freunde haben mich zu dem gemacht, der ich heute bin. Wie konnte ich schlecht über sie reden? Unser Sozialsystem ist prinzipiell darauf angelegt, jedem die Chance geben, etwas aus seinem Leben zu machen. Auch wenn unser Bildungssystem an manchen Stellen Schwächen hat, hat jeder Deutsche die Möglichkeit, auch länger zur Schule zu gehen, als es die Schulpflicht vorsieht. Das Studium an Universitäten ist nahezu kostenlos. Wir können gute Berufe erlernen und haben somit auch ein Einkommen, das es überhaupt erst möglich macht, zu reisen. Wie können wir dann unsere Heimat verschmähen?

Wenn ich den familiären Zusammenhalt der Inder beobachtete, fragte ich mich, warum ich so wenig Zeit mit meiner eigenen Familie verbracht hatte. Auch für mich ist die Familie ein Band, das mich am Leben hält. Musste ich erst tausende Kilometer um die Welt fahren, um das zu erkennen?

Die wichtigste Erkenntnis, die ich aus meiner Zeit in Indien gewonnen habe, ist das Gefühl, nun angekommen zu sein. Ich fühle mich wohl in meiner Haut. Ich hinterfrage nicht die Vergangenheit und mache mir keine Sorgen um die Zukunft. Was geschehen ist, das ist geschehen, und auf das, was passieren wird, habe ich nur begrenzt Einfluss. Ich akzeptiere das, was ich sowieso nicht ändern kann. Damit ist bei mir eine Gelassenheit entstanden, die mir sowohl im persönlichen, als auch im beruflichen Leben stark geholfen und mich sehr weit gebracht hat. Ich danke dir dafür, Mutter Indien. Nur an Grenzübergängen und bei Fußballspielen bin ich bis heute noch nervös.

Ich war angekommen, aber trotzdem rastlos. Die lange Reise hatte eine weitere Wirkung. Sie hat mich süchtig nach Abenteuer gemacht. Ein »normales« Leben ist für mich nur noch bedingt möglich. Alle paar Jahre würde ich aus dem Alltag ausbrechen müssen, um auf Reisen zu gehen. Das ist mein Schicksal. Und das meint es noch immer ziemlich gut mit mir. Wahrscheinlich habe ich in meinem früheren Leben fleißig Karma-Punkte gesammelt. Denn fast auf den Tag genau ein Jahr, nachdem ich Indien verlassen hatte, stolperte in meiner Heimat Dresden eine Frau in mein Leben, die verrückt und mutig genug ist, für immer zu bleiben und nicht nur die Leidenschaft der Fernreisen mit mir zu teilen. Sie braut auch noch ihr eigenes Bier. Da konnte ich nicht widerstehen. Mittlerweile sind wir verheiratet. Von nun an werden wir also zu zweit die Welt für und in uns entdecken.

Villkommen in Indien

n Dorf bin ich gleich eine Hauptattraktion

Dichtes Gedränge an den Ufern des Ganges in Varanasi

In den engen Gassen Varanasis wird den heiligen Kühen immer Platz gemacht

Auch Sadhus müssen mal Zeitung lesen

Für die Kinder ist der Bau des Impact-Kiosks ein echtes Highlight

Endlich mal Ruhe – habe ich gedacht...

Angekommen in Puri – hier ist Geduld gefragt

Auf dem Land ist man schnell eingetaucht in eine andere Welt

Eine Marktfrau vom Stamm der Bonda

In Mahabalipuramkann man über die Bildhauerkunst nur staunen

Der Matrimandir in Auroville

Mein Stellplatz in Kanyakumari – dem südlichsten Punkt Indiens

Traumhafte Küstenstraßen in Kerala

Wenn Millionen von Glühlampen den Palast von Mysore zum Leuchten bringen

Die beeindruckende Landschaft von Hampi

Mein Stellplatz am „Overlander-Strand“ in Agonda

Abendstimmung in Goa

Das beste Thali Indiens findet man in Mumbai

Der Kailash-Tempel – aus dem Felsen gemeißeltes Meisterwerk

Kamikaze-Busfahrer in Rajasthan

In den Morgenstunden ist es in den Städten noch erträglich

Eine typisch indische Hochzeit

Der goldene Tempel von Amritsar

Reise nach Indien
(34.817 km)
Reise in die Heimat
(21.042 km)
Dresden